谨以此书纪念改革开放40周年

为中国的明天，

提供更多浙江经验、浙江元素、浙江素材

东方启动点

浙江改革开放史（1978—2018）

下

胡宏伟 著

浙江人民出版社

与『成长的烦恼』同行

第四部

2000—2007

转型关口

“东方快车”没有终点

天上掉下个马云

长三角元年

财富阶层的“灰色地带”

外面的世界

“非政府组织”胎动

“东方快车”没有终点

饱暖思民主

天上掉下个马云

徐冠巨“出山”

从改革强省到开放大省

财富阶层的“灰色地带”

第九章

转型关口

> 当前浙江的发展正进入一个关键时期，既暴露出“先天的不足”，又遇到了“成长的烦恼”，迫切需要寻找新的出路，拓展新的空间。
>
> ——习近平：《之江新语》

走入 21 世纪，浙江积淀改革开放先发的丰厚红利，迎来硕果累累的收获季：

——2000 年，浙江 GDP 总额达 6141.03 亿元，仅次于广东、江苏、山东，稳稳跻身中国经济第一方阵，在各省市区排序中从第 12 位跃升至第 4 位，成为位次上升最快的省份之一；

——2000 年，浙江人均 GDP 超越坐拥“珠三角模式”的第一经济大省广东，雄冠各省区第一；

——2003 年，作为“温州模式”与“苏南模式”的两大发源地，浙江紧追江苏，当年 GDP 总额相当于江苏 GDP 的 74%，为改革开放后两省经济总量比差距最小的年份；

——2002 年，在全国第一个消灭贫困县的基础上，浙江再次第一个全面消灭贫困乡镇，农民人均可支配收入已连续 18 年高居各省区之首；

——浙商开始被誉为“中国第一商帮”，浙江被誉为市场大省、民营经济强省、最具生机与活力的模范省……

浙江被推上了成就与声誉的巅峰。

盛名之下，隐忧和困局亦暗潮涌动，“成长的烦恼”如影随形：改革的民间活力能否持续增强？资源匮乏的成长瓶颈如何突破？所谓“价廉物美”的低端制造怎样提质升级？生态环境能不能走出污染—发展—再污染的怪圈？物质财富丰盈与社会治理现代化的奇点又在哪里？

要拥抱新未来，浙江就必须要有新思维、新视野、新高度。浙江迎来 40 年改革开放史上转型发展的关键时刻。

千根断指之痛

对浙江而言，当改革开放步入第三个 10 年，“成长的烦恼”已经日渐成为阻拦在前的“一座陡峻的山”。除了科学发展，别无他途。问题在于，如何科学发展？

很长时期，理论界对浙江基本经济构架的概括就是四个字——“轻(轻工业)、小(中小企业)、集(集体经济)、加(加工业)”。随着浙江由南至北深刻的所有制变革，“集体经济”已彻底转身为“民营经济”。然而，其他三个字则全然依旧。

1985 年，纺织服装业占浙江省工业产值比重为 27.3%，高出全国 8.9 个百分点。直到 2001 年，这一占比仍超过 20%，依然是浙江的第一大产业。其背后，是浙江产业演变的路径依赖以及转型的严重滞缓。

《21 世纪经济报道》记者刘华调查发现，1978—2002 年浙江制造业增加值年均增长 17%，增长速度居全国之首；制造业增加值占全省 GDP 的比重由 38%提高到 43.8%，其中传统产业一直占据压倒性支柱地位。

与之相伴随的是日益高涨的投资代价。1979—2003 年,浙江省固定资产投资率从 26.4%上升至 49.4%,大大高于 GDP 年均增幅。到 2003 年,每增加 1 亿元 GDP 所需的固定资产投资已高达 3.38 亿元。这一依靠“高投入、高消耗、高排放”所换取的产能急剧扩张,已愈来愈难以为继。

浙江经济科学发展的方向究竟在哪里?作为浙江活力的源泉、骄傲的本钱,“轻、小、加”的区域经济核心结构是否已走到需要变一变的时候了?

在浙江,争论一直存在。在大约 21 世纪最初 10 年的上中期,与“轻、小、加”相对应的重化工业思路,已经于激辩声中悄悄启动。

所谓“重化工业”,即为在国家经济的工业化中后期,大力推进高附加值、高增长率的大钢铁、大石化、大船舶、大装备等重型产业。其理论主要源于德国经济学家 W.G.霍夫曼提出的霍夫曼定理“四阶段论”。霍夫曼定理依据霍夫曼系数(消费品工业净产值∶资本品工业净产值),将工业化划分为四个阶段:第一阶段,消费资料工业一统天下,霍夫曼系数约为 5;第二阶段,生产资料工业发展提速,但相对消费资料工业仍显不足,霍夫曼系数约为 2.5;第三阶段,生产资料工业与消费资料工业旗鼓相当,霍夫曼系数约为 1;第四阶段,生产资料工业领先增长,其规模大于消费资料工业生产规模,霍夫曼系数小于 1,标志着进入重化工业阶段。

浙江官方研究者普遍把向重化工业转型视作浙江省在新形势下推进产业升级的重要路径。他们的判断依据是,浙江已进入工业化中期,曾经拥有优势的产业结构不会一成不变,而应不断演进,“从国际经验看,人均 GDP 进入 2000 美元以后,产业结构必然要从轻工业向重化工业转变,这是一个不可逾越的阶段”。具体而言,就是要依托浙江丰富的沿海港口资源优势,积极发展临港重化工业。浙江省发展规划研究院专家课题组则进一步指出,浙江新型临港重化工业建设要以石化、船舶修造、精品钢材、装备工业为重点,其区域布局应遍及浙江沿海广大地区。

背负 GDP 重压的地方官员们心里更急,动作也更快。

2005 年 3 月,温州市政府对外宣布了《温州市石油化工产业发展及总体布局规划》。作为温州“重型化”的支柱产业,“石化基地”项目由市长亲自主抓,选址温州东部的海岛洞头县,预计 10 年间投资 300 亿元,项目建成后年销售收入逾 350 亿元。

同年 7 月,韩国首尔,韩国 SK 集团、英国瑞嘉国际有限公司、台州市广盛电子实业有限公司、玉环县国有资产经营公司签署“投资备忘录”。这个意欲在大麦屿港合作开发一期 100 万吨重油深加工的项目,将民企大市台州“时不我待”的勃勃雄心显露无遗。

即便是在美景如画的天堂杭州,媒体报道说,2006 年举行的一次适度发展重化工业研讨会上,与会的众多专家和当地官员也达成共识:中国工业重型化大势如潮,杭州面对的课题不是“该不该重型化”,而是“怎样适度重型化”。

热潮渐起。但多少有些出乎意料的是,著名经济学家吴敬琏对此持明确反对的态度。他在全国“两会”等多个重要场合表示,近年来,中国不少地区出现了向重化工业转型的趋势,“我最近去浙江搞调查,发现该省从上到下都有从轻工业向重化工业转型的愿望”,“这种转型的后果就是,很快出现了资源的紧缺。以浙江为例,2003 年开始拉闸限电,土地很紧张,水资源十分紧缺”。

吴敬琏说,根据霍夫曼等经济学家的理论,工业化的中后期应该发展重化工业。但这一理论是根据西方一些国家的发展经验总结的。

“我们这样资源紧缺的国家,不能沿着别人走过的道路再走一遍。我们是发展中国家,要发挥后发优势,要总结别人的经验教训,才能迎头赶上。”

由于吴敬琏的声望,他的“忧虑”给浙江带来的压力可想而知。

“轻、小、加”也好,重化工业也罢,浙江经济无论是否需要在产业间转换以及如何转换,升级突破都早已成为别无选择的必须。成本与售价“去掉一个零”的浙江故事说不下去了,价廉物美的所谓竞争利器已经质变为不可承受之重。

很多时候,价廉物美的背后甚至流淌着血和泪。

永康市位于浙江中部。三国吴赤乌八年(公元 245 年),孙权之母因病到南向 100 多公里的石城山进香，祈求“永保安康”。之后，孙权之母病愈，孙权大喜，遂将石城山周边地界赐名为“永康”，并单立为县，永康因此得名。

与邻近的同属金华市的义乌相比，永康的声名略逊一筹。但其遍布全市各乡镇的 1 万多家五金企业也委实了得，年产值数百亿元，毫无争议地捧回“中国五金之乡”牌匾，成为浙江集群经济的代表性特色产业区块。

没料想，2002 年，永康再度在全国出了名。这一次出名，与一千根齐刷刷被斩断的手指有关。

这则涉及“浙江制造”声誉的颇有些酸楚的新闻，最早的报道者是新华社记者李柯勇。2002 年 12 月 19 日，新华社播发了他在永康实地调查采写的稿件《“五金之乡”轧断多少手指?》，披露“被称为‘中国五金之乡’的浙江省永康市，今年以来已发生手指断离或手掌残损等严重手外伤事故近千起，不少工人落下终身残疾”。

据介绍，当年永康五金产业共有从业者 20 余万人，大多数是来自湖南、贵州等省份的外来务工人员。其产品主要有电动工具、小家电、防盗门、滑板车、汽车摩托车配件等，普遍使用冲床、压床、剪钣机、整平机等机械设备。正是这些机器创造出了“永康制造”，也无情吞噬了外来务工人员们赖以生存的宝贵的手指。

关于这一报道最大的争议点是，永康五金产业一年究竟“吃掉”了多少根外来务工人员的手指?

永康市经贸局的说法是，2001 年全市工业企业因手外伤住院的病人只有 300 多人。李柯勇看到的事实却大相径庭。

与永康相邻的缙云县钭氏伤科医院是一家知名的外伤医院。李柯勇在这家医院的出入院登记表上发现，仅 2002 年 4 月至 11 月，来此住院的永康手外伤患者就有 234 例，占所有病员的 90%。附近还有一家田氏伤科医院，其院长是钭氏医院院长钭大康的大舅子。钭大康说，田氏收治永康手外伤病人的数量与本院相当。

永康市内具备手外伤治疗能力的正规医院有 4 家，但面对李柯勇的采访提问，相关负责人均讳莫如深，匆匆回避。在规模较小的永康卫校附属医院，手术外科的一名医生不经意间流露，该院当年前 10 个月至少收治了 250 名手伤病人，有的伤者还转到较远的金华市一些医院就医。

李柯勇认为，仅从以上调查估算，永康五金企业当年发生的断指、损掌等严重手外伤事故就已近千起。考虑到许多伤者一次断损的手指不止一根，而且多家医院的情况被隐瞒，因此认定永康一年“吃掉”了超过 1000 根外来务工人员的手指决非耸人听闻。

随后前往追踪采访的中央人民广播电台“新闻纵横”栏目记者以患者家属的身份，在永康最大的第一人民医院隐身咨询时，骨科门诊一位马姓大夫甚至自得地宣称，该院对治疗手外伤很有一套。因为永康的五金企业发生类似事故是家常便饭，病人多，临床经验自然也就十分丰富。

断指，并非只是永康民工的痛。

据统计，同时期浙江从事冲压作业的大小企业共有 8 万多家，从业者数十万人，散布金华、宁波、台州、温州、杭州等地，断指频发属普遍现象。“永康千指事件”曝光后，2003 年浙江省安监局等五部门联合开展了全省冲压作业安全整治工作。整治简报说，经过一年来的努力，“取得了阶段性的成果”。其中，永康市当年断指事故同比下降 198 起，减少了四成；乐清市同比下降 52%。

在永康，“永保安康”对民工来说成了奢望。永康市劳动局副局长李晓春解释称，“断指”主要因为工人文化程度低、自身素质差、违规操作多，“劳动者自身的原因”是导致事故的首要因素。

而李柯勇调查认为，祸根毫无疑问在于相当部分企业对外来务工人员的身心谈不上起码的关爱，新工人岗前培训缺乏，生产设备低劣，不愿花钱添置哪怕最简单的安保装置。许多断了一两根手指的外来务工人员，仅获赔两三千元便含泪返乡。

五金老板们则是一脸的无辜。就这么小的一个厂，竞争又如此激烈，这要添置，那要保证，成本怎么降低，利润从哪里来?!

现实苦涩得令人忧虑：长期以来，相当多浙江民营企业惊人发展的增长基点，并非建立于技术进步、产品创新等“向上的力量”，而是千方百计紧盯一点一滴的成本进行挤压。这种挤压往往是严酷的，最容易被想到的挤压对象，恰恰是源源不断、招之即来的外来务工人员。

在永康，他们失去的是手指。在更多的地方，有时，他们失去的甚至可能是生命。

2001 年 5 月 8 日下午，吸引了国内各大媒体目光的矽肺损害案在泰顺中级人民法院开庭。

在这一天到来之前，10 条生命已经因为矽肺病逝去。活着的受害者当中，196 人被确诊患上了不同程度的矽肺病，分别构成二至七级伤残，必将在痛苦中度过余生：肺功能严重受损，没有劳动能力，没有生命的欢乐——死神随时可能带走他们。

这起案件的原告是浙江南部泰顺县 143 名身患矽肺病的外来务工人员。他们共向被告方索赔 2.08 亿元，是截至当时国内金额最高的一起工伤索赔案。

矽肺损害案庭审现场的受害者与家属

48 岁的蔡廷顺是受害者之一。坐在法庭的人群中，你一眼就可以看出他的不同之处：无精打采，瘦骨嶙峋，没有愤怒的言辞，没有哭泣的眼泪。对于这一切，最初的痛苦感受似乎已经麻木。他得的是矽肺Ⅱ期，在所有原告中还不是最重的，最重的已达到Ⅲ＋期。

几年前，蔡廷顺和数百名同乡一起，心怀挣钱养家的愿望，跟随几个当地的私营企业主来到东北一条高速公路的隧道开凿工地。工程完工后，他揣着

第九章

一小笔血汗钱回到老家。不久，蔡廷顺渐渐感到浑身乏力，于是踏上了漫长的求医之路。前后花去上万元医疗费，结果医生还是告诉他，这病没法根治……他无奈地抱怨自己的命不好。

直到有一天，与蔡廷顺一样“命不好”的一批工友们通过艰苦的探寻，才发现共同的病因是当年在东北开挖隧道。

说起来相当简单：这项工程的地质结构为石英砂岩和石英岩，二氧化硅含量高达97.6%。而被告没有采取最起码的劳动安全防范措施，致使原告吸入过量的二氧化硅，患上了矽肺职业病。

“生不如死。”蔡廷顺说。

泰顺三魁镇是这场灾难的重灾区。村民陶敏楷共有5个儿子，老大、老三和老幺都去过这项“死亡”工程。2000年，大儿子和小儿子均被诊断为矽肺Ⅰ期，三儿子患矽肺Ⅱ＋期。在极端痛苦之下，原本活泼泼的三儿子服毒自杀。

所有受害者的经历都是相似的：出发时，只是为了挣一点点钱；回来时，却失去了一切。

2002年3月，浙江省高级人民法院终审判决泰顺县私营企业主薛仕彪等被告，承担此案人身损害赔偿责任总计5500余万元。

但悲剧远未画上句号。

2004年5月6日，中央电视台“焦点访谈”栏目播出了专题节目《救救他们的肺》。节目的主角是33名在温州龙湾区永昌矿石研磨厂打工的重庆民工。除了老乡关系，他们的另一个共同点是，全部患上了严重的矽肺病。

来自重庆万州区石龙乡的农民吴家祥回忆，他们的工作就是将一种叫蜡石的制陶瓷的原料磨成粉，然后进行分检和包装。工作场地弥漫着雾一样的粉尘，干不了多久，头发、眉毛就沾满粉尘，像只白头翁。车间里没有任何防尘措施，老板连个口罩都不发。

吴家祥们的命运并没有因为央视“焦点访谈”的介入而迅速改变。随后几年，调解、仲裁、上诉、再上诉，然后是漫长的等待。33人中，11人先后在病痛折磨中死去。为了讨回公道，民工牟之华等3人铤而走险，将早早躲藏的永昌矿山研磨厂老板朱良宝挟持为人质，准备“同归于尽”。

2004 年 12 月，全国媒体再次聚焦温州龙湾，关注的话题仍是矽肺病，这次的主角换成了因当面向时任总理温家宝讨薪而一夜成名的重庆云阳县养猪农妇熊德明。这位中央电视台“2003 年度经济人物社会公益奖”获得者，其丈夫的表弟张仁和在龙湾一家陶瓷制品公司打工，不幸身患矽肺病。张仁和向熊德明求援，希望能借助其名人效应为和自己同样命运的 20 多名云阳老乡讨回赔偿金。

热血沸腾的熊德明立即飞赴龙湾。她的“特殊身份”与“我会给温总理写信反映这些问题”的“撒手锏”，使其龙湾之行拨弄出很大的响动。然而仅仅过了数日，身心憔悴的熊德明在几度号啕大哭后黯然离开了龙湾。赔偿金催讨成效甚微，她的此种催讨方式的合法性又备受舆论争议。

事实上，几乎被生命不能承受之重压垮的岂止是一位热心肠的农妇？据《现代职业安全》杂志社记者 2007 年的调查，温州龙湾区包括制陶业在内的 6000 余家企业中，有职业病危害的占 630 家，从业人员 1 万多人，基本为外来务工人员。而当地卫生机构对这 600 多家企业进行职业卫生监测的仅 60 来家，不足 1/10。

断指、矽肺病，还有来不及花费笔墨记录的苯中毒、非法童工、严重超时加班等……在我们为自己的“人口红利”所带来的全球罕见的劳动力资源优势而津津乐道时，剥夺、牺牲之类的字眼亦压得我们异常沉重。无论是否愿意面对，这样的现象在过去的数十年间一直在发生。只是进入 21 世纪后，随着经济运行能力的提升、社会公众意识的嬗变，问题开始日渐清晰地浮出水面。

这一切，很容易被与“浙江制造”的巨大竞争力相伴生的喜悦所掩盖。为了更低的成本、为了更强的市场占有，许多牺牲都成为难以避免的发展中的必须。

联想“教父”柳传志企业办得漂亮，其经营理念也广受推崇。他有一个很著名的“拧毛巾”理论，并被认为是联想决胜跨国巨鳄的三件法宝之一。

柳传志对“拧毛巾”理论做了如下诠释:纵论天下商战,最要紧不过 8 个字——“与众不同,成本领先”。所谓成本领先,就是要善于把毛巾里剩下的水拧出来,直到最后一滴。市场以无形之手“拧”企业,“老板”则以有形之手“拧”成本。在一个产品提供者竞争激烈的买方市场,“毛巾拧水”是企业关键的生存之道。

可以肯定的是,极端重视成本控制并非柳传志独创。日本企业第二次世界大战后神奇崛起的秘诀之一,便是通过精细化现场管理最大限度地降低产品成本,并做到近乎极致。

价格低廉是“浙江制造”所向披靡的最重要的竞争法宝,而价格低廉的背后一定是成本低廉。但我们不难发现,与联想或日本企业的成本控制主要依靠改善管理、革新工艺、有效整合诸多生产流程等路径不同,很长时期以来,“浙江制造”的成本优势在相当程度上仍依赖于低工资、低档化及高环境代价。换句话说,“浙江制造”也一直在坚定地“拧毛巾”,拧痛的却是自己。

至少到今天,很多人坚持认为,这般令人酸楚甚至流血流泪的“拧毛巾”实属难以逾越的阶段性无奈。问题是,我们是否将会以此自我宽慰,并漠然地继续。放眼未来,这注定是不可持续的和危险的。

所幸,我们已经清楚地听到了来自政府坚定的声音。2003 年 7 月,西子湖畔的浙江省人民大会堂。9 个月前刚刚从福建调任浙江省委书记的习近平在中共浙江省委十一届四次全体(扩大)会议上,代表省委全面系统地概括了改革开放以来浙江发展的八个优势,提出了指向未来的八项举措,即“八八战略”。“八八战略”被普遍认为是新旧转换关键时期引领浙江全局走向的一个最为重要的战略构想,是推进浙江经济社会发展的总抓手。其第三条直面浙江制造“成长的烦恼”,具有极强的针对性——进一步发挥浙江的块状特色产业优势,加快先进制造业基地建设,走新型工业化道路。[①] “八八战略”成为攸关浙江未来的正逢其时的一剂解药。

经过周密的论证,浙江统一了思想:下决心改变粗放型增长方式,坚决推

① 《省委十一届四次全体(扩大)会议在杭举行》,《浙江日报》2003 年 7 月 12 日。

动浙江经济从“低、小、散”向“高、新、尖”质变，从块状经济向产业集群转化，从“浙江制造”向“浙江创造”跨越！

按照这一思路，浙江一手加快先进制造业基地建设，一手淘汰落后产能。2005 年，《浙江省先进制造业基地建设重点领域、关键技术和产品导向目录》《浙江省限制和淘汰制造业落后生产能力目录》《浙江省欠发达地区制造业发展目录》等政策引导体系先后出台。

在此后的章节我们还将描述，2008 年金融危机袭来，作为“中国模范生”的浙江经济起落跌宕、险象环生，重要根源之一依然是产业升级滞缓、粗放型生长痼疾犹在。

征程漫漫，陡峻崎岖，但也正因如此，才更彰显了萌发于 21 世纪初这一再造浙江先进生产力新优势战略思维的前瞻与深刻。

绿色 GDP 发展观

2003 年 1 月，浙江成为全国第 5 个生态省建设试点省。次年 7 月召开的浙江省委十一届四次全体(扩大)会议上，又将“进一步发挥浙江的生态优势，创建生态省，打造‘绿色浙江’”作为“八八战略”的关键一条正式提出。

“绿水青山保卫战”就此揭开序幕。

浙江的“绿水青山保卫战”是被逼出来的，退后半步，已临深渊。

来自浙江官方权威部门的环保数据令人揪心：

2003 年是浙江 40 年改革开放史上经济增长的标杆之年。当年，全省的废水排放总量达 27.03 亿吨，工业废气排放总量 10432 亿标立方米，工业固体废物产生量 1976 万吨，分别比 1990 年陡增 84.8%、3 倍和 1.3 倍。据此折算，浙江每创造 1 亿美元 GDP 需排放 28.8 万吨废水，创造 1 亿美元工业增加值需排放 2.38 亿标立方米工业废气，产生 0.45 万吨工业固体废物。这些指标均大大高于发达国家标准几倍甚至十几倍。

浙江省域“七山一水二分田”，最不缺的是水。水，也因此成为环境污染

的重灾区。浙江不缺水,缺的是干净的水:

2003 年,浙江所有省控监测城市均为酸雨区。最严重的酸雨区出现在杭州近郊的临安,酸雨率达 96.3%;杭州湾、象山港、三门湾、乐清湾等全省沿海重要港湾已无Ⅰ、Ⅱ类水质。

生皮产量占全国 1/4 的“中国皮都”平阳县水头镇,因皮业加工发财的千万富豪甚至亿万富豪不计其数,但平日许多人家大门紧闭——屋里像皇宫,屋外就是地狱,河水时时散发着死尸般的恶臭。日排放近 8 万吨的工业污水,将水头镇家门前的浙江八大水系之一的鳌江彻底毁了。浙江环保联合检查组的检测报告显示,1995 年之后,鳌江已沦为全流域水质劣Ⅴ类,河流基本失去功能。

在浙江水污染重灾区流传着一则苦涩的段子:每当环保部门到当地检查工作,官员们全部自带饮用茶水。只有被告知这是深井水时,官员们才一阵痛饮。

焦虑、惶恐直至绝望的重压之下,等来的只有抗争。

韦东英是钱塘江畔萧山南阳镇坞里村的一位农妇,以帮丈夫捕鱼为生。有一天,这位长相并不俊俏、寂寂无名的农妇出名了,她的出名是因为数年如一日坚持举报“杀人犯”——非法排污企业。

韦东英说,最让她痛心的,就是自己居然靠这件事出了名。

23 岁那年,韦东英嫁到坞里村。一年后的 1992 年,她家的地被镇里征用,建起了号称全省第一个乡镇级化工园——南阳化工园。南阳化工园共有企业 26 家,年产值约 10 亿元,镇上的干部说这将给南阳带来“致富的希望”。

但没过多久,韦东英发现事情好像变得不太妙。

空气开始混浊起来,而且老是飘着刺鼻的怪味;钱塘江水黑了,有时像酱油汤似的;江边或明或暗的排污管整日浊流翻滚,由于污水的氧化侵蚀,排污口边上的水泥墩柱钢筋裸露。鱼也渐渐不见了,村民们连生计都成了问题。最可怕的是,自化工园开建后,不到 2000 人的坞里村,竟有 60 多位村民莫名其妙地接连死于癌症。

怀疑,继而坚信,韦东英认定“杀人犯”就是所谓寄托了“致富希望”的化工园。

她开始了数年如一日的举报。从镇、区、市、省，直到国家环保总局。为了搜集铁的证据，韦东英经常和丈夫邵关通一起夜里撑着小木船摸到排污口取水样，并用自费买来的数码相机拍下污染现场。甚至，只有初中文化的她还硬逼着自己写起了“污染日记”。在2004年9月5日的日记中，她写道：“距离上个月我们向浙江省环保局举报已经20天了，没有接到省环保局的通知和处理结果。邵关通捕鱼回来说，江城桥下排的污水是血红血红的。”

环保农妇韦东英

对韦东英近乎疯狂的执拗举动，有人叫好，也有人猜疑、讥讽甚至威胁。她苦笑着告诉前来采访的央视“经济半小时”记者：“暗地里别人跟我讲，你这样下去哪一天会被人家打死。我说反正受污染也是死，还不如轰轰烈烈地让他们打死算了。”

2003年底以后的1000多个日夜，韦东英的“证据照”已经积累了5斤多重，明确标注日期的取样瓶也装满了一只编织袋。终于，她等到了望眼欲穿的政府的回音：南阳化工园被官方正式列为“杭州市环境污染重点监管区”，萧山环保局也开始推出一系列严厉的整顿举措，钱塘江边的所有排污口必须限期封闭。杭州当地媒体则报道称，“有关部门决定，2007年底，南阳化工园将全部搬迁撤销”。

2005年4月29日，杭州市首届“平民英雄”评选揭晓，被赞誉为“环保女侠”的韦东英以最高票数当选。颁奖晚会结束后接受记者采访时，她泪流满面地大声说：“如果我从来没有获得过这份荣誉，那该多好！”

由于水污染往往呈现流域性和长期性,在更多的情况下,与孤独而和平抵抗的韦东英相比,抗争极易群体化,以温和开始,继而激烈冲突,甚至酿为暴力。

发生于江浙两省边界,曾被称作"共和国环保第一案"的震动中央的"断河事件",便是最经典的案例。

江苏、浙江两省界河麻溪港(江苏称清溪塘),从江苏吴江盛泽镇流经浙江嘉兴秀洲区王江泾镇,一路蜿蜒而去,汇入京杭大运河南段的苏嘉运河。

2001 年 11 月 22 日零点,这是一个再普通不过的江南水乡的冬夜,空气中却弥漫着浓重的不安。

汽灯突然划破夜空,透亮通明,秀洲区王江泾镇、西堰镇的数百名浙江农民统一头戴安全帽、身着橘黄色救生衣,拥向河岸边。一队农民奋力凿沉 28 条水泥船;另一队农民驾驶 8 台挖土机,用稻田泥土装了几万只麻袋,投进 30 余米宽的麻溪港。

凌晨 3 时许,人群中爆发出一阵欢呼:麻溪港被彻底断流封航!

对于这场公开的大规模突袭,双方显然都早有预备。两岸打出了针锋相对的大幅标语——嘉兴方面的横幅是:"为了子孙后代坚决堵住污水","还我一河清水,还我渔米之乡";江苏吴江挂出的横幅则是:"还我名誉,地方政府公然违法断水堵航天下奇闻,试问中央政府还在不在你眼里!"

一年后,对这一民间自发集资 100 万元,誓死拒绝污水入境的"零点行动"(1998 年,针对日益严重的太湖流域水质污染,国务院曾推出治污达标"零点行动"),曾任嘉兴市市长的嘉兴市人大常委会副主任杨荣华在接受媒体采访时说:"作为当时嘉兴的行政首脑,我亲眼所见的事实是,嘉兴人民长期遭受江苏盛泽的工业污水侵害,已经到了忍无可忍的地步。用堵坝断河的方式来促使问题解决,不失为一个可行的办法。"

22 日凌晨,新华社江苏分社以"江浙省界主泻洪道遭封可能引发冲突""江浙省界清溪塘事件现场聚集 4000 余人"为题,用内参的方式迅速向中央报告了这一事件。时任国务院总理朱镕基当即作出批示:"请王忠禹督促水利部和环保局迅疾赶往现场解决问题。"

当日，新华社浙江分社的数篇内参，亦火速发往中央。

次日，由国家环保总局、水利部组成的中央调查组飞赴嘉兴。分别由分管副省长率队，浙江、嘉兴和江苏、苏州的双方党政官员汇聚一堂，各陈其词，唇枪舌战。作为新华社浙江分社记者、断河事件内参的第一时间采写者，我受命赶到嘉兴，目睹了事件调查处理的全过程。

国家环保总局与媒体组成的暗访组巡查盛泽镇时，仍有一家当地企业顶风排污。镇干部火了："什么时候不好排，偏偏今天还要排！"

在麻溪港堵坝现场，江浙农民情绪激烈、剑拔弩张。互相推搡间，正在泥泞的河坝上踏勘的浙江省带队副省长被推挤滑倒，多处软组织挫伤。当晚，中央主要领导电话慰问。

在国家环保总局和水利部联合举行的调查取证会上，由于我以新华社浙江分社记者的身份出席，被江苏方面认为"有为浙江说话"的嫌疑，而被强令要求离开会议室。

11 月 24 日，最后的协调会于嘉兴召开，由国家环保总局、水利部协调力促，在浙江方面深感屈辱的悲情中，江苏、浙江两省签订了《关于江苏苏州与浙江嘉兴边界水污染与水事矛盾的协调意见》。

协调意见规定：江浙两省应逐步落实重点企业限产、停产整改方案和达到水质目标的总量削减方案；苏州市政府应采取措施，保证出境水体高锰酸盐指数到 2002 年底达到Ⅴ类标准，2003 年底达到Ⅳ类标准(经过技术处理可以直接饮用)。

与此同时，江苏省环保局转报了苏州市政府提交的《吴江盛泽地区水污染治理限期整改方案》。江苏方面在方案中表示，对盛泽所有的企业实行轮产，控制排污总量。从 11 月 27 日起，将 25 家企业分成 5 块管理，每块分成两组，隔日轮流生产，排污总量控制在原来的 40%左右。同时对 12 家不执行轮产、限产、超标排污的企业进行处罚并关停 7 天。这份方案还透露：在 2001 年底，江苏要完成盛泽地区产业结构调整方案，组织实施印染企业布局结构调整措施。

当然，作为回报，嘉兴应拆除截断河道的水坝。

《外滩画报》记者在此后的采访中发现,为了显示诚意,盛泽迅即开始控制污水的排放。于是,在2001年12月9日,江浙两地协议规定的时间推迟4天后,拦在麻溪港的大坝最终被拆除。

"断河事件"背后,是一场持续10年的战争。

1993年,是江苏盛泽印染业发展最迅猛的一年,仇恨也由此开始。当年5月,滚滚倾泻而来的污水导致嘉兴北部水域1600亩河荡漂满白花花的死鱼。嘉兴市渔政管理站职员顾升荣对那一幕刻骨铭心:"这天我正在田北荡开着汽艇值班。那不是在水面上,而是在鱼背上开船啊!"

1995年4月,被愤怒烧红了眼的200多名嘉兴王江泾镇渔民挑着6000斤死鱼冲进对岸的盛泽镇政府,将腥臭的死鱼堆成了山。

"断河事件"之后,嘉兴47户因污染遭受巨大损失的渔民将江苏盛泽的21家印染企业告上法庭,要求赔偿额高达710万元。2002年12月16日,嘉兴市中级人民法院对这起跨省水污染案作出一审判决,47户渔民胜诉。

盛泽水污染之恶,并非古已有之。

湖州城南7公里潞村古村落的钱山漾遗址被公认为是"世界丝绸之源",这里曾出土距今4700多年的残绢片和丝、麻织品。

钱山漾东行几十公里便是盛泽,小镇同样因绸而兴,素称"中国绸都"。不到60平方公里的面积上,散落着2000多家丝绸纺织企业。国内最大的东方丝绸市场亦坐落于此,云集了全国各地5000余家丝绸商行。东方丝绸市场的大门上,籍贯吴江的费孝通先生手书"日出万匹,衣被天下"。盛泽与以化纤纺织闻名的浙江绍兴柯桥镇南北相望,并称中国纺织业双子星。

在盛泽人的记忆中,家乡的丝绸业与水污染并没有多少的关联。据太湖流域管理局发布的资料显示,20世纪80年代末,盛泽和王江泾两地交界处的水质尚处于Ⅲ类状态。

为了配套急剧膨胀的纺织产能,1993年后,全国丝绸印染企业开始突然向盛泽集中。吸引它们的,是其他地方对印染行业污水采取的一级标准在这里被人为地降至二级,成本转化为丰厚得足以让人疯狂的利润。

"一方面是缺乏资金,另一方面就是没有环保意识,只顾发展经济。"时任盛泽镇政府主管环保的副镇长戴颂民解释说。

嘉兴方面统计数据证明,盛泽污水排放量最高时达每年 9000 万吨。2000 年冬季征兵,嘉兴王江泾北边 12 个村无一合格的应征青年;次年,嘉兴市北部 8 个乡镇恶性肿瘤发病率比 5 年前上升了 28.2%。

潘多拉盒自此打开。

水乡,并不必然等于水污染。其间推波助澜的暗流,无疑是自上而下难以遏制的 GDP 冲动。20 世纪 80 年代尤其是 90 年代的狂飙突进,我们收获了巨量增长的财富,亦因为发展路径、增长方式的偏失而埋下处处隐患甚至累累伤痕。发展是硬道理,但不讲科学、付出惨重生态代价的硬发展就是没道理。财富观、发展观、政绩观已经到了必须改变的时候。

2004 年 8 月 26 日,《浙江日报》"之江新语"专栏刊发了《既看经济指标,又看社会人文环境指标》。文章阐述说:"政绩观与发展观密切相连。有什么样的政绩观,就会有什么样的发展观,反之亦然。一段时间以来,一些干部在'发展'问题上产生了误区,把'发展是硬道理'片面理解为'经济增长是硬道理',把经济发展简单化为 GDP 决定一切。在这种片面发展观的指导下,一些地方出现了以经济数据、经济指标论英雄的片面的政绩观……由此可见,在发展观上出现盲区,就会在政绩观上陷入误区;在政绩观上出现偏差,就会在发展观上偏离科学。"

很长时期以来,环境污染"不可避免论"在浙江地方官员中颇有市场,其依据即为所谓的"环境库兹涅茨曲线"。

1996 年,美国普林斯顿大学格罗斯曼和克鲁格等经济学家,将诺贝尔经济学奖获得者库兹涅茨著名的"库兹涅茨曲线"理念应用于环境质量与经济增长关系分析,提出了"环境库兹涅茨曲线"假说。根据这一假说,一方面,经济增长意味着更大规模的经济活动,带来更多的污染排放,因而对环境质量产生负的规模效应;另一方面,经济增长通过清洁能源以及新技术的使用、产业结构的优化升级等,对环境质量产生正的技术进步效应和结构效应。一般规律是,大规模工业化阶段,规模效应超过技术效应和结构效应,环境质量随着经济增长不断恶化;后工业化阶段,技术效应和结构效应超过规模效应,环境质量随着经济增长逐步改善。其结论是:上述三类效应共同决定环境质量与经济增长之间的倒 U 形曲线关系,即环境质量随着经济增长呈先恶化后改善的趋势。

对此,浙江省委清醒地告诫全省干部,经济发展和环境保护是传统发展模式中的一对"两难"矛盾,既相互依存,又对立统一。要自觉认识和把握"环境库兹涅茨曲线理论",促进拐点早日到来,绝不能重蹈"先污染后治理"或"边污染边治理"的覆辙。

理念既明,方向既定,行动便时不我待。而且,必须是持之以恒,薪火相传,咬定青山不放松。

从 2003 年生态省建设布局之始,浙江就对生态建设和环境保护"一类目标"完成情况实行"一票否决制",并首次将万元产值主要原材料消耗、能源消耗、水资源消耗、"三废"排放总量等指标引入统计体系。同时,划定 68212 平方公里的限制开发区域和 21109 平方公里的重点生态功能区,牢牢守住生态红线。

2009 年,浙江在全国率先出台排污权有偿使用和交易试点相关规定。

2013 年 11 月,浙江省委十三届四次全会作出决策,举全省之力全面实施以治污水为突破口,协同推进防洪水、排涝水、保供水、抓节水的"五水共治",并以治水为突破口倒逼经济转型升级。

同年,浙江对西南山区"绿肺"丽水市作出"不考核 GDP 和工业总产值"的决定,转而调整为考核空气质量和区域断面水质达标率等生态指标。随后,钱塘江源头的开化县以及拥有千岛湖一湖碧水的淳安县,也先后被纳入不再考核 GDP 行列。

美丽浙江,在绿水青山间落地生根。

长三角元年

2003年3月21日，杭州宝石山麓的省政府大院驶出一列长长的车队，行驶方向——上海。当天，浙江省党政代表团对上海展开为期3天的学习考察。

我和一位《浙江日报》同行成为这一考察团仅有的两名随行记者，这也是我作为新华社浙江分社记者最后一次重要的随团时政采访。3个月后，我即从新华社离职，前往上海参与创办当时全国唯一立足上海、服务长三角的《东方早报》。当年7月7日，《东方早报》发刊词的巨幅标题是——“触摸长三角喷薄的心跳”。

在这支考察团中，我看到了太多熟悉的面孔：全省11个地市清一色的市委书记，以及省级相关部委办厅的一把手连同工作人员，共100余人，规模绝无仅有。

3月的上海春光明媚。

在绿树环抱的上海西郊宾馆翠园厅，浙江党政代表团说明来意：“虚心学习、主动接轨、真诚合作、互利共赢。”

在上海的浙江商人第一时间感受到了来自家乡父母官的姿态改变。考察期间，浙江官方假座延安中路1000号的中苏友好大厦(现上海展览中心)会见上海浙商。

结束对上海的访问后，浙江党政代表团又马不停蹄地赶往江苏。在南京，再次表达了与“上海之行”相似的意图：虚心学习、加强合作、发挥优势、实现共赢。

作为此行的重要成果，浙江与上海、江苏分别签署了《关于进一步推进沪浙经济合作与发展的协议》和《进一步加强经济技术交流与合作协议》，并就浙江方面提议的建立三省市党政主要领导定期会晤机制的设想达成了共识。对于为何要建立该定期会晤机制，浙江省委曾如此解释：完善的合作机制，是加强经济合作、推动区域经济健康有序发展的内在要求和重要保证，要从政府、企业、民间等多方着手,健全合作机制。

浙江党政代表团的沪苏之行也拉开了三省市高层频繁互访的序幕,一度陷入沉寂的长三角区域合作骤然升温,2003 年因此被视为“长三角元年”。

事实上,对长三角的联动发展,浙江高层酝酿良久。

2002 年 12 月的浙江省委十一届二次全体(扩大)会议上,“主动对接上海,积极参与长三角地区的经济合作与交流”被提到了浙江发展的战略高度。

2003 年 1 月,浙江省人大十届第一次会议再次提出,以杭州湾地区为先导,主动接轨上海,从基础设施和信息化建设、产业分工、能源开发利用、环境保护等多方面进行合作,积极推进长江三角洲地区经济一体化发展。

沪苏之行后,“接轨上海”成为浙江发展的关键词。2003 年 5 月 12 日,浙江下发文号为“浙委〔2003〕6 号”的《中共浙江省委、浙江省人民政府关于主动接轨上海积极参与长江三角洲地区合作与交流的若干意见》。这份共 18 条的文件被称为“浙江接轨上海的行动纲领”。

2003 年 7 月,浙江省委十一届四次全体(扩大)会议提出“进一步发挥八个优势,推进八项举措”的“八八战略”,其第二条即是“接轨上海”——“进一步发挥浙江的区位优势,主动接轨上海、积极参与长江三角洲地区合作与交流,不断提高对内对外开放水平”。

2004 年,长三角一体化已如火如荼的沪苏浙正式启动党政主要领导年度定期会晤机制。经过一年多的酝酿和筹备,2005 年 12 月 25 日,由党政双一把手出席的首次长三角两省一市主要领导座谈会在杭州召开,标志着长三角区域合作正式纳入三省市最高决策层视野。

2007 年 5 月 15 日,时任中共中央政治局常委、国务院总理温家宝在上海主持召开长江三角洲地区经济社会发展座谈会。此次会议是当时讨论区域经济发展中规格最高的一次,意味着中央把长三角改革开放、经济社会发展上升到了国家层面加以研究和推进。

沪苏浙党政班子负责人、国务院有关部门负责人参加了这次座谈会。温家宝在会上强调,推进长江三角洲地区实现率先发展具有全局性意义,有利于增强国家经济实力和综合国力,更好地支持中西部地区,促进全国区域共同发展；有利于发挥长三角地区经济增长极和发动机的作用，带动长江流域和沿海地区的发展；有利于提升我国经济的国际竞争力和抗风险能力。

此次会议还对一份日后被认为对长三角发展具有里程碑意义的文件——《国务院关于进一步推进长江三角洲地区改革开放和经济社会发展的指导意见》进行了讨论。据长期追踪研究长三角一体化的《东方早报》资深记者徐益平调查了解，该文件的制定缘自温家宝对浙江一份报告的批示，其牵头起草者为国家发改委和国务院研究室，并有 20 多个国家部委参与。

2006 年 12 月，在中央经济工作会议上，温家宝参加华东组讨论时明确表示，长三角地区基础好、起点高、腹地大、竞争力强、辐射作用大，长三角地区的发展对全国影响深远。该次会议后，浙江向中央递交了一份名为《浙江省委、省人民政府关于贯彻中央领导同志重要批示精神深入推进参与长三角合作与交流工作的情况汇报》的报告，表达了推进区域一体化的决心。

2007 年初，在这份文号为“中收阅字〔2007〕71 号”的中央收文上，温家宝作出批示：“请发改委、国研室会同有关地方政府进行专题研究，提出进一步推进长三角改革开放和经济社会发展的指导意见。”

可以说，正是浙江方面的积极进取，最终促使长三角发展跃升为“国家战略”。

2008 年 9 月中旬，《国务院关于进一步推进长江三角洲地区改革开放和经济社会发展的指导意见》正式公布。两年后的 6 月，备受关注的我国首个跨省级行政区区域发展规划——《长江三角洲地区区域规划》出台。因“泛长三角”概念在上述两份重要文件中得以确立，由沪苏浙党政一把手共同出席的长三角主要领导座谈会从“六巨头”格局，正式扩容为沪苏浙皖“八巨头”新格局。

自此，以大开放、大融合为基石，长三角经济圈在与珠三角经济圈、环渤海经济圈高度竞合间，左右逢源、一马当先。

长三角区域经济一体化绝非天然如此、顺理成章那么简单。

从纯粹自然地理概念上说，所谓长三角，是指长江带来的泥沙在原来的沿海丘陵外侧堆积形成的一块冲积平原，属于长江中下游平原的一部分，范围仅限于江苏镇江以东、通扬运河以南、浙江杭州湾以北，面积5万平方公里。而今天我们耳熟能详的“长三角”，早已演变成为一个被赋予经济内涵并带有行政区划色彩的经济区或城市群概念，也就是长三角经济圈或长三角城市群。

长三角经济圈的雏形，始自20世纪80年代初的上海经济区。

1982年12月，国务院下发《关于成立上海经济区和山西能源基地规划办公室的通知》，决定建立以上海为中心，包括江苏苏州、无锡、常州、南通和浙江杭州、嘉兴、湖州、宁波、绍兴10个城市的上海经济区。这是长三角城市的首次集体携手，但它并不成功。6年后，上海经济区的领导机构——上海经济区规划办公室被撤销，城市合作随之陷入多年沉寂。

进入20世纪90年代，在浦东开发开放的背景下，长三角城市间加强磋商、协调发展的呼声逐渐强烈，城市合作再次提上日程。1992年，上海、杭州、南京三地的协作办商议，决定由上海牵头，在长三角经济协作系统内成立一个区域合作组织，定名为“长三角协作办(委)主任联席会议”，并把范围确定为上海、南京、杭州、无锡、苏州、扬州、南通、常州、镇江、宁波、舟山、绍兴、湖州、嘉兴14个城市。当年，首届会议在上海召开。1996年地级市泰州从扬州分出，最终使得以15个城市为班底的长三角格局基本定型。

1996年，第五届长三角协作办(委)主任联席会议商定，将联席会议重组为长三角城市经济协调会，会议的主角换成各城市的市长，由“主任会议”升格为“市长会议”。

然而，在长三角问题研究者徐益平眼里，无论是20世纪80年代的上海经济区还是90年代的长三角城市经济协调会，除了行政层级偏低外，均沾染着太过浓烈的计划经济色彩。

长三角区域经济一体化所面对的最大挑战是，如何处理和平衡上海与浙江、上海与江苏、浙江与江苏以及三省市内部不同行政单位之间的关系。突破了藩篱和鸿沟，既得利益就必须重新分割，而利益的分量又是那样的举足轻重。

上海开埠170多年，浙江对上海一直有一种“爱恨交加”的复杂情感。上海话中最有腔调的用词“嗲”，脱胎于以苏州为核心的吴方言。但是从经济关联意义上，浙江与上海无疑更为水乳交融。浙江知名学者卓勇良曾经做过细致考证，上海作为中国最大的移民城市，到19世纪后半叶，钱塘江对岸的浙江宁波人成为上海外来居民中最大的移民群体。20世纪20年代末，宁波人在上海有40万人，占当时上海人口的15%。1948年，上海的宁波人达到100万左右，占比是当时上海总人口的20%强。

很长时期以来，浙江人尤其是宁波人把持了上海最为重要的金融业，“浙江财团”呼风唤雨。1921年上海的69家钱庄中，宁波人开了16家。1918年，宁波余姚人宋汉章任上海银行公会首任会长，同时期的宁波镇海人虞洽卿则担纲上海证券物品交易所的理事长以及上海总商会会长。

然而，时至改革开放初，仰望着上海的庞大体量，浙江人对上海的历史情怀让位于基于利益的狐疑、焦虑与不自信。

在当时的浙江理论界，占主导的是法国经济学家弗朗索瓦·佩鲁提出的“增长极”理论。此理论认为，一个地区经济发展会有一个增长极，这个增长极会源源不断地从周边吸收各种资源，造成周边经济弱化。对浙江而言，上海就是这样的增长极。20世纪90年代初浙江省区域发展讨论中，曾认定上海中心地位将导致极化效应，如同一个“黑洞”，会虹吸浙江资源从而导致空心化。这一担心使浙江将政策制定和基础设施建设的重点，放在宁波、绍兴，而有意冷落与上海毗邻的嘉兴和湖州。在地方政府的内部报告中，亦不乏限制浙江企业向上海转移的倾向。

沪杭高速公路的修建历程，是最能反映浙江脸谱上复杂表情的经典案例。

1992年，浙江、江苏两省连接上海的高速公路分别完成规划。这条高速公路将南京—苏州—上海—嘉兴—杭州—绍兴—宁波，串珠成链，紧密连接长三角区域最重要的骨干城市。

是年9月，浙江省政府驻沪办和浙江省驻沪企业协会联合牵头举办“开拓上海市场，发展浙江经济”座谈会，介绍上海改革开放政策新变化并剖析浙江驻沪企业发展瓶颈，希望省领导重视上海，在江苏之前修建高速公路，加快与上海的经济合作步伐。

这一建议并未得到采纳，浙江先修的是省内的杭州至宁波段。而当上海将沪杭高速修过枫泾省界15公里时，却成了"断头路"，原因是浙江境内的上海至嘉兴段依然纹丝不动。

江苏的路径迥异，其先修苏州至上海，再修南京至苏州。

与江苏不同的选择，结出的果实自然两样。浙江只能眼睁睁地看着修通了直达上海高速路的苏州乃至大苏南地区迅速起飞。

苏州在1992年就建立了国家级的新加坡工业园区，几乎与浦东同步开发，很快成为了招商引资的明星城市。此中的奥秘之一是，在西方投资人眼中，知道上海的多，知道苏杭的少。高速公路修通之后，苏州昆山人跑到上海小旅馆开设了无数个企业办事处，密切了解外商动态，甚至在以旅行者身份前来的外商还未与上海政府谈判前，就堵在外商下榻的酒店门口："先生，我们的投资环境和上海差不多，到上海半个多小时，您来看看。"

条条大路通罗马。数据显示，当年苏州吸引资本总额超过浙江全省，是杭州的6倍。另据台湾地区方面的统计，苏南一地吸引台资占大陆总台资的半壁江山，每一平方公里就有一家台资企业。苏南由此一跃成为举世瞩目的"世界工厂"。

1998年底，浙江终于修通沪杭高速公路，比沪宁(南京)线晚了整整两年。

当时间进入"长三角元年"，大视野、新理念以及现实发展的倒逼，促使浙江官方层面在"如何与上海相处"百年命题的姿态上呈现了戏剧性变化。

火药味十足的"三座跨海大桥之争"，恰是一波三折的沪杭高速建设命运的强烈反转。

宁波与上海虽然170年间春心暧昧、血脉相通，但两者在地理空间上却隔着宽阔的杭州湾，欲相拥而不能。宁波人去趟上海，必须借道杭州，绕一个"V"字形大弯，费心劳神数小时。

2003年6月8日，不愿再等的宁波人宣布：一桥飞架南北，酝酿10年之久的宁波杭州湾跨海大桥正式动工兴建。该桥南起宁波慈溪，北至嘉兴海盐，总投资118亿元，全长36公里，是世界第一跨海大桥。按照计划，其将在2008年——“力争2007年”——竣工，建成后将使宁波前往上海的车程缩短至两小时之内，茶还没凉，上海滩已到。

对长三角一体化意义重大的宁波杭州湾跨海大桥

谁也没想到，不愿再等的绝不仅仅是宁波人。宁波杭州湾跨海大桥宣布开工的话音刚落，2003年7月29日，时任绍兴上虞市市长徐文光在上海公开宣布：总投资60亿元的绍兴杭州湾跨海大桥已获浙江省立项，将于次年开工，预计2007年与宁波杭州湾跨海大桥同步建成。杭州有关部门亦旋即明确发布，投资估算44.5亿元的萧山杭州湾跨海大桥2004年开工，力争赶在宁波杭州湾跨海大桥建成前，于2006年底建成通车。届时，萧山到上海的距离可缩短70公里，绍兴到上海的车程将由原先的2.5小时减至1.5小时。

三座大桥的起点分别位于杭州湾南翼一字排开的宁波、绍兴和杭州萧山，彼此相隔不足50公里。这意味着，到2008年，在杭州湾100公里之内，将同时有三座跨海大桥“长虹卧波”。观察者还发现，大桥未通，三地却早已未雨绸缪：宁波环杭州湾产业带规划已开始实施，绍兴也提出产业兴市规划，杭州发展的重心则从“西湖时代”转向“钱江时代”，即向杭州湾靠拢。新华社对此的报道评论称，“三座桥的起点分属浙江三个不同的地区，可桥的那头却无一例外地指向上海。显而易见，这场硝烟实是杭绍甬三市竞争接轨上海的反映”。

与官方姿态曾经的狐疑、观望甚至是拒绝相比，浙江民间资本在跨区域流动的逐利本能驱动下，对充满金融与产业扩张无限魅力的大上海，始终是一往情深、投怀送抱，从未犹豫摇摆。

20 世纪 80 年代初，候鸟式游走四方的浙江商人就瞄上了与家乡一步之遥的上海，温州人、台州人纷至沓来，联营合作或租赁百货大楼商位开设“窗口”；90 年代，创办企业与专业市场成为浙商资本新主流；随后，则是股份制性质的大中型集团企业在沪投资办厂，或设立研发中心和销售中心。截至 2001 年，浙江老板在沪创办企业近 5 万家，投资总额逾 500 亿元，经商者多达 25 万人，投资额和创办企业数均居全国各省市区首位，销售额约占上海市社会消费品零售总额的 10%。

商人云集，商会组织自然也是根深叶茂。2002 年 11 月，由政府主导的浙江省驻沪企业协会摇身一变，成为企业家说了算的上海市浙江商会。后者很快嬗变为浙江遍布全国数以千计的异地商会中实力与号召力最强大的“第一商会”，均瑶集团王均瑶、复星集团郭广昌、美特斯邦威周成建等传奇浙商先后出任会长。

和上海一样，浙江向中国大江南北涌浪式迁徙的人流背后，必定是滚滚财富。这一独特的浙江式经济现象大抵可以分为三个阶段：20 世纪 80 年代初，为求活路人走出去；80 年代后半期，随着个体私营及乡镇集体企业的活跃，浙江制造的中低端日用消费品走出去；90 年代，追逐利润最大化的资金开始出现外溢。至 21 世纪初，土地奇缺、能源匮乏、劳动力价格上涨等要素资源的挤压，迫使更多的浙商资本规模化地夺路而出。

资金外流、企业外迁，是否会导致浙江本土产业的空心化？对这一现象究竟怎么看？堵还是疏？边界点如何把握？担忧与争议从未停歇。

2004 年，浙江将“在外浙江投资创业人员及企业基本情况”列为当年度的省委、省政府重大研究课题，以期摸清家底，明察利弊，确立思路与对策。6 月，浙江组织工商局、银监局、统计局、外经贸厅等 7 个省级部门和 11 个地市，通过分设在全国各地的办事机构和浙江商会，开始此次大规模调研。

这项调研成果的主要结论是，截至 2003 年底，浙江约有 400 万人在省外投资创业，占该省总人口的1/10，投资总额约5300亿元，2003年实现销售收入1万亿元。其中，在上海创业的浙江人有30多万，企业数达5.7万家，注册资本900亿元，实际运作资本超过3000亿元。

不过，最令浙江欣慰的，是一个"意外发现"。调查显示，截至2003年底，在京浙江企业回浙江投资及在京创业人员汇入浙江现金总额为400亿元；在粤浙江企业返回浙江投资总额为500亿元，每年汇往浙江的现金超过100亿元；在沪浙江企业反哺家乡投资额累计也已达100亿元以上。徐益平在《东方早报》刊发相关报道时认为，"这项调查给浙江吃了颗定心丸，尤其是反哺等经济一体化良性循环现象的大规模出现"。

2005年6月3日，天下浙江商人的年度盛会——浙商论坛2005年峰会在杭州召开。此次峰会的主题为"跳出浙江发展浙江"，即已传达出浙江官方对民间资本流向最新的清晰判断。

"跳出浙江发展浙江"，不仅成为浙江经济社会发展的必然要求，也是一种全局意识和政治责任。广大浙商在"跳出浙江发展浙江"中，不仅为国家统筹区域发展作出了贡献，而且也延伸了浙江的产业链，推动了浙江产业的梯度转移，促进了资源要素的合理流动和优化配置。

在此前后，浙江官方在其经济决策中的相关姿态日渐明朗。

2004年底，浙江省经济工作会议确定2005年经济工作的重点之一是"跳出浙江发展浙江，进一步提升开放型经济发展水平"，"鼓励企业到省外投资建立粮食、能源和原材料基地"。

2005年11月，浙江省委十一届九次全会再次明确了对待跨区域流动资本问题的态度："坚持跳出浙江发展浙江，鼓励企业在省外投资创业，走出国门"，"努力实现'低端产业出去，高端产业进来'的良性循环"。

认同、鼓励浙江资本走出去的"浙江人经济"，与扎根家乡的"浙江经济"本是一枚硬币不可或缺的两面。

"'跳出浙江发展浙江'与'立足浙江发展浙江'是紧密相连的。浙商源于浙江，根在浙江。我们既鼓励和支持浙商'走出去'发展，也倡导和支持在外浙商积极反哺家乡，踊跃回乡投资，参与家乡建设。"浙江省委对此多次明确表示。

2006 年，浙江宣布从是年开始，在“十一五”期间全面实施“浙商回归工程”，即通过相关优惠政策，鼓励在外发展并壮大的浙江籍资本回乡投资创业。计划在未来 5 年内，引进在外浙商回乡投资金额 300 亿元，该数字等同于当年“民资输出第一大市”温州每年的外流民资。这是浙江首次将鼓励反哺工作上升到战略层面。

画地为牢、固步自封、行政割裂的小农思维，向来是以自由流动、大气开放为本质特征的市场经济的天敌。从保守到开明、从被动到引领、从上海到中国，自“长三角元年”再出发的浙江，进取姿态毕现，大胆改革所蓄积的内源性发展动力与投身开放浪潮所催生的外源性动力开始互为发酵激荡，成为浙江经济华丽转身的“双发动机”。

【浙江改革开放史档案】

『八八战略』：引领浙江发展的总纲领

进入 21 世纪，为了破解“成长的烦恼”，打开经济社会转型增长的良性通道，2003 年 7 月 10 日，中共浙江省委十一届四次全体(扩大)会议提出了进一步发挥“八个优势”、推进“八项举措”的“八八战略”，引起全国瞩目。

时任浙江省委书记习近平在 2006 年初接受人民网记者专访时阐述说，“八八战略”第一个“八”所指的“八个优势”，并非单纯指浙江在发展过程中已经体现出来的优势，而是按照科学发展的要求，结合实际做出的总体把握，体现了继承和创新的统一。具体而言，是将已经显现出来的优势进一步发挥好；将潜在的优势变为现实的优势；对于一些劣势，要通过努力转化为优势，或者避开劣势。第二个“八”指八个方面的举措，是针对进一步发挥、培育和转化优势提出的。通过实施这些举措，推动浙江经济社会发展增创新优势、再上新台阶。[①]

“八八战略”具体为：一、进一步发挥浙江的体制机制优势，大力推动以公有制为主体的多种所有制经济共同发展，不断完善社会主义市场经济体制；二、进一步发挥浙江的区位优势，主动接轨上海、积极参与长江三角洲地区交流与合作，不断提高对内对外开放水平；三、进一步发挥浙江的块状特色产业优势，加快先进制造业基地建设，走新型工业化道路；四、进一步发挥浙江的城乡协调发展优势，统筹城乡经济社会发展，加快推进城乡一体化；五、进一步发挥浙江的生态优势，创建生态省，打造“绿色浙江”；六、进一步发挥浙江的山海资源优势，大力发展海洋经济，推动欠发达地区跨越式发展，努力使海洋经济和欠发达地区的发展成为浙江经济新的增长点；七、进一步发挥浙江的环境优势，积极推进基础设施建设，切实加强法治建设、信用建设和机关效能建设；八、进一步发挥浙江的人文优势，积极推进科教兴省、人才强省，加快建设文化大省。

在具体贯彻落实中，“八八战略”不断完善深化。2007 年 6 月，浙江省第十二次党代会在此基础上作出了扎实推进“创业富民、创新强省”的重大决策。创业创新是富民之本、强省之源。创业富民、创新强省，是改革开放以来浙江发展经验的深刻总结，是今后一个时期推动浙江发展的总战略。创业富民、创新强省，就是在新时期新阶段，全面推进个人、企业和其他各类组织的创业及再创业，全面推进理论创新、制度创新、科技创新、文化创新、社会管理创新、党建工作创新和其他各方面的创新，形成全民创业和全面创新的生动局面。使全省人民收入水平持续提高，家庭财产普遍增加，生活品质明显改善，走共同富裕道路；使全省综合实力、国际竞争力、可持续发展能力不断增强，加快建设富强民主文明和谐的新浙江。

2012 年 6 月，浙江省第十三次党代会进一步确立了“建设物质富裕精神富有的社会主义现代化浙江”的奋斗目标。

从“八八战略”到“创业富民、创新强省”，再到建设“两富”现代化浙江，都

---

① 《中共浙江省委书记习近平：“八八战略”从头越》，人民网 2006 年 2 月 9 日。

是中国特色社会主义在浙江的生动具体实践,一脉相承,一以贯之,一张蓝图绘到底。

【浙江改革开放史档案】

学习『义乌发展经验』

2006年初,浙江省委、省政府派出了由省委办公厅牵头的"义乌发展经验"调研组,对义乌改革开放以来的发展经验进行了全面深入的调研和总结,形成一份长达13000余字的《关于义乌发展经验的调查报告》。2006年4月30日,浙江省委、省政府联合下发《关于学习推广义乌发展经验的通知》,决定在全省范围内学习推广义乌市推进全面建设小康社会、走科学发展之路的经验。

该通知指出,义乌的发展是浙江发展的一个生动缩影,义乌人民创造的发展经验,是全面建设小康社会的成功经验,是推动经济社会发展逐步走上科学发展轨道的创新经验,是浙江人民创造的"浙江经验"的生动体现和有机组成部分。

该通知批转了《关于义乌发展经验的调查报告》,要求各地"认真学习借鉴"。根据《关于义乌发展经验的调查报告》,所谓义乌发展经验,主要有六大内涵:

一、兴商建市:推进专业市场的扩张提升,这是义乌全面建设小康社会、走科学发展之路的龙头和基石;

二、产业联动:市场带动工业,工业支撑市场,市场与产业联动发展,这是义乌全面建设小康社会、走科学发展之路的独特路径;

三、城乡统筹:以工哺农、以商强农,以城带乡、城乡互促,这是义乌全面建设小康社会、走科学发展之路的有力举措;

四、和谐发展:注重生产生活生态的和谐相容,注重经济

社会的和谐互动,注重各类社会成员的和谐共处,这是义乌全面建设小康社会、走科学发展之路的重要特征;

五、丰厚底蕴:秉承深厚的文化传统,弘扬独特的人文精神,发展具有时代特征的先进文化,这是义乌全面建设小康社会、走科学发展之路的不竭源泉;

六、党政有为:党委总揽全局、把好发展方向,政府调控有度、搞好公共服务,这是义乌全面建设小康社会、走科学发展之路的根本保证。

2006 年 6 月 8 日,时任浙江省委书记习近平在义乌调研考察时,首次全面阐述了他眼中的"义乌发展经验":"义乌市在经济社会发展取得很大成就的同时,在许多方面创造了一些好的做法,积累了一些宝贵经验。"习近平说,"我对义乌改革开放以来取得的巨大成绩留下了深刻印象。我还感叹,义乌的发展简直是'莫名其妙'的发展、'无中生有'的发展、'点石成金'的发展。我也深深感到,义乌的发展是过硬的,在有些方面还非常突出;义乌发展的经验十分丰富……义乌发展的经验中既有独到的方面,也有许多具有普遍借鉴意义的方面。"①

"莫名其妙"的义乌背后有何奥妙?"无中"如何"生有"?"点石"何以"成金"?

曾经,义乌真的什么都没有。

2016 年,学习"义乌发展经验"10 周年之际,我驱车 300 公里赶往浙南衢州,追访已 86 岁高龄的义乌小商品市场成长史中的"铜像级"县委书记谢高华。老人回忆说,1982 年 3 月,他调任义乌县委书记。母亲听说后心疼得要命:"你犯错误了?为啥被贬到这么穷的地方去?"

当年的义乌真是穷。县委大院破旧不堪,只有一个厕所,居然还是露天的。"成群的苍蝇经常毫不客气地飞进我的办公室做客。"这就是当年谢高华对义乌的最深刻印象。

---

① 习近平:《干在实处 走在前列——推进浙江新发展的思考与实践》,中共中央党校出版社 2006 年版,第 518—519 页。

义乌恰恰是在这般“无中生有”间“莫名其妙”地“奇怪”崛起。正如我们在此前章节所清晰描述的，义乌终能“点石成金”的真正奥秘在于：无数不甘贫困的底层民众从意识形态争议的夹缝中拼杀而出，因地制宜，顺应时势，以小商品市场为创业舞台，又生逢其时地得到了谢高华等基层干部的宽容、默许甚至是“合谋”推动。他们的实践朴素而粗粝，却张扬出无限生机。其背后的本质驱动力，无疑源自蚂蚁雄兵般滋长于草莽、以民营经济为主体的社会主义市场经济。

一定意义上，义乌的奥秘也正是改革开放 40 年尤其是前 20 年浙江崛起的奥秘。

第十章

外面的世界

> 我们的愿景是：全球买，全球卖。
>
> ——马云：纽约经济俱乐部演讲

萨拉·邦焦尔尼，是美国路易斯安那州一位知名的女记者。

当 2004 年圣诞节来临，萨拉忽然发现，39 件圣诞礼物中，“中国制造”的有 25 件；家里的 DVD、鞋、袜子、玩具、台灯等，也统统来自大洋彼岸的中国。出于记者的职业冲动，她自问：如果没有中国产品，美国人还能否活下去？

于是，萨拉突发奇想，决定从 2005 年 1 月 1 日起，带领全家——包括她的丈夫维斯以及两个儿子——开始尝试一年不买中国产品的日子。

接下来的一年，对萨拉全家无疑是一场巨大的煎熬：4 岁的儿子不得不转而去购买标价 68 美元的昂贵的意大利鞋；厨房的抽屉坏了，可找不到工具修理；购买生日蜡烛竟成了折磨人的头痛事，杂货店除了中国产的蜡烛，没有其他产地的蜡烛；买到手的最“美国”的灯，也用了中国制造的关键零件，是一盏“混血”台灯；丈夫去法国旅行买的纪念品埃菲尔铁塔钥匙扣也是中国制造……

萨拉根据这一经历,撰写了《离开中国制造的一年:一个美国家庭的生活历险》一书。

在这本书的结尾,萨拉告诉你的结局是这样的:

"承认现实吧。能撑过这一年,大部分靠的是运气。尽管有抵制在先,中国产品还是源源不断涌进我家。"

"不靠中国产品过日子,太难了,至少,不懈地坚持下去太难了。我们最终决定,还是跟中国进口产品共存的好。发誓一辈子不用中国产品,真的不太现实。"

事实上,萨拉全家人离开"中国制造"的一年,在某种意义上可以理解为就是离开"浙江制造"的一年——

全球圣诞饰品几乎全部来自浙江义乌小商品市场;

浙江义乌生产了占全球 1/4 销量的饮料吸管;

浙江永嘉生产了全球 80%的拉链以及 60%的纽扣;

浙江嵊州独占全球领带产量的近半壁江山;

浙江永康年产保温杯 4.5 亿只,覆盖全球 169 个国家和地区;

……

自改革开放始,浙江人为摆脱贫困,浪走中国南北,650 万浩荡军团成为阵容最为庞大的财富候鸟:新疆霍尔果斯、内蒙古满洲里、黑龙江绥芬河、广西友谊关……如水银泻地,直抵天涯。

2001 年 11 月,中国正式签署加入世界贸易组织(WTO)议定书。

国门的那一边,海阔天空,早已跃跃欲试的浙江人再度呼啸而出。这一次,他们更大的野心是:全世界。

"东方快车"没有终点

2006 年 9 月 19 日晚,杭州离西湖最近的知名老字号楼外楼饭店。新任美国财政部长亨利·保尔森正在此"夜宴"浙江民营企业领袖级人物。

这是保尔森当上财政部长之后,首次访华的第一站。当年 5 月,时任浙江省委书记习近平率团赴美国参加“2006 美国·中国浙江周”期间顺访高盛集团,并与时任高盛董事长的保尔森约定了 4 个月后的杭州之行。

是日“夜宴”的发起人是纽约证券交易所的纳斯达克。美方除保尔森外,出席者还有美国驻华大使和驻上海总领事。浙商方面亦精英尽出:娃哈哈集团董事长宗庆后、正泰集团董事长南存辉、复星集团董事长郭广昌、万向集团 CEO 鲁伟鼎、杉杉集团董事长郑永刚等,共 12 位。阿里巴巴董事长马云原本在被邀之列,但因在北京出差,最终没有出席。

“围坐在桌旁对话是最有效的。”与浙江最优秀商人围着一张长桌而坐的保尔森的第一句开场白,便为本次“夜宴”定下了“平等对话”的基调。他表示希望向在座各位求解三大问题,其中之一是对中美经济关系中最近出现的汇率、并购、贸易顺差等麻烦有何看法和建议。

“只要我们彼此能够在同样的游戏规则下公平竞争,浙江的民营企业不惧怕任何对手。”被保尔森赞叹为“你的思维方式更像一位‘政治家’”的南存辉的发言,显然给这位美国财政部长留下了深刻印象。

“听习近平书记说,浙江民营企业家很多、很厉害,非常高兴能借此机会跟大家认识。”保尔森说的应该是真心话。

18 时 30 分左右“夜宴”开始,直至 21 时结束。

次日,保尔森飞赴北京。未来 3 天中,密集会见时任中国国家主席胡锦涛、国务院副总理吴仪,以及发改委主任、财政部长、商务部长等中国高官。双方坦诚交谈的,正是稍前与浙商对话的同样主题:关于中美经贸关系。

保尔森对浙商和“浙江制造”的特殊重视是有道理的。

官方发布的资料称:直到 1999 年,浙江对外贸易仍然以国有外贸收购一统天下,民营企业直接出口额仅 15.8 亿美元。加入 WTO 后,迅速进入井喷期。2007 年,以民营经济为第一主体,浙江进出口总额已飙升到 1768.4 亿美元,比上年增长 27.1%。其中进口额 485.4 亿美元,出口额 1283 亿美元,仅次于广东、江苏、上海。全年贸易顺差 797.5 亿美元,占全国总额的近 1/3。而美国则是浙江的第一大出口市场和第四大进口市场。

浙江人对“外面的世界”一直心存向往。

有据可考的浙商海外创业史，最早可追溯到北宋咸平元年(公元998年)，温州人周伫远赴高丽(今朝鲜半岛)经商并定居。

浙江第一波大规模海外移民经商潮出现于清末，大多是来自浙南温州、丽水的底层民众，聚居在欧洲地中海沿岸的意大利、法国、西班牙等地，依靠经营餐馆、贩卖小商品谋生。

著名社会学家费孝通在《小商品，大市场》一文中，曾经对这一群体的生存状态有过传神的记录：

温州第一代移民和法国女子结婚

那是1937年的夏天，我从伦敦到柏林去和我的哥哥(费振东先生)一起度假。一天，有人敲我们的房门，打开一看是一位拎着手提箱的中国人。异国遇乡人自然是大喜过望，可我们彼此的方言不同，话语不通。只见他极有礼貌地鞠了个躬，然后打开手提箱，一看里面都是一些日用小百货，看来他是请我们买东西的。他走后，哥哥对我说：“在柏林、巴黎等欧洲大陆的不少城市中，这样的小生意人数以万计，他们大多来自温州、青田一带。起初他们背着青田石漂洋过海，在意大利、法国、德国做石刻手艺。待到石头用完了，就转而做小买卖。这些人靠着挨家挨户地送货上门和彬彬有礼的优良服务态度，经商赚钱。”

1938年我回国时，打听到法国马赛有一些往返中国的轮船，有为欧洲华侨专设的低价统舱，我就买了这种船票。在统舱里我结识了一些语言相通的浙江朋友，了解到他们千辛万苦的经历，可是从他们的脸上却看不出有丝毫痛苦的痕迹。

改革开放后,浙江出现第二波海外移民经商潮。但囿于各方面障碍,具有强烈行商冲动的浙商仍主要奔走于国内市场,甚至将灰色地带的边境贸易倒腾得风生水起。当年,我在广西、云南边境村寨采访时,就遇到过不少浙江上虞市的修伞郎,小学文化,完全不懂外语,竟然就怀揣正反面歪歪扭扭对照写着汉字与英文、法文的小卡片,挑着伞件和"浙江制造"的各类商品,孤身深入越南、缅甸经年,因而致富。

起初是游走全国,然而野心很大的浙商其目标无疑是游走全球。最早的成功案例,当属 20 世纪 80 年代初的鲁冠球,凭着小小的万向节漂洋过海,一步步成为美国跨国公司的座上宾。此后,浙商国际化在夹缝中摸索前行,但国门洞开,浙商真正大展手脚,应该是始于 21 世纪初。

自此,作为"中国制造"的急先锋和主力军,"浙江制造"一路杀向全球市场,其数量之巨、势头之猛,堪称波涛汹涌。

正如我们在第七章所描述,浙江中部诸暨市的小镇大唐,年产各类花色、款式的袜子竟达 140 亿双,占世界总产量的半壁江山。其中 50%以上出口全球 60 多个国家和地区,以致于位于美国南部亚拉巴马州阿巴拉契亚山区的另一个小镇佩恩堡不得不将已顶戴百年的"世界袜都"桂冠拱手相让。

其间,精彩纷呈的传奇故事俯拾皆是,每每激起一片惊呼——

温州的"中国真皮鞋王"康奈公司 2001 年在巴黎第 19 街区开出了第一家专卖店,其目标是 2010 年在欧美将专卖店扩张至 1000 家。康奈董事长郑秀康在接受法国媒体采访时豪情万丈:"我们就是一匹狼,一匹来自中国温州有实力的狼!"

2004 年,公务员下海的浙江商人卢伟光一举买下南美洲巴西亚马孙河畔拥有永久砍伐权的 1000 平方公里原始森林,面积相当于一个上海崇明岛。作为世界十大地板商之一的卢伟光,还曾随时任国家主席胡锦涛出访拉美,并先后 6 次受到巴西总统卢拉的亲切接见。

2004—2005 年,先是温州商人郑昌飙宣称将"整体承包平壤第一百货 10 年经营权",再是浙中东阳商人卢云雷表示自己已成为"中国浙江东阳国汇驻朝鲜平壤市第一百货商场总经理”。“平壤一百”与金日成广场毗邻，地位相当于北京王府井百货大楼。这则新闻虽然最终开花而未果，但浙商挖掘海外商机的疯狂劲头还是让国人狠狠感叹了一把。

浙江人将广阔的国内市场和更为广阔的国际市场紧紧地左拥右抱。这就像一只大鸟舒展开强劲的两翼，“浙江制造”扶摇直上。

当“浙江制造”这一列“东方快车”满载着五光十色的小商品向世界各地疾驰的同时，世界也开始将关注的目光聚焦到这个中国东部沿海的神奇小省，愈来愈多的各种肤色的“淘金客”纷至沓来，勾画出浙江开放史上从未有过的双向循环的奇妙景象。

“义乌版”联合国便是这一双向循环经济最别致的注脚。

每当夜幕初降，义乌市稠州北路的异国风情街就开始喧闹起来。

餐馆、KTV、理发店门面上，标注着阿拉伯语、印度语、英语、韩语的霓虹灯五光十色；烤肉摊位腾起阵阵烟雾，三五成群身着民族服装的阿拉伯客商围坐街边闲谈；空气中，飘荡着充满异域风情的香水味、香烟味和音乐。

20 世纪 90 年代末，义乌街头冒出了第一批外商的面孔。他们原本在乌鲁木齐、黑龙江和广西等地处边境的义乌小商品分市场从事边贸采购，当得知其购买的商品大多来自义乌，且在义乌选择的余地更大、价格更划算，就索性直奔千里之外的义乌。

这批洋面孔最初来自中亚、东南亚和俄罗斯等邻近国家，2000 年后迅速遍及全球，曾经“穷”得什么都没有的义乌日渐因财富而崛起，成为国际化新兴“移民”城市：1105 平方公里的土地上有着来自 140 多个国家和地区的 40 万名小商品采购商，其中常驻者即达 1.5 万人。

38 岁的约旦商人默罕奈德从没想到，只身来中国谋生计的他，会在义乌收获事业与家庭。

近 1.8 米的身高，短发微卷，高鼻梁、深眼窝，笑容腼腆，默罕奈德有着一副标准阿拉伯人的面庞，却会说一口流利的汉语。

2002 年，在广州开餐厅的他在多次听人提及义乌小商品市场后，抱着好奇心，与叔叔一起来到义乌。

“当时我发现在这里做百货采购生意的阿拉伯人不少，但没有一家阿拉伯餐馆，吃饭很不方便。”于是叔侄俩决定在义乌开设第一家阿拉伯餐厅。

“说实话，那时候没什么钱，一度因为资金窘迫差点放弃。好在这里的人很热情实在，不排斥、不欺负外国人，义乌人从不对我们阿拉伯人另眼相看，贷款租房都有人帮忙。”默罕奈德说，他很快便结识了不少朋友，有本地人也有外地人，“大家和气生财”。

2004 年，默罕奈德和来自安徽的妻子刘芳接手餐厅。经过多年的打拼，这家名为“花”的餐厅，如今已是上下两层，可容纳上百人，每年收入数百万元。

“这么些年了，没与其他的经营户发生过一起经济纠纷。”谈及在义乌的生活，默罕奈德始终面带笑容，“满足”是他最大的感受，“在我家周围同住着许多外国人，不同肤色、不同语言、不同信仰，但平时都会聚在一起吃饭、出游，就像一家人一样。”

默罕奈德更没有想到的是，自己的故事还得到了中国国家主席习近平的赞许。

2014 年 6 月 5 日，习近平在中阿合作论坛第六届部长级会议开幕式上告诉与会嘉宾，有一位名叫默罕奈德的约旦商人，把原汁原味的阿拉伯饮食文化带到了义乌，也在义乌的繁荣兴旺中收获了事业成功，最终同中国姑娘喜结连理，把根扎在了中国。

“如今义乌就是我的家。”默罕奈德说，在这里有许多来自各国的“淘金客”与他有着同样“穿着裤衩而来，西装革履而去”的创业轨迹。辗转过广州、北京、安徽的他决定在义乌永久定居，因为“在这里挣出了生活，成就了梦想”。

在义乌城东南的鸡鸣山社区，除了 3000 多名本地人和 1.5 万名国内流动人口外，还有和默罕奈德一样来自不同国家的近千名境外客商及亲属，是典型的“联合国社区”。

如何引导他们融入中国式社会生活，颇让人挠头。

2006年,社区发起了"外国人融入社区"活动,聘请3位外商担任社区惠民议事会成员,一旦有重大事项需要征询意见时,他们与社区居民拥有同等发言权。社区还办起了全国首个境外人员服务中心,每周五次免费培训汉语。

为了更充分地让外商发挥自我管理的积极性,义乌还开创性地在当地"两会"期间,邀请外籍人士旁听,并针对子女就学、经商平台等问题举行外籍人士座谈会,默罕奈德曾是受邀的座上宾。

山坳里的小城义乌在国际化的大路上一路快跑。

2001年,义乌市政府控股的小商品城集团启动了对外贸易的主要载体——国际商贸城一期建设。次年开业,吸引了212个国家和地区的客商,国际贸易八面来风。

2002年,开办7年的义乌小商品博览会正式更名为义乌国际小商品博览会,并首次升格为国家级国际性展会。

2005年,义乌的国际贸易额首次超过国内贸易额,标志着义乌市场从以内贸为主转型为以外贸为主。同年义乌也获得公安部授权,成为可直接办理外国人签证和居留许可的第一个县级市。

无论是令美国路易斯安那州女记者萨拉·邦焦尔尼惊叹的"浙江制造"的潮水般涌入,还是默罕奈德们少年派的义乌奇幻漂流,都是浙商以商品贸易为主要形态的"世界之旅1.0版"。大抵是在21世纪头10年的后半期开始,浙商拉开了"世界之旅2.0版",其特征是把工厂办到海外去——雇用洋人、用洋人的资源、赚洋人的钱。

这一步,迈得远比想象中艰难。

2000年,徐根罗奉命来到泰国筹建华立集团电气(泰国)有限公司,这是总部位于杭州郊区的电表巨头华立在海外小心翼翼布下的第一颗棋子。

徐根罗回忆:"我们刚来泰国办厂时,谈不上什么踌躇满志,其实更像是不知所措。"作为中国电表行业中的佼佼者,华立仪表在泰国缺乏知名度,根本没有市场,加之语言不通、气候不适,徐根罗团队来到泰国的头三年,可谓

"战战兢兢"。

尤其出乎徐根罗预料的是,自己在这片湿热的东南亚土地上遭遇的一大难题,竟然是"文化"。

泰国经济发展水平比中国差了一大截,但劳工保障相当完善。刚开始,华立人对此没有太在意,完全照着"中国式思维"处事,结果摩擦不断,泰籍员工经常投诉到政府有关部门。

徐根罗举例说,2000 年,公司刚开工就接到一个菲律宾订单,时间很急。按中国的习惯就两个字:加班。"白天,我以身作则,撸起袖子就扎到流水线上干活,泰籍员工很不理解,眼神都是怪怪的。"更怪的事还在后头,晚上,虽然工厂早就下过通知,工人居然一个都没来加班。他们的理由很充分:按泰国法律,要加班,先得和工人沟通商量好,而不是自以为是地发个通知。

"这是人家的土地,就得用他们的思维方式去思考,用他们的行为方式来完成中国人的目标。"徐根罗总结说。

痛则不通、通则不痛,本土化带给华立的是漂亮的利润报表。2004 年,公司决定不再租赁厂房,而是买地自建厂房。

恰巧,急欲拓展的华立邂逅了有华人血统的著名泰商、安美德集团董事长 Vikrom Kromadit 先生。安美德集团是一家专业的工业园区开发商,其在泰国拥有的工业园年产值约占泰国 GDP 的 8%。双方对以下三点不谋而合:必将有更多的中国企业寻求海外投资;泰国将成为中国企业感兴趣的投资目的地;优质的中间角色、全方位的服务商、搭建的产业园区平台,将对中国企业海外投资有利,同时可以收获丰厚的回报。

共识之上自然就是携手合作。2005 年 7 月 1 日,中泰建交 30 周年,在两国国家领导人的见证下,泰中罗勇工业园合作备忘录于北京正式签署。

泰中罗勇工业园位于泰国罗勇府博拉的 331 号高速公路旁,邻近首都曼谷和廉差邦深水港,规划总面积 12 平方公里,一期 1.5 平方公里,二期 2.5 平方公里,三期 8 平方公里。

已担任工业园总经理的徐根罗分析称,罗勇工业园将招商服务清晰定位于三类中国企业尤其是浙江企业:第一类是希望推进商品原产地多元化,以应对欧美国家贸易壁垒和贸易摩擦的企业;第二类是意图把泰国作为立足点与"跳板",进而开拓东南亚乃至全球市场新版图的企业;第三类是希望利用泰国优势资源的企业。

总投资达80亿元的工业园以其规模及组团优势,获得了泰国政府的倾力支持:入驻企业均可享有"一站式"服务,并享受8年免缴企业所得税、8年后另有5年减半缴付企业所得税、8年免缴进口机器关税、外籍管理人士可以永久拥有土地所有权等10项优惠政策。

作为中国首个境外工业园,2006年,泰中罗勇工业园被列入商务部首批8家"国家级境外经贸合作区"之一。8家中浙商居其二,另一家是由温州著名鞋企康奈集团联合黑龙江吉信工贸集团,斥资20亿元,在俄罗斯远东滨海边疆区乌苏里斯克市麦莱奥区,打造的规划占地面积2.28平方公里的"康吉经济贸易合作区"。

10年后,在被商务部研究院海外投资研究所评价为"做得最好"的中国海外园区之一的泰中罗勇工业园,已有包括中策橡胶、富通集团、盾安集团等优秀浙商在内的近90家中国企业落户,总投资逾25亿美元,累计实现工业产值80亿美元,为当地提供就业岗位2万余个。

2015年,华立集团再度联手富通集团和墨西哥桑托斯家族,启动位于墨西哥新莱昂州蒙特雷市的北美华富山工业园开发项目;同时,计划适时在北非复制罗勇经验,扩张新工业园区,辐射欧洲、非洲及中东市场。

雄心勃勃的华立代表的是浙商从昔日遍布中国的温州村,到"一带一路"沿线营造世界"工业唐人街"的惊险一跃。

"走出去"向来是浙商以及中国企业很大的梦想,这个梦想已经酝酿了40年。

1979年8月,国务院颁布了15项经济改革措施,其中第13项明确规定:允许出国办企业。这是新中国成立以后中央文件中第一次为"对外直接投资"开出的准生证。当年11月,北京友谊商业服务公司与日本东京丸一商事株式会社合资,在东京开办京和股份有限公司,中国第一家海外合资经营企业降生。

1997 年亚洲金融危机爆发，外经贸部、国家经贸委、财政部及时出台《关于鼓励企业开展境外带料加工装配业务的意见》，为中国企业以境外加工贸易方式“走出去”添柴加薪。

2000 年 3 月九届全国人大三次会议期间，“走出去”战略正式提出。几个月后，中共十五届五中全会最终确立“走出去”战略，将其与西部大开发战略、城镇化战略、人才战略列为中国振兴发展的四大新战略。

2007 年 10 月，中共十七大报告关于“引进来”和“走出去”的论述，标志着中国双向开放向纵深推进。2010 年 3 月，时任总理温家宝在第十一届全国人大第三次会议《政府工作报告》中强调：要落实企业境外投资自主权，加快实施“走出去”战略，鼓励符合国际市场需求的行业有序向境外转移产能，支持有条件的企业开展海外并购。

与这一历史进程相伴随，浙商“走出去”亦从商品出口、国外办企业，开始走到海外并购的“世界之旅 3.0 版”。

2007 年 9 月，浙江台州商人李书福从吉利汽车杭州总部给福特汽车的美国总部邮寄了一封挂号信。这封信函传达的是一个事关美国企业声誉和中国企业梦想的重大讯息：吉利希望收购福特旗下的汽车品牌沃尔沃！

这一年，吉利汽车销量为 21.9 万辆，海外市场销量近 3 万辆。而国际汽车行业一线大牌沃尔沃向全球卖出了 45.8 万辆，销售收入几乎是前者的 10 倍。吉利与沃尔沃的差距是几何级的：不仅是总量，更重要的是“汽车疯子”李书福虽然有汽车不过就是“四只轮子加两排沙发”的农民般的豪情，但仍然摆脱不了低档货的品相，卑微的血统与瑞典皇家做派的沃尔沃完全不是一码事。“汽车疯子”又“疯”了。

李书福绝非心血来潮，只是，在很长时间里，收购沃尔沃一直是他一个人执拗却孤独的梦。

李书福收购沃尔沃的大梦究竟在什么时候、什么场合第一次灵光闪现？说法有多种版本，有内部会议说，也有下属高管私聊说。但资深汽车记者王秋凤在《又是李书福》一书中描述,可以确定的是,梦想萌发于 2002 年,李书福当时对公司高管清晰表达的大意是:从经济规律上来说,通用、福特们迟早将遇到困难,会把萨博、沃尔沃、莲花这样的企业拿出来卖掉。未来我们要收购沃尔沃这样的企业,从现在开始你们就收集资料,进行准备。

说这番大话的时候,吉利拿到轿车准产证还不到一年,上市车型仅 3 款,年销量不足 5 万辆,外界对它的印象充其量也就是个生产摩托车出身的乡下小厂。

没人想得到,这一回,李书福玩真的了。

2006 年 1 月,美国底特律一年一度的北美车展。作为当时中国唯一的民营轿车企业,也是北美车展 90 多年历史上第一家参展的中国汽车企业,吉利第一次登台亮相。展位只有 90 平方米,而且是在正式展馆外面的过道上。底特律是美国三大汽车巨头通用、福特、克莱斯勒的总部所在地,被誉为世界汽车工业的摇篮。对于此行的目的,李书福解释说:"要谈恋爱,总得让人家知道你长啥模样吧?"

参展的意外收获是,北美车展组委会主席理查德·杰森给李书福和吉利颁发了特别奖——银钻奖,以奖励这家中国汽车企业"超凡的勇气"。

2007 年 6 月,在给福特汽车美国总部邮寄收购沃尔沃挂号信之前 3 个月,吉利成立了专门的"V 项目组","V"既是指沃尔沃,亦寓含"胜利"之意。这一项目组后来包括咨询公司等中介商,总人数膨胀到近 300 人。

《又是李书福》一书记载,为了积累经验,李书福甚至先后发起、参与过 8 次以上成功或不成功的海外并购。包括 2002 年前后并购英国罗孚汽车,2006 年成为英国锰铜出租车制造公司第一大股东,以及其后全资收购地处澳大利亚的全球第二大独立自动变速器公司 DSI。

其间,究竟遭遇过多少挫折、艰辛与委屈,唯有李书福自知。最让他难以吞咽的,是福特公司对中国企业,尤其是一家草根中国企业的不屑与不信任。

据李书福的多年老友万润龙回忆,2007 年,同样在底特律北美车展,李书福第一次拜见了福特首席财务官勒克莱尔,并试探购买沃尔沃的可能性。勒克莱尔那一刻傲慢满满的眼神让李书福终生难忘:"沃尔沃绝不可能卖!

沃尔沃一年有多少销售额？150亿美元，你知道吗？！你知道吗？！相当于1000多亿元人民币！”

勒克莱尔甚至没有向福特家族及公司CEO转达李书福小心翼翼表达的讯息。

“请给我一次失败的机会”，是李书福传播最广的名言。自称“半个文盲”的他曾经写下过一首小诗《我清楚》，笑看扑面而来的“失败”——

人在旅途
谁能知道前方有多少条路
酸甜苦辣
早已留在记忆深处
清晨日暮
阳光星光为你引路
春夏秋冬
希望就在不远处
不低头　不认输
擦干泪　坚持住
该受的苦我来受
该走的路我清楚

从来不惧怕失败的“失败者”，笑到了最后。

2010年3月28日当地时间下午3点，瑞典哥德堡沃尔沃总部。在中华人民共和国工业和信息化部部长李毅中、瑞典副总理兼企业能源部部长Maud Olofsson以及沃尔沃公司总裁兼CEO、福特汽车公司首席财务官莱维思·布思的共同见证下，全球瞩目的吉利收购沃尔沃签约仪式正式举行。

路透社在这一天发出的新闻稿中，将李书福称为“中国的亨利·福特”。

高贵的沃尔沃新娘之所以最终下嫁中国吉利的农家小院——而且李书福支付的是18亿美元的绝对低价，1999年福特收购沃尔沃时的出价高达

64.5亿美元——一个重要的因素是因为“天时”。2008年美国金融风暴蔓延，福特汽车当年净亏损达146亿美元，是有史以来最糟糕的一年。福特汽车新任CEO穆拉利被迫用铁腕手段，瘦身甩卖包括沃尔沃在内的旗下品牌以渡难关。更重要的是，在长达8年的坚韧追梦中，吉利给出了极为详尽、专业、合理的并购方案及相关安排，以至福特甚至放弃了报价高于吉利近10亿美元的国际财团，因为吉利是“真诚和负责任”的合作伙伴。

在瑞典哥德堡吉利收购沃尔沃签约仪式后，李书福(左)与美国福特汽车公司首席财务官莱维斯·布思拥抱

据商务部、国家统计局、国家外汇管理局统计年报，21世纪初，中国对外投资开始进入快速增长期。截至2007年底，已在全球173个国家和地区共计开设境外直接投资企业超过1万家，投资累计净额(存量)1179.1亿美元，境外企业就业人数达65.8万人，其中雇用外方员工29.5万人。浙江无疑是这一进程的先锋，同期经审批的境外投资企业累计达3039家，居全国首位。

但在向全球快速扩张的急行军中，尤其是在“走出去”战略3.0版的海外并购实践中，不知世界市场深浅，不谙游戏行为规则，行进步伐凌乱，低端化野蛮生长，中国企业得到了大把的教训。作为当年中国最大金额海外整车资产收购事件，以及可能是迄今中国最成功的海外并购案例，“汽车疯子”李书福给浙商乃至中国企业的“世界之旅”留下了极为理性且弥足珍贵的“操作守则”：

——占有技术就是占有世界。吉利18亿美元收购沃尔沃100%的股权和品牌，不仅包括其全球4个整车工厂、56万辆轿车产能，更重要的是含有众多全球首创的1万项专利、全球最大最先进的风动试验中心、拥有5000名工程师的研究院等知识产权。这足以令吉利这个来自浙江乡间的穷小子一夜攀上世界汽车工业之巅。科技，永远比倾销低档货、抢占眼下所谓的市场份额重要一万倍。

——尊重他人，你收获的将是他人同样的尊重。当年，李书福告诉多少有些酸楚甚至有些敌意的国际媒体：收购之后，吉利与沃尔沃未来是兄弟关系，不是自上而下的父子关系。为此，他保留了在瑞典的拥有完整执行权限的管理团队，以及一个独立的国际化的董事会。而为打消工会的疑虑，李书福则明确表示沃尔沃两大本土生产基地会在瑞典和比利时长久驻留下去。很快，他又更坚定地强调要"永远驻留下去"。李书福遵守了自己的承诺，他得到的是走出亏损且利润丰厚的新沃尔沃，同时，比翼齐飞的吉利强势跻身中国六大汽车集团队列。

——文化融合，才可能走得更远。跨国并购是一场没有硝烟的经济战，其成败关键却取决于如何打通看不见的文化屏障。这一跨越族群的大文化兼容，不在于你是否说过几句漂亮的空话，而在于点滴的细节。在2010年3月28日，收购签约当天的哥德堡新闻发布会上，李书福与福特及沃尔沃高管分别站立在3个高脚桌前，接受了国际媒体的采访。主宾这样站着回答面前坐着的记者的提问，让细心的李书福深切感受到了国际化的气息。两天后，北京的发布会上，李书福明确要求，所有吉利高管都必须站着回答问题。与国际对标，向世界看齐。李书福站稳了。

埃尔切大火背后

当浙江商人把"有人的地方就有浙江人"的奇迹复制到全世界，传来的并非都是令人振奋的好消息。有时候，从天而降的也许是一场噩梦。

2004年9月16日下午，西班牙东南部濒海城市埃尔切。

来自浙江青田县的鞋商陈九松早早关掉了自己才开张两个月的"达尔美

鞋业有限公司”的店门。当地警察传过话了，今天，将有大批反对华商的游行队伍经过。但陈九松并没有离去，他有16个货柜的货要进仓库，这批从意大利、中国发出的货此时仍被堵在路上。晚上7点4分，运鞋货车抵达仓库，陈九松刚松口气，潮水般的游行队伍不期而至。

原本一直在高喊口号，正愁激昂的情绪无处宣泄的人群一看到中国货物，骚动被瞬间点燃。一只只装满了鞋的货柜被推倒、践踏、焚烧、哄抢，大火混合着被烧皮料难闻的焦糊味迅速升腾，照亮了埃尔切的天空。几百米之外的西班牙警察冷眼旁观，没有西班牙人理会哭天抢地的陈九松，他的近百万欧元的鞋货以及店面、仓库不到半小时便化为灰烬。这堆灰烬差不多就是他数年来卖鞋的积蓄外加从亲戚处筹集的全部本钱，站在一旁、持有该鞋铺股份的侄子已精神崩溃。

“9·16”纵火事件是西班牙有史以来第一起严重侵犯华商合法权益的暴力事件，有西班牙当地人士从政治层面解读认为，这起事件最初是以西班牙极右组织“长枪党”为背景的“埃尔切人民团结运动”挑起的，企图以制造暴力事件表达不满，借此捞取政治资本。

但更多的事实显示，事件的核心本质在于跨国经济贸易的不适与摩擦。事发当日，埃尔切一些街道张贴了许多煽动性标语：“埃尔切市民们，让我们团结起来，把埃尔切所有亚洲鞋都赶出去，把运送亚洲鞋子的集装箱全部烧光。”一周后，埃尔切再次爆发更大规模的排斥华商的示威游行，仅20万人口的小城有数千人上街。游行者大多是当地制鞋企业的工人和老板。

西班牙埃尔切大火

埃尔切人愤怒的对象不是陈九松，而是“浙江制造”。

西班牙是欧洲继意大利之后的又一个制鞋大国，其主要生产基地就在埃尔切。中国鞋商登陆埃尔切大抵始于 2000 年，其后数量以几何级速度增加。到陈九松出事时，整个埃尔切鞋城总共 100 余家鞋类企业中，七成来自中国，这七成中几乎全部来自浙江温州。

相关的数字是，2003 年，中国向西班牙出口鞋子 6190 万双，占西班牙市场全年销售量的 47%。仅 1999 年到 2003 年短短 4 年间，西班牙进口的中国鞋子增长了 108.15%。越来越多的埃尔切人惶恐地发现，尾随中国鞋而至的，是越来越多的黄皮肤的中国人和奇怪的温州话。

便宜，成为“浙江制造”令所有商业对手恐惧的竞争利器。以温州鞋商在当地售价 10 欧元的主流款式的鞋子为例，国内出厂价仅 6 欧元左右，扣除运费、关税，仍有 10%—15%的利润。而同一款鞋对手却必须卖到 20 欧元以上。背后的关键秘诀之一当然是中国的人力资源优势：“温州鞋的人力成本占比约 10%—15%，西班牙则需 30%。”

这种巨大的价格差让埃尔切同行完全丧失了信心。当地传统制鞋企业纷纷倒闭，失业率上升到 30%，“下岗工人”陡增，“民愤极大”。

9 月 16 日埃尔切大火之后，西班牙制鞋业主席 Rafael Calvo 发表过如下言论：“这些暴力事件（纵火、抢劫、破坏公众秩序）是理所当然的，西班牙人有充足的理由抵制中国鞋。”

绝望的陈九松向中国驻西班牙大使馆紧急递交了求援信。9 月 29 日，他在华裔律师季奕鸿陪同下前往埃尔切地方法院，正式提起诉讼。

7 年后，西班牙巴伦西亚自治区埃尔切市地方法院对“9・16”纵火事件作出终审判决，法官鲁尔德斯・卡塞雷斯当庭宣布，28 名西班牙籍被告因犯有扰乱公共秩序和损坏他人财产罪，分别被判处 6 至 18 个月有期徒刑；陈九松胜诉，获赔个人经济损失 2.6 万欧元。

埃尔切大火是“浙江制造”国际化“新长征”中最惨痛的标志性事件。但肯定不是唯一的噩梦——

2001年8月至次年1月,俄罗斯发生查扣中国产品事件,浙商首当其冲损失约3亿元;

2003年冬,20多家温州企业的鞋类产品在意大利罗马被焚烧,损失不详;

2004年1月8日,尼日利亚政府发布"禁止进口商品名单",共有41种商品被列入禁止进口和销售的黑名单。尼日利亚的浙江鞋遭封存,损失至少数千万元。

一次次的大火与冲击,几乎都打上了所谓低价倾销的惨痛烙印。正如埃尔切事件的翻版,"浙江制造"势如破竹的"撒手锏",仍然是产品价格的超级低廉。而在"低廉"的背后,除全世界艳羡的巨大的劳动力优势外,还有令人捏把汗的产品低档化、品牌含金量缺失、知识产权意识淡薄,以及同质化严重、超低价行业恶斗。

这就像一枚硬币的两面,成也"低廉",败亦可能源自"低廉"。很多情况下,缺乏技术与文化强力支撑的"低廉",往往意味着眼睁睁丢掉了平等谈判的价码。

"浪莎风波"正是在这样的背景下悲壮登场。

2007年7月中旬,地处浙江义乌的浪莎集团高调宣布:本月底交完最后一单货,今后不会再接沃尔玛的订单了。

国人对浪莎并不陌生:袜子日生产能力超过400万双,全国5000家规模袜厂中摘得第一个驰名商标,名副其实的中国乃至世界第一"袜业大王"。

沃尔玛对国人来说更是如雷贯耳:全球最大的连锁零售商,在中国的年商品采购额达200亿美元。

双雄对决,大戏已然揭幕。"叫板、抛弃、决裂",黑体新闻标题赚足了人们的眼球。

浪莎与沃尔玛的蜜月始于2002年。高峰期的2005年,浪莎接到来自沃尔玛的袜子订单达300万美元,成为这个巨无霸全球采购网的一个终端供应点。此后订单却一路下滑:2006年250余万美元;2007年220万美元,直至惊爆"叫板事件"。

“浪莎抛弃沃尔玛”，或者如另一种相反的说法“沃尔玛抛弃浪莎”，祸端都只有两个字——“低廉”。

“沃尔玛掌握着庞大的全球市场采购及零售网络。在这一近乎垄断的商业帝国主义面前，中国供应商基本丧失定价话语权。”时任浪莎集团外贸部经理曹国胜在接受《21 世纪经济报道》记者采访时表示，之所以不再接沃尔玛订单，完全是由于其强硬坚持低价政策，不愿与中国企业分担不断上升的成本。“低廉”换来了沃尔玛丰厚的利润，对中国企业而言却可能意味着死亡。

业内人士都知道，沃尔玛在中国采购商品，每次下给单个供应商的订单都不会太大。同一类产品会同时选择若干厂家分散下单，以便让多个供应商都感觉到竞争压力并互相杀价。以袜子为例，沃尔玛的报价留给浪莎的利润空间只有微薄的 2%—5%。

曹国胜算了一笔账，最近一年人民币汇率上升了 7%，针织行业的出口退税率下降了 2%，原材料价格上涨了 5%，工人工资上涨了 20%左右。上述因素导致出口产品的价格必须提升 12%—15%，中国企业才能勉强维持基本的利润水平。上游成本的膨胀本应由多个环节共同分担，问题是，中间采购代理商兼终端零售商的沃尔玛傲慢地说“不”！

对浪莎来说，2007 年沃尔玛 220 万美元的订单已经没有利润空间，甚至会出现小幅亏损。这是一块寡然无味、难以下咽的骨头。

很显然，浪莎高调宣称与沃尔玛“决裂”，与其说是一种豪迈的勇气，毋宁说是忍无可忍的无奈。“决裂”事件发生半个月后的 7 月底，浪莎一改“不再接沃尔玛订单”的强硬口吻，暧昧地转而表示“原本并没有打算停止和沃尔玛合作”，目前公司也正计划与沃尔玛谈判，以及“沃尔玛至少提高 30%的价格，浪莎才有继续为沃尔玛加工产品的可能性”。

当年 12 月，事件似乎出现了转机。据《第一财经日报》报道，在僵持半年之后，浪莎已恢复承接沃尔玛订单。这批新订单主要是浪莎最近研发设计的中高档产品，报价较以往有所提高。关于双方后续合作的详细情况以及订单的实际价格，浪莎方面拒绝作进一步的透露。

《第一财经日报》为这则消息刊发的标题是颇为振奋人心的——《沃尔玛终向浪莎"低头" 纺织业对低价采购说"不"》。

浪莎与沃尔玛闭门商谈的内幕细节，我们至今尚不清楚。但可以肯定的是，其过程必定不像众多媒体弥漫着爱国主义情绪的报道所渲染的那般，是一场一边倒的"胜利"。尴尬与被压抑，冷暖自知。

何况，浪莎毕竟尚属重量级的大企业，而对于数量庞大却人微言轻的中小企业来说，博弈的处境恐怕更为不妙。无论如何，"浪莎事件"都没有显现中国企业面对跨国商业巨头时底气十足的集体性说服力。

统计资料表明，沃尔玛在华采购的商品包括服装、鞋类、玩具、家用电器、日用百货和家庭装饰用品等近千个品种。但这些品类的产品，同样可以去其他国家采购。沃尔玛的全球供应链已经延伸到 70 多个国家和地区，共由大中华及北亚区、东南亚及印度次大陆区、美洲区、欧洲中东及非洲区 4 个区域所组成。

2006 年达到顶峰后，沃尔玛开始削减在中国的采购订单，2007 年更传出其在华采购量将减少 40%的消息。大批订单转而花落越南、印度、巴基斯坦、土耳其等所谓的"次新兴国家"。订单转移的原因很简单，上述国家同类商品的生产成本比中国大约要低 10%。一句话，正如沃尔玛最初恋上中国一样，价格更"低廉"。

作为后工业化国家，和整个"中国制造"一样，"浙江制造"没有产品价格"低廉"的优势是不行的，这是一张出席国际化盛宴门槛最低的入场券。但仅有"低廉"又是万万不行的，甚至是危险的。

建立在低附加值劳动密集型传统产业基础之上的国际化进程，从长远看，跌入内外交困、进退两难的境地是迟早的事。于是，在浙江，如何以技术、品牌、营销创新为价值取向，最终使"浙江制造"升级换代为"浙江创造"的声音已经日渐响亮起来。想法亦开始付诸行动：

2001 年秋天，浙江华立集团斥资 500 万美元，收购飞利浦公司设于美国加州圣何塞的拥有 CDMA 手机芯片核心技术的移动通讯机构。此举使华立跻身为国内完整掌握 IT 产业核心技术的前沿企业，其董事长汪立成因此被美国《财富》杂志中文版评选为 2001 年度中国大陆商界风云人物的“第一商人”。

1998 年，万向集团全盘买断 15 年前给自己下订单的美国舍勒公司的品牌、技术专利以及专用设备，完成第一次跨国收购，一举成为全球拥有万向节产品专利最多的企业。3 年后，万向再度出手收购地处芝加哥的纳斯达克上市公司 UAI，开中国民营企业海外收购上市公司之先河。借助类似的十余次并购，万向已先后开办数十家海外分公司，在美国设立了永久研发中心及生产基地，美国经济界重量级人物前总统老布什之兄亦被鲁冠球聘为顾问。万向集团这朵与改革同步绽放的“乡土奇葩”，已开始展露中国式跨国公司的霸王之气。

美国前总统老布什之兄(左)受聘为万向美国公司顾问

然而，至少到 21 世纪第一个 10 年，这样的传奇故事仍是被媒体津津乐道的少数派“传奇”。对绝大部分浙江传统制造型中小企业来说，“浙江创造”依旧面目模糊，价格低廉仍如影随形，要想让“外面的世界”真正变得精彩，还有很长的路要走。

第十章

“当极具价格优势、竞争力强劲的‘浙江制造’横扫落叶般地挤占他国市场时,必然会遭遇对方各种手段的抵制。”外经贸人士对此的分析判断相当一致。

官方统计显示,加入WTO后,中国是全球被提起贸易保护诉讼最多的国家之一,而浙江堪称第一“重灾区”。贸易保护的主要途径包括反倾销壁垒、技术标准化屏障、环境及知识产权保护等,其中反倾销涉及范围最广、杀伤力最强。

2002年2月,美国轴承协会提起的中国轴承倾销案成为中国加入WTO后的反倾销第一案,涉及金额达2亿多美元,涉案的253家轴承企业基本为浙商。截至2005年,中国“入世”最初4年间,浙江遭遇来自美国和欧盟等提起的贸易摩擦案共125起,其中反倾销调查涉案84起,金额近15亿美元,占同期全国反倾销总涉案数和涉案总金额的40%以上。

浙江商人群体没有坐以待毙。以抗诉欧盟CR法案为发端,他们打响了WTO保卫战的第一枪。

2001年10月2日,温州日丰打火机有限公司董事长黄发静收到多年的贸易合作伙伴——欧洲打火机进口商协会会长克劳斯·邱博的电子邮件,对方告之,欧盟已经拟定针对中国打火机的CR法规草案,不久将要表决。

所谓CR法案,全称《防止儿童开启装置并提高打火机安全性能规定》(*Child Resistant Safty Mechanism for Lighter*),是由BIC、东海公司和瑞典火柴公司等欧盟打火机主要制造商发起拟定,要求售价不足2欧元的打火机必须加装5周岁以下儿童难以开启的装置,即安全锁。由于当时中国出口欧盟的打火机售价几乎全部低于2欧元,且安全锁的专利基本在欧美企业手中,法案一旦实施,中国打火机将难逃被逐出欧盟市场的命运。

温州是全球最大的金属外壳电子打火机生产基地,高峰时厂商达3000多家,年产打火机6亿只,占世界同类产品市场份额的70%,主要出口欧盟。日丰公司则为中国打火机龙头企业,黄发静是全球知名的打火机大王,同时担任了温州打火机协会副会长。温州产金属外壳电子打火机普遍定价仅1欧元左右,甚至更低,欧盟本土制造商被挤压得完全没有还手之力。

“CR 法案表面上是以安全为目的，实际上是为排斥拥有强大价格竞争优势的中国产品及争夺市场份额而对自由贸易设置技术壁垒，有违 WTO 公平竞争原则。同时，把售价与安全性捆绑在一起，既不合理，也不科学。”2001 年 12 月，黄发静和温州打火机同行召开了“抵制欧盟 CR 法案研讨会”，经媒体广泛报道，事件进入中央视野。此时，正值中国加入 WTO 之际，外经贸部进出口公平贸易局刚刚成立。“温州打火机企业抵制欧盟 CR 法案”成了该局接手的第一单公务。

在收到克劳斯·邱博电子邮件 5 个月后的 2002 年 3 月 21 日，黄发静和温州打火机协会会长李坚、秘书长林嵘三人组成新中国成立以来，民营企业家为抵制不公平的国际贸易壁垒而走出国门抗争的“民间第一团”，在外经贸部进出口公平贸易局四位官员的带领下前往欧洲抗辩游说。14 天时间，抗辩团遍访汉堡、罗马、巴黎、马德里等地，并在欧盟总部所在地比利时布鲁塞尔，约见欧盟消费者保护委员会主席及标准化委员会官员，“中国声音”获得了各方的倾听与理解。

2003 年当选“CCTV 中国经济年度人物”时，中央电视台为黄发静制作的漫画像

2003 年 12 月 9 日，欧盟宣布 CR 法案暂不生效。20 天后，黄发静与原外经贸部副部长、中国入世谈判首席代表龙永图一起，获得了 CCTV 中国经济年度人物大奖。在历届大奖的入选企业家中，黄发静是“最小”的老板。至今，黄发静还对颁奖词记得清清楚楚：“他以民间的力量，推动着公正的世界贸易秩序。”

其间的一个插曲是，2002 年 6 月，CR 法案的推动者——BIC 等欧洲打火机制造商再度发难，欧盟正式对中国出口的一次性可充气

第十章

袖珍打火机(包括一次性打火机、金属外壳打火机和汽油打火机)立案,进行反倾销调查。日丰、大虎等温州15家打火机企业立即以“无损害抗辩”集体应诉,以各种证据表明出口欧盟的打火机没有对其造成损害,不存在倾销。有理有据抗辩的结果是完胜:次年9月,欧盟在比利时发表官方公报,终止对中国打火机的反倾销调查。

然而至此,CR法案对抗战仍刀光剑影,一波三折。在又经历了数轮重启、搁置、再重启的反复拉锯之后,2006年2月,欧盟健康与消费者保护总司以投票方式通过了CR新决议草案,并于次年3月11日正式实施该法案。

“CR法案之争带给我们最大的收获,就是在跌跌撞撞中学会了在共同的国际规则的框架下,勇于保护和争取自己的利益。无论如何,加入WTO给我们打开了一扇前所未有的大门。不然的话,面对欧盟CR法案的不公平条款,你连平等抗争的机会都没有。”回首5年来的艰辛,黄发静比当年更多了几分平静,“从根子上说,内讧杀价、低廉求生的老路再也走不通了。中国企业要赢得国际竞争,就必须转型创新。”

天上掉下个马云

阿里巴巴集团负责全球化业务的总裁迈克·埃文斯(Michael Evans)曾经说:“我们要说的是,阿里巴巴虽然创于中国,却注定为世界而生。”

埃文斯本人正是阿里巴巴国际化最生动的注解:美国高盛前副主席,华尔街传奇人物,加拿大人,加盟中国公司阿里巴巴后的花名是“白求恩”。毫无疑问,他希望自己能够成为优秀的“国际主义战士”。

美国时间2017年1月9日上午,被外电报道是中间牵线人的埃文斯陪同马云行走在纽约第五大道,随后在特朗普大厦与美国当选总统特朗普举行了40分钟的会谈。会谈结束双方共同向媒体宣布,将借助全球最大的电商交易平台阿里巴巴,在未来5年内为美国创造100万个就业岗位,帮助美国中小企业将产品卖到中国和亚洲。

马云成为特朗普当选后会见的第一位中国企业家。

而就在半年多前的2016年5月17日，马云在白宫与时任总统奥巴马“私人会面”并共进午餐。这次神秘的会见究竟谈了什么、谈得如何，美方与阿里方面均三缄其口。但白宫新闻发言人乔希·欧内斯特当日回应两人“私聊”一事时说：“马云之前就曾经与奥巴马总统有过面对面互动，他们在2015年11月18日菲律宾APEC工商领导人峰会上对话讨论了世界经济，以及气候变化对企业的冲击。”

马云和特朗普会谈后共同与记者见面

马云与美国总统第一次亲密接触的渊源则可追溯到10年前。

2005年9月10日，美国前任总统克林顿应邀出席阿里巴巴在杭州主办的主题为“天下”的第五届“西湖论剑”并演讲。曾任阿里巴巴集团副总裁的美国人波特·埃里斯曼回忆，克林顿到达杭州已经是9日晚上，在他之前造访过杭州的美国总统是理查德·尼克松。入住与西湖咫尺之遥的凯悦酒店8层的总统套房后，克林顿稍事休息就把马云请到房间“聊聊中国的互联网”。第二天恰好是马云41岁生日，服务于克林顿基金会的马西·西蒙为了给马云一个惊喜，悄悄准备了一个生日蛋糕，克林顿高兴地与马云一起分享了蛋糕，“克林顿和马云很聊得来”。

当年，阿里巴巴还向克林顿基金会捐赠了后来引发不小关注和争议的25万美元，用于“发展中国家的艾滋病治疗与关怀”。

除了历任美国总统，马云的“朋友圈”几乎囊括了半个星球的政经圈甚至娱乐圈及体坛大咖：联合国前秘书长潘基文、英国前首相卡梅伦、加拿大前总理哈珀、澳大利亚前总理陆克文、德国总理默克尔、比利时国王菲利普、阿联酋副总统兼总理穆罕默德·本·拉希德·阿勒马克图姆、NBA篮球明星科比、足球明星贝克汉姆、好莱坞明星汤姆·克鲁斯等。

马云以极其异端和夸张的姿态,将浙江商人的世界之旅迅速推向了巅峰。

“外星人”马云的创业史大抵可以分为三个阶段:一是1994年开办杭州海博翻译社,1995年成立中国第一家互联网商业公司“中国黄页”,1997年的北京之行,为外经贸部构建官方网站以及同样归属外经贸部的“网上中国商品交易市场”,此为创业前传;二是1999年春阿里巴巴降生,2003年5月10日淘宝上线,同年10月推出支付宝,2005年并购雅虎中国,2006年在中国市场击败美国电商巨头eBay,2007年11月首次IPO在香港联合交易所挂牌上市;三是2009年11月11日淘宝商城(天猫)启动第一个“双十一”网购狂欢节,2009年创立阿里云,2014年9月19日阿里巴巴登陆美国纽交所再次IPO,融资总额达250亿美元,创全球IPO最高纪录。

1999年至2007年的第二个阶段,无疑正是奠定阿里巴巴商业帝国裂变扩张基石的最关键时期。

从与世界市场的关联视角看,阿里巴巴和马云在这一时期展现出了与众多浙江商人乃至中国企业迥然不同的姿态——包括心态、理念、定位、路径、思维方法以及商业行为方式。

我们不妨从以下四个方面,将阿里巴巴和马云面对世界市场所呈现的迥然不同的姿态做粗略梳理。

一、一个世界化的奇怪的企业名号

马云曾经被媒体问过无数次:为什么叫阿里巴巴?为何要取这么一个与中国文化毫无关系的阿拉伯式的企业名称?与太多的中国企业相比,这个名称也与马云的脸一样,长得太像外星人。

英国人邓肯·克拉克担任过阿里巴巴创业早期的咨询顾问,他在《阿里巴巴:马云和他的102年梦想》一书中说,马云实际上首先是被"芝麻开门"所包含的寓意吸引住了,因为他的事业目标就是为中小企业打开一扇机会之门,让天下没有难做的生意。

但更重要的是,马云认为企业名称必须高度国际化,一定要从一开始就放眼世界。而阿里巴巴在任何语言中都是非常容易发音、容易被普遍接受的一个词,"A"在字母表中占据首位,这一点也让他十分喜欢:"无论你怎么说,阿里巴巴都是第一位的。"

马云回忆,阿里巴巴的最终定名与当年在旧金山的一顿午餐有关。当时侍应生走过来请他点餐,马云问:"你知道 Alibaba 吗? 什么是 Alibaba?"她说:"当然知道啊,芝麻开门啊!"马云又跑到街上问了 10 多个路人相同的问题,他们都知道阿里巴巴和四十大盗还有芝麻开门的故事:"因此我确定,这个名字不错。"

虽然马云说过无数次,阿里巴巴要打造横跨 3 个世纪的 102 年的伟大公司,其实出发的时候他并不清楚自己究竟能走多远。然而,奇妙之处在于,即便刚创业时口袋里只有区区 50 万元,马云和他的伙伴们已经胸怀大志:世界是我们的!

二、第一笔纯国际化血统的投资

阿里巴巴的第一笔天使基金是 1999 年 10 月由美国高盛领投,共计 500 万美元,跟投方有华盈基金、富达亚洲风险投资、银瑞达集团以及泛亚资金管理公司。阿里巴巴的第二轮更为关键的 2000 万美元融资则来自曾经的世界首富、日本软银的孙正义。

毫无疑问,上述投资均为纯国际化血统,没有一分钱来自中国本土。曾有不少评论者对此大为喟叹:为什么浙商以及国内资本没有敏锐地抓住这一千载难逢的投资风口,从而与巨大的财富机会失之交臂?

事实上,至少对马云和阿里巴巴来说,这样的财务安排是一种必然。

高盛领投的 500 万美元天使基金与马云最亲密的创业伙伴蔡崇信有关。这位出生于台湾地区、毕业于耶鲁大学、瑞典 Investor AB 公司的亚洲区前任投资经理，当年放弃了 70 万美元的年薪而成为阿里巴巴月收入 500 元的员工。蔡崇信在接受美国《福布斯》杂志采访时曾说："我是马云十八罗汉创始人圈子之外的第一个人，也是团队中第一位来自中国大陆之外的人。"

背景显赫的蔡崇信被许多人称作"马云背后的男人"，他的第一份重要贡献，便是在开曼群岛为阿里巴巴注册了国际化色彩浓郁的控股公司，然后用 18 份完全符合国际惯例的英文合同，将包括马云在内讲究"感情""理想"和"义气"的江湖化草根企业塑造成可以走得更远的现代公司。

出身名门的蔡崇信，为联通阿里巴巴世界和国际资本世界提供了可能。1999 年 8 月，在香港一家酒店的走廊上，他遇到了老相识——高盛集团负责亚洲区科技与互联网项目的投资经理林夏如。他们两人结识于一趟台北至纽约的航班上。"我要回哈佛，他要回耶鲁，我们的座位正好挨着。"林夏如回忆。

郑作时在《阿里巴巴：天下没有难做的生意》一书中描述，当时，阿里巴巴正在和数家投资机构洽谈，"高盛的报价和要求比我们正在谈的其他投资人更加苛刻，但马云和我商量之后还是决定要高盛的钱"。蔡崇信认为，如果高盛投资，就能立刻引起世界的瞩目，对一家并不出名却以世界市场为目标的中国初创小企业来说，还有什么比这更值得兴奋的？"另一方面高盛是美国著名的大投资公司，看事情比较长远。我们大概商量了 10 多分钟，就这么定下来了。"

2000 年 3 月，孙正义的日本软银对阿里巴巴 2000 万美元战略投资的背景与理由，和高盛的天使基金一脉相承。

孙正义的投资还是高盛牵线搭桥的。软银一直在寻找在科技领域投资的机会，高盛日本公司的总裁马克·史华兹向孙正义建议应该关注中国市场。于是，随后在北京富华大厦举办的一次投资洽谈见面会上，就有了阿里巴巴发展史上所谓"最经典的 6 分钟"的桥段。

"原来我大概要介绍 10 分钟，可是估计我刚讲了 6 分钟左右的时候，孙正义就从长桌子的那一头走过来对我说，他要投资我的公司。"马云说。

由于这笔 2000 万美元以及后续投资，软银成为阿里巴巴最大的股东。

马云曾为此解释，来自孙正义的机会是无法拒绝的。因为此前，孙正义极为精准地成功投资了当时全球最强大的互联网公司雅虎，成了其最大的股东。马云认为，进入孙正义的投资圈，就意味着阿里巴巴将进入世界顶级的互联网公司层面。

此后的发展事实证明，高盛以及软银投资的背后，马云拥抱的的确是一个世界级的机会。

三、第一次全球知名财经媒体的封面报道

2000年7月，马云登上美国首屈一指的商业杂志《福布斯》全球版封面人物，成为50年来第一位获此殊荣的中国大陆籍企业家。

马云成为登上《福布斯》封面的中国大陆企业家第一人

当年5月上旬，《福布斯》老牌记者贾斯汀·杜布勒专程赶到上海和杭州对阿里巴巴进行了3天跟踪采访，随后又给马云发来多达180个问题的事实核对单。在封面文章《小虾米的“B2B”》中，杜布勒以十分欣赏的口吻写道：“马云的方向是正确的。美国只有20家大公司有购买1集装箱锤子的需求，但有555个五金批发商、20900个零售商只要买一箱或一盒锤子。这些小企业对阿里巴巴非常感激。”

《福布斯》一直对阿里巴巴给予了极大的关注，先后5次将马云作为封面

人物，多次把阿里巴巴评为“全球最佳电子商务网站”，这在世界商业领域都相当罕见。

比《福布斯》稍早，第一家采访报道阿里巴巴的国际性媒体是全球销量第一的美国财经杂志《商业周刊》。吸引该杂志前来报道的，是有消息说，“在阿里巴巴网站上什么都可以买到”。

显而易见，从一开始，阿里巴巴在国外的知名度即远超国内，颇有“墙内开花墙外香”的气息。这与当时中国互联网精英群聚北京抢尽眼球，而杭州偏居南方有关，但更重要的是由于马云的野心：“我们不踢甲 A，直接踢世界杯。”

作为最早的深度观察者，郑作时曾经分析，阿里巴巴深受国际媒体青睐的原因主要有三：

——阿里巴巴的商业模式学习借鉴了雅虎、亚马逊等在内的美国网站，但又不是美国模式在中国的简单翻版。当 B2B 在美国并不十分顺利的时候，阿里巴巴在中国却神速成长，这是为什么？西方世界对中国始终充满好奇。

——阿里巴巴从早期就有一个“清晰而职业化”的英文网站。中国与西方彼此的不理解除了长时间的封闭与制度的不同之外，语言的隔阂也是重要原因。恰巧，马云的强项是擅长英语，进而扩大成为阿里巴巴的强项。

——“让天下没有难做的生意”，阿里巴巴平台是面向全球贸易体系的，便捷且利润丰厚的受益者包括了各国商人。这推动了阿里巴巴在国外商圈中的知名度呈几何级扩散，其交易流量的快速增长亦同步反映在欧美互联网流量测评机构的数据统计中，国际媒体的跟进调查报道也就成了必然。

世界级的关注带给阿里巴巴的，是日后超乎想象的巨大舞台。

四、一场改变历史的生死商战

2003 年 5 月，阿里巴巴推出的 C2C 平台淘宝，很大程度上就是为了强力阻击 eBay 易趣。但马云自己也十分清楚：“这是蚂蚁对大象的战斗。”

这是一头真正的大象：创立于加利福尼亚州圣何塞的 eBay，堪称电子商务行业规则的制定者，2003 年净收入 22 亿美元，已经是全球最大的电子商务巨无霸。通过全资收购易趣，eBay 独享了中国 C2C 市场 90％的份额，其掌门人是先后领导过宝洁、迪斯尼、惠普，并被赞誉为“全球电子商务教母”的传奇女人梅格·惠特曼。这一年，阿里巴巴才刚刚赢利，年收入不过数千万美元。

然而，完全出乎预料的结局是，仅仅 3 年之后的 2006 年 12 月，eBay 无奈宣布将在华业务全部甩卖给李嘉诚旗下的 Tom 在线，以惨败黯然退出中国市场。惠特曼很多年后坦承：“事实上，关于中国这个重要的市场，我们从战略上就错了。马云做得非常非常出色。”

那么，马云究竟做对了什么？

很多观察者认为，淘宝与 eBay 易趣的激烈争夺是一场本土企业与跨国公司之间的战争。eBay 输掉中国，马云成了赢家。这一事件上，民族主义情绪高涨。

熟稔人性及懂得如何调度舆论场的马云的确充分利用了这一公众情绪，但他从未蔑视过行业规则制定者 eBay。

“我们研究过 eBay，并非常非常尊重它。我们首先要做的是，让淘宝比易趣更像中国的 eBay。”马云分析认为，eBay 的核心理念正是阿里巴巴最初追求的那种价值：尊重客户，让人们通过一个平等的形式得到他们想要得到的东西。这一点，是互联网精神的本质，不分国界。因此，阿里巴巴在设计淘宝时就向这个方向努力，无论是网页的编排、频道的分类，都体现了 eBay 在美国 C2C 网站的竞争中生存下来的根本原因——以尊重消费者为基础来打造自己的网站。

然而，马云和他的淘宝最终击败了大洋彼岸的榜样，这说明，在共同遵循的行业规则之外，马云还有独门秘籍，有属于自己的东西。这一属于马云和淘宝的东西其实并不神秘，那就是“中国特色”。

惠特曼有过关于中国的一句预言：“谁赢得中国，谁就赢得了全世界。”惠特曼的母亲曾经到访中国 80 多次，并努力学习中文。除了来自母亲的深刻影响，惠特曼的中国预言更多的是基于中国实在太大了，大到你完全不能忽视。2003 年,美国互联网用户超过 1 亿,中国网民近 1 亿,尝试网络购物者约 500 万,用户总数仅次于美国,居全球第二。但考虑到庞大的人口基数,中国互联网用户的增长将很快翻番,有无限的想象空间。

大的市场,必有区别于他人的大特色。与搜狐的张朝阳、百度的李彦宏等留洋归来的技术派不同,在第一代中国互联网创业者中,马云大概是最没有名门背景的草根人物。但草根也同时意味着与脚下生之养之的这片土地气息相通。

C2C 是极为个人化的网络平台,对国民性的映射也更为真切。中国消费者向来有强烈甚至是非理性的价格偏好,哪怕只便宜一分钱,也会有人不顾一切地投怀送抱。于是,草根人物马云便对症下药——2003 年 8 月 17 日,诞生百日的淘宝宣布:即日起,前 10 万名经过身份认证,并在淘宝上有过一次买卖经历的会员,将享受 3 年之内不收取交易服务费的优惠。2005 年,马云再次宣布:淘宝继续免费 3 年!

虚拟网络平台交易的一大瓶颈,是诚信缺失带来缺乏支付安全。这在美国不是问题,在中国却是天大的问题。为此,诞生刚刚几个月,淘宝即创造性地推出了第三方支付平台“支付宝”。马云承认,支付宝的模式其实谈不上创新,甚至很愚蠢,是中国几百年前就有的“中介担保”。但马云坚持认为,中国式的难题当然应该用中国式的办法去应对,“我们只想解决很现实的问题,至于它在技术上有没有创新,那不是我们感兴趣的”。

而惠特曼的方向正好相反。

2003 年 6 月易趣被 eBay 全资收购后,便迅速地全盘美国化。来自加利福尼亚州圣何塞总部的指令距离中国市场实在是太过遥远,易趣创始人邵亦波等陆续离职,空降的海外高管甚至没人会说汉语。当淘宝的市场数据全面反超 eBay 易趣,惠特曼才慌忙率领美国首脑团队从圣何塞搬到上海,进行长达几个月的“现场办公”。但为时已晚。

2005 年,当胜负已成定局,马云在接受《福布斯》采访时说:“eBay 也许在海里是条鲨鱼,但我是长江里的鳄鱼。如果我们在大海里对抗,我肯定斗不过它;如果在江河里较量,那它就输定了。”

在一场事关最重要市场的争夺战中，因为“更中国”，马云赢了世界。

迄今，已经拥有炫目光环的马云依然是一个谜一样的存在。

他打开这扇世界大门的钥匙有两把：一把是“英语”，一把是“互联网”。从逻辑上推论，“英语”又是马云打开“互联网”大门的钥匙，进而找到了阿里巴巴的藏宝洞。

据说，马云强大到可以在大脑中用英语思考中国问题。那么，问题来了：一个高考数学只得了1分的差生，是如何拿下英语满分的？

没有人准确地知道马云为什么会如此痴迷英语，但基本可以确定的是，马云对英语的兴趣始于14岁。那一年，是尼克松访华并游览西湖后的第6个年头。1978年，杭州接待的外国游客仅仅728人，马云每天清早骑着自行车来到当年尼克松下榻的漂亮的杭州饭店，“我免费带外国游客逛西湖，他们教我英语”。

马云还因此拥有了那个年代中国人匪夷所思的英文名字“Jack”。这是一位他陪同过的美国女游客为他取的，因为女游客的父亲和丈夫都叫Jack。

最为传奇的是，在这段年代久远的英语时光里，马云与澳大利亚的一家人结下了近40年刻骨铭心的友谊。邓肯·克拉克在《阿里巴巴：马云和他的102年梦想》一书中做了详尽描述。

那是1980年7月一天的晚餐后，澳大利亚少年戴维跟随父母参加由澳中友好协会组织的中国旅游团，他溜出了下榻的杭州饭店。一位中国男孩走上前来和他打招呼，想练练自己显然十分笨拙的英语口语。

戴维的父亲、电气工程师肯·莫利第一次见到这位中国男孩时，认为他一定是个街边的货郎，或者小贩。

这一家人此后与马云保持着每周至少一次的通信联系。肯让马云来信时“把字距留大一点，这样便于回信时将纠正写在字距空白处”。

1985年，肯·莫利邀请马云前往位于澳大利亚新南威尔士州纽卡斯尔市郊区新莱姆的家中做客。这是马云第一次出国。

“以前我一直认为中国是世界上最富有的国家，到了澳大利亚后，我才知道根本就不是那么回事。”马云回忆,“纽卡斯尔那 29 天,在我的生命中至关重要。没有那 29 天,我永远也不会像今天这样思考。”

莫利一家人很多次来杭州探望马云,如同走亲戚。还曾经资助当时在杭州师范学院读书、生活拮据的马云,每隔半年给马云寄一张支票,两年多时间里总共寄了大约 200 澳元。

再后来,马云与大学同学张英结婚。将马云视为自己儿子的肯送来了 2.2 万澳元,帮助小两口买了人生第一套房子。

在马云心中,肯则是澳大利亚“父亲”和为自己开启世界之窗的导师。他为自己的儿子取名为“坤”——发音和“肯”(Ken)相似。2004 年 9 月,78 岁的老莫利去世,但马云的家里和办公室一直静静地摆放着他与肯的合影。

2017 年 2 月,阿里巴巴董事局主席马云通过马云公益基金会,在肯家乡的纽卡斯尔大学设立了名为“马—莫利”(Ma-Morley)的 2000 万美元的奖学金。马云说,这项奖学金将用于“支持那些想自己看看这个世界,经历它、用自己的头脑思考它的人们”。

随后的马云触网,完全是由于英语的缘故。因为“可能是杭州英语最好的一个人”,就有了 1995 年他的美国之行。这一故事基本源于马云向各家媒体的亲口讲述,其曲折神奇绝不亚于“阿里巴巴与四十大盗”。具体细节版本很多,大致情节如下:

一家美国企业参与投资浙江高速公路建设,签约后却拒付资金,马云被中方——杭州郊县的桐庐地方政府聘为翻译兼顾问负责调查协调。1995 年初,马云只身第一次飞往美国。

一到洛杉矶,马云就发现美国投资者是骗子。一个大块头加州人劝说马云,可以给他 10 万美元年薪合伙干,一起去骗中方企业。马云表示拒绝后就被绑架了,加州人把马云带到拉斯维加斯赌场,软禁在赌场酒店顶层的一间客房里,还故意亮了下腰上的手枪。

马云最终逃脱出来,用在拉斯维加斯老虎机上赢来的 600 美元,买了机票飞到西雅图——马云有一位美国朋友的女婿斯图尔特·特拉斯蒂在西雅图创办了一家网络咨询公司。在这里,马云第一次摸到了键盘和计算机,第一次登陆了互联网。

斯图尔特告诉马云，要查什么就在电脑上输入什么。他就敲了“Beer”，搜索结果有德国啤酒、美国啤酒、日本啤酒……但没有中国啤酒。他又敲了“China”，显示“no data”(没有数据)。

斯图尔特帮马云将海博翻译社的简单材料放在网上，3 小时就收到来自美国、日本、德国的 5 封询价邮件，这让马云兴奋不已。

在穿越了好莱坞大片般的剧情从美国回来时，马云的行李中多了 1 台当时配置最先进的英特尔 486 电脑。就是靠这台电脑，他创办了中国第一家互联网商业公司网站——“中国黄页”。

无疑，马云对阿里巴巴藏宝洞的探险，是浙商世界之旅最精彩的乐章。这一精彩不在于数量的扩张，更在于本质性的嬗变：

——张扬属于中国人的自信。长期的积贫积弱，导致国人内心深处对西方世界习惯性地仰望。到了马云时代，一切都彻底变了。1999 年春天，被很多人认为名称古怪的阿里巴巴网站在杭州城西湖畔花园的马云家里诞生。开张那天，虽然天气依旧阴冷刺骨，马云却对 17 位创始员工发表了著名的演讲：“我们的目标是，我们要建立一家能生存 80 年的公司；我们要建成一家世界上最大的电子商务公司。”互联网技术及电子商务模式源于西方，但马云从一开始就没有将自己定位为追随者。从自信出发，马云直抵梦想。

——懂得用世界高度，思考中国问题。比尔·盖茨在接受媒体采访时曾多次表示，最有可能代替自己成为新世界首富的将是马云。他的这一判断显然不只是从财富累积的角度而言，更多的是基于对马云的视野、雄心以及产业布局的超前性全球思维的赞赏。一百多年前，清人魏源告诉我们，中国欲图强，必“睁眼看世界”。一百年后，在互联网的天空下，马云率先看到了一个“活泼泼的新世界”。

——以中国为主场，讲一个“中国好故事”。1999 年末，在第一波互联网浪潮的激励下，野心勃勃的阿里巴巴高调宣布将公司管理中枢搬迁至香港，从花旗银行大厦俯瞰维多利亚湾的感觉真的很好。但仅仅一年之后，马云就做出了B2C的全新战略决定，即：Back to China(回到中国)，Back to Coast(回到沿海)，Back to Center(回到中心城市)，其核心是“回到中国”。马云回忆说，这一决定的意义相当于红军长征时的遵义会议。在杭州，在浙江，在故乡中小企业最肥沃的土壤滋养中，阿里巴巴找准了自己的历史方位。随后很多年的发展事实证明，植根本土的马云是对的，中国拥有全球最庞大、最具成长性的市场和消费群体，是中国的，就必然是世界的；把握了中国，也就把握了与世界对话的强大话语权。

1978年，邓小平的对外开放为世界打开了中国的大门；2001年，加入WTO为中国打开了世界的大门。21世纪的第一个10年，马云和他的阿里巴巴则试图以前所未有的勇气和姿态，无缝连接中国与世界。

至此，属于阿里巴巴的传奇故事才刚刚开始。

【浙江改革开放史档案】

从改革强省到开放大省

浙江是中国经济改革的“模范生”，是市场经济发育最为成熟的省份之一。同时，浙江的对外开放亦随之比翼齐飞，不断跃上新台阶。

出口贸易额：1986年突破10亿美元；1997年突破100亿美元；2001年突破200亿美元；2004年突破500亿美元；2006年突破1000亿美元；2011年突破2000亿美元。

进出口贸易额：1995年突破100亿美元；2003年突破500亿美元；2005年突破1000亿美元；2008年突破2000亿美元；2011年突破3000亿美元。

电子商务出口贸易额：2012年突破100亿美元。

对外投资额：2015年突破100亿美元。

阿里巴巴要活 102 年

今天是 5 周年庆典,我想这一天想了 5 年。5 年前,我每天都在担心,能不能等到这一天。

记得 1998 年底,在长城上,我们发誓,要创建让中国感到骄傲,让全世界感到骄傲的公司。我也想起了,宝宝回杭州的时候,湖畔花园家徒四壁。我记得他打电话给我,说因为没有空调,"手很冷"。

我们的目标使命和价值观,是鼓励我们走下去的动力。我建议大家从明天开始,把我们的 80 年目标改为 102 年,成为中国最伟大、最独特,成为横跨 3 个世纪的公司。如果能活 102 年,就是我们最大的成功。

102 年我肯定看不到,到了那时,我 137 岁。我们可以把自己的孩子、孩子的孩子请到这里来,让他们今生无悔。

(2004 年 9 月 10 日,在阿里巴巴 5 周年庆典讲话)

必须眼看全世界

我们以前有一个理想,希望 20 年以后,中国的 500 强中有许多 CEO 来自我们公司;我也希望看到,在将来中国 500 强中,阿里巴巴集团出来的人做 CEO 有多少,做副总裁的有多少;我希望阿里巴巴能够诞生很多商场名将,我们要成为中国商战名将的摇篮。

如果你要成为商业界的领袖,就必须眼看全世界。不懂世界没法做中国的生意,不懂政治没办法做经济,不懂经济就管不好政治,不懂宏观就不懂微观,不懂微观就不懂宏观。这些话我今天讲,有些人可能不理解,我说不懂政治不能经营,不是让你做政治,而是看整个大局。

(2007 年 2 月 7 日,在集团年会讲话)

土鳖必须在海里放养

我们有一天会成为沃尔玛、IBM、微软这样的公司。不能瞎说，要先去了解。我们对GE非常了解，很多中国制造业想了解GE，绝对没有我们公司了解得透。你必须去了解他们才行，今天是西方对中国不了解，中国对西方是很了解的。

美国有今天是几代、几十代人的努力；IBM有今天，微软有今天，GE有今天，都是几代、十几代人的努力。今天中国才一两代，海龟是淡水养殖，死掉就死掉了。土鳖必须海里放养，领导者就是眼光、胸怀和实力。在全世界成功无非就是这三条。

（2007年8月27日，在湖畔学院讲话）

第十一章

焦虑的富人们

> 1000万以上。
>
> ——关于浙江富人数量的民间统计

浙江究竟有多少富人？这绝对是一个极其吸引眼球的问题。

回答这个问题的最大难点在于:富人的标准又是什么?

至少到目前为止,没有听到过来自官方的权威解释。2007年,万事达国际组织曾经发布了一份关于中国富裕阶层的报告。该报告根据对北京、上海和广州三大城市的抽样调查,给出的中国富裕阶层的界定标准是家庭年收入在2.5万美元以上——约合人民币18.9万元。时任万事达亚太地区首席经济顾问王月魂称,考虑到购买力评价因素,这个界定标准在全球范围亦属比较高的。

万事达的这份报告使用了“阶层”这一概念。所谓“阶层”,就是指人们基于相同的社会地位、谋生方式与财富水平等形成的具有共同性特征的社会群体。依照阶层的外延性概念,富裕群体除富人自身外,还包括其家庭成员。

如果以万事达的量化标准与阶层定义为参考测算坐标,那么认为浙江今天的富人总数达1000万以上的民间版本肯定不是夸张离谱的说法。与其他省市区相比,在浙江40年改革开放史中,财富运动的全民参与性是显而易见的突出特征,这决定了浙江毫无疑义地成为了中国“最盛产老板”的地方。

我们还可以大抵勾画出改革开放前30年浙江富人们的如下粗线条脸谱:

——大部分是中小企业主;

——主要从事日用消费品制造业或日用消费品流通业;

——其中许多人出身农民,文化水平较低,农村—小集镇—城市往往是他们螺旋式攀升的创富路径;

——相比全国其他省份,富人在浙江各地的分布比较均衡,浙南、浙中地区相对更为集中。

大抵是在最近10年,随着互联网新经济勃兴,以浙北杭州为核心平台的新富人群体二度雄起。他们更年轻,更有文化。

数量如此庞大的富人群体的出现,在浙江几千年历史上从未有过,其崛起的速度又是如此的惊人。浙江新财富阶层的快速生成集聚,既是40年改革开放的必然成果,更是影响未来变革走向的重要力量。

伴随着财富分野,社会板块的裂变正爆出巨大的声响。旧的平衡已经轰然瓦解,新的和谐如何重构?在我们仍缺乏集体性心理准备的时候,这一切已扑面而来。

徐冠巨“出山”

2003年1月21日,浙江省政协九届一次会议会场。

上午9时许,依照预定程序,开始选举新一届领导班子。投票结束,委员们静候选举结果的公布。然而,这一次的等待出乎预料地漫长,会议工作组安排播放了一部电影。两个小时后,接着播放第二部电影。

快到中午休会就餐时间了,大会主持人终于在一片嘈杂的议论声中出场。他开始念起那份长长的新政协领导名单。副主席共有10位,最后一个被宣读的名字是徐冠巨。在本次 617 张有效票中，徐冠巨获得了 566 张赞成票，51 张反对票。

据当时的官方资料显示，徐冠巨，男，43 岁，私营企业浙江传化集团董事长，2002 年资产总额 12.5 亿元。

出任省级高官的浙江民企老板第一人徐冠巨

由此，徐冠巨成为浙江民营企业主任省部级职务的第一人。稍前的 1 月 12 日，同为私营企业主的力帆集团董事长尹明善当选为重庆市政协副主席。全国仅此两例。

事实上，这一结果早在 2002 年时就已埋下伏笔。当年春夏之交，徐冠巨、尹明善及贵州神奇集团董事局主席张芝庭先后当选为所在省市的工商业联合会会长。这同样是改革开放以来私营企业的“中国第一次”。此前，该重要席位均由“体制内”有身份的人士出任，从未旁落。而省工商联会长当选省政协副主席，这在中国长期以来就是顺理成章的政治惯例。

至于私营企业主首任省级工商联会长有何背景？时政观察者章敬平在所著的《权变》一书中做了这样的记录：2001 年，全国工商联在杭州开会。出于提升中国私营企业主阶层政治地位的考量，有人倡议应胆子再大一点，将思想素质高、民意基础好、代表性强的私营企业主破格推上省级工商联会长岗位。该提议附和者甚众。嗣后，中央统战部即下发文件称：非公有制经济代表人士担任省级工商联会长，可先在个别具备条件的省进行试点，并根据人选条件在当地政协领导班子换届时统筹考虑。

徐冠巨与尹明善，有幸成了“试点新贵”。

从当选之日起，私营企业主徐冠巨以其省政协副主席的身份，在浙江省政府大院里拥有了自己的办公室、专车和专职秘书,可以圈阅相当级别的文件。与其他副省级官员唯一不同的是,他不领工资。

有观察人士评价,虽然由于各省市区政协会议召开时间早晚的偶然性,尹明善成为第一个当选者,但徐冠巨更有广泛的代表性。“因为浙江是中国非公有制经济最活跃的试验田,也是发展最为成熟的样板。”基于此,他们更倾向于将非公有制经济的代言人全面进入国家政治通道的趋势概括为“徐冠巨现象”。

徐冠巨的传化集团与大名鼎鼎的鲁冠球的万向集团同属杭州萧山宁围镇。1980—1986 年,徐冠巨曾经在万向集团担任过会计。

从某种意义上说,徐冠巨的创业缘于冥冥之中的命运安排。1986 年,25 岁的徐冠巨突然患上了几乎无法治愈的溶血性贫血症。为治病,整个家庭背负了 2.6 万元巨债。深陷绝境的父亲徐传化拿出借来的最后 2000 元,一口大缸、一只铁锅,生产液体皂的小作坊开张了。当初办厂的目的只有一个,为儿子筹措医药费。

后来,新产品“901 去油灵”的成功开发,让这个家庭作坊一飞冲天。1992 年,销售额已飙升到 2000 多万元。原本被医生判定最多活 10 年的徐冠巨在与父亲的共同打拼中,竟然神奇痊愈了。

虽然老板越做越大,但徐冠巨却保持了一贯的谨慎、低调、不事张扬。他曾对媒体解释说,自己白手起家,钱是一分一分赚回来的,办企业图虚名注定要垮掉。他每天的安排简单得近乎枯燥:晚上 8 点 15 分前离开办公室,很少应酬,一般回家看书。

认识徐冠巨的人对其最普遍的印象是宽厚、谦逊。为此,公司里的下属甚至有人将他称为“唐僧”。这一很有人缘的性格特质也许是出于家族的良好遗传。

有一次,浙江电视台记者去徐冠巨家中采访,只有徐冠巨母亲一人在。老太太紧紧握住记者的手,连声说:“谢谢,谢谢。你们真是太好了,冠巨多亏了大家相帮!”采访中,老太太一会儿削甘蔗,一会儿往记者口袋里塞花生,临走还拿出一篮子自家鸡下的蛋，非得让记者"带回去尝尝土货"。事后又得知，徐冠巨的母亲一共养了几百头猪和成群的鸡，专供传化集团公司食堂。她固执地认为："让职工吃外面买的菜不放心。万一吃坏了肚子，罪过。"

就任浙江省工商联会长是徐冠巨参选省政协副主席的前提。内部人士透露，当初与他竞选会长一职的浙江企业家还有正泰集团董事长南存辉等 3 位，论企业规模和在全国的知名度都比当时的徐冠巨大得多。但最后仍然是徐冠巨胜出。

不靠企业的大小，好人缘也肯定不是最重要的因素，那么，为什么是徐冠巨？

对传化集团发展大事记稍加研究，我们不难找到答案：历史选择徐冠巨，关键在于"为探索中国私营企业党的建设工作作出了突出贡献"。

关于"私营企业党的建设工作"，徐冠巨迈出的第一步是 1995 年 4 月成立了传化集团党支部。就这一点而言，徐冠巨谈不上"率先"，浙江私营企业建党支部至少早在 1993 年即已出现。同时，徐冠巨的尝试亦并非因为"觉悟高"，而是出于有利于企业发展的目的。

章敬平在他的另一部专著《浙江发生了什么》中告诉我们这样的一些情节。

1993 年，求贤若渴的徐冠巨"挖"来了浙江丝绸工学院的副教授李盈善。李盈善是加盟传化的第一个高级知识分子，也是一位优秀的中共党员。但作为从体制内"下海"的人，他的"党组织关系"仍然被卡在原机构，隔三岔五还得回去过"组织生活"。

两年后，传化集团第一次招聘了 10 名大学生，其中又有多人是中共党员。他们的组织关系必须从学校迁出，却无处落脚。如何让中共的高级知识分子和其他党员，在传化集团过上方便的组织生活？党员们建议尽快成立党支部。依照中国共产党的章程，3 名党员就可以组建党支部。

要命的是，传化集团属于不折不扣的私营企业。私营企业成立党支部，这在当时还是一个需要十分谨慎研究的敏感问题。

小心翼翼地上报到集团所在的中共宁新村支部，再到更高一级的中共宁围镇党委。最后，难题被反映至中共萧山市委组织部。后者再三考虑的意见是“可以试一试”，“请求”得到了批准。

但集团现有党员中没有适合担任党支部书记的党务人选。无奈之下，徐冠巨找到了在另外乡镇当村支书的舅舅苗裕华。虽然对方乡镇的党委觉得有些不妥，但最终还是同意放人。传化集团党支部就此成立。

随着企业的稳健扩展，1998 年，传化的中共党员增加到了 80 多位。党章明确规定，50 名党员设立总支，80 名党员设立党委。苗裕华动心了，他将一份“拟建党委”的报告递交给中共萧山市委组织部。据称，经层层递交，报告到了中共浙江省委组织部。没有肯定，也没有否定。末了，中共萧山市委组织部把报告转批给了宁围镇党委，宁围镇党委“锐意改革”，同意了这一特殊的申请。

1998 年 9 月 18 日，“中共浙江传化集团公司委员会”的牌匾，赫然竖立在了公司门楼。隆重而不事张扬，没有邀请一家媒体到场，中共萧山市委的一位副书记帮助完成了揭牌仪式。从现有资料看，这是中国第一个在私营企业建立的党委。

几个月后，我的同事时任新华社浙江分社资深记者慎海雄来到传化集团采访。“中国第一个”的价值令职业判断力精准的他迅速感到“抓住了一条新闻大鱼”。

1999 年 8 月 28 日，时任国家副主席胡锦涛在慎海雄采写的内参《私企浙江传化集团建立党组织的启示》上批示，认为“要注意总结此类经验，研究共性问题。这不仅对浙江有现实意义，对全国也有积极作用”。

中共浙江省委组织部人士介绍，该省非公有制企业党建的实质性发展时期，正是从 1999 年至 2000 年开始的。传化集团因诞生了“中国第一”以及得到中央高层的关注与肯定，迅速站上了前台：

1999 年 9 月 3 日，时任浙江省委书记张德江作出批示，要求 3 年内“在全省 80%以上私营企业建立党组织”，力争“100 人以上非公有制企业建立党支部，50 人以上企业有党员”。

2000 年 1 月，中共浙江省委制定下发《关于加强非公有制企业党建工作的若干意见》。

2000 年 5 月 11 日，时任中共中央总书记江泽民专程驱车考察传化集团党建。当天下午在杭州的一个座谈会上，徐冠巨向总书记专题汇报私营企业为什么要支持党的建设。

2002 年 6 月，浙江省工商业联合会第八次会员代表大会召开，徐冠巨毫无悬念地当选为会长，7 个月后，顺利当选为省政协副主席。

2003 年底，据统计数据显示，浙江全省共有 27617 家非公有制企业建立了党组织，占企业总数的 9.1%。其中有 3 名以上党员的企业建立党组织的达 20050 家，已建占应建比例为 98.1%。

我们将徐冠巨“出山”视作浙江改革进入 21 世纪初的重大标志性事件之一，怎么评价也不为过。

从某种意义上说，中国改革史就是一部民营经济发展史。但在最初的很长时间内，民营经济身份不明、地位未定，甚至一直显得灰头土脸。20 年后，风姿绰约的它俨然已是社会主义市场经济百花园里一朵俏丽的玫瑰了。根据第二次全国工业普查的结果测算，1985—1999 年，在全部工业资产中，私有制经济占比由 0.8%上升到 42.5%；在全部从业人员中，私有制经济则由 8.9%增加到 45.2%。而在同时期浙江的许多最具发展活力的区域，民营经济占生产总值的比重已达惊人的 80%甚至 90%。

与之相伴随，民营经济的社会地位亦从“拾遗补阙”到“有益补充”，再到中共十五大明确宣告的“非公有制经济是社会主义市场经济的重要组成部分”。1999 年 3 月举行的九届人大二次会议又郑重地将这一重要论断载入了修改后的国家宪法。

毫无疑问，20 世纪 90 年代末，中国民营经济已经获得法理意义上的生存权与发展权。但仍有一个绕不过去的命题悬而未决：我们既定的政党理念与日益庞大的有产阶层及其拥有的企业之间是否存在理论障碍？破除障碍的通道又在何处？

争议由来已久。

1989年,中共中央曾经专门发过文件,话讲得很明确:私营企业主不能加入中国共产党。原来是党员的,可以暂不考虑劝其退党。

民间的说法要简洁形象得多:百万富翁不能入党。老百姓就是老百姓,重大的原则问题也不忘从钱的多少来掂量。

眼睁睁被挡在党组织的大门之外,不能不令"老板"们寝食难安。但他们仍心怀一线希望:自己不能入党,但在民营企业建立党组织总还是可以的吧,还是应该的吧?这里有大量的产业工人需要去组织、去教育,把民营企业纳入社会主义市场经济的大方向也需要更好的引导,党组织在这个全新的大舞台上有许多工作可做。

希望很美好,真的去做却得万分小心。雷区遍地,轻易碰不得的意识形态高压线无处不在。

1997年中共十五大的召开,意味着所有制坚冰彻底消融。一些讳莫如深的难题也终于到了破蛹化蝶之时。

恰恰在这一历史关口,徐冠巨和他的"中国第一个在私营企业建立的党委"迎面走来。随后发生的一切都应该被理解为"正逢其时,顺理成章"。

我们可以观察到,改革前20年长期边缘化的地位和所有制甄别,致使迅速生长起来的中国富人们备感焦虑和惶恐,财富的持续膨胀并不能让他们的焦虑和惶恐退潮。他们渴望被认同、渴望融入,他们急迫地寻找"自己人"的感觉。

塞缪尔·亨廷顿在他著名的《变动社会的政治秩序》一书中这样认为,一种政治体系要成功地适应现代化,必须首先能够革新政策。也就是说,必须首先能够通过国家行动促进社会和经济的改革;第二个必要条件是能够把那些产生于现代化并因现代化而达到新的社会觉悟的社会力量成功地吸收在这一体系中。

很显然,这种成功地"被吸收",需要我们打开通道。在民营企业建立党组织、允许符合条件的私营企业主入党,将使这条通道变得宽广起来。

2001年7月1日，中国共产党建党80周年。时任中共中央总书记江泽民发表了重要讲话："不能简单地把有没有财产、有多少财产当作判断人们政治上先进与落后的标准，而主要应该看他们的思想政治状况和现实表现，看他们的财产是怎么得来的以及对财产怎么支配和使用，看他们以自己的劳动对建设有中国特色社会主义事业所作的贡献。"①

浙江富人们悬着的一颗心总算落地：有钱的和比较有钱的私营企业主也可以入党了。当然他们知道，门虽然打开了，但还是有一定门槛的——"承认党的纲领和章程，自觉为党的路线和纲领而奋斗，经过长期考验，符合党员条件"。

总书记讲话后的一个月内，仅温州市递交入党申请的老板就有200人。

2003年6月25日，传化公司党支部讨论通过了徐冠巨的父亲——集团董事局主席徐传化的入党申请。经集团党委审查批准，正式吸收其为中共预备党员。5天后，在中国共产党诞辰82周年纪念大会上，69岁的徐传化面向党旗举起右手宣誓：为共产主义奋斗终生！

新华社的消息说，早在徐传化入党前数年，徐冠巨就已递交过申请书。2008年1月20日浙江省政协十届一次会议上，徐冠巨再度当选为省政协副主席。在副主席排序中，从5年前的最后一位上升到了第3位。

2012年12月10日，徐冠巨当选为第十一届全国工商联副主席。

浙商的"政治经济学"

论及民营企业探索党的建设，有一位浙江商人是不能不说的。他就是中国最大的低压电器制造商——正泰集团公司董事长南存辉。

《南方周末》记者徐楠曾将南存辉的"党建历程"做了如下梳理：

1993年7月1日，正泰公司党支部正式成立，有中共党员7名。8月3日，时任中共中央组织部部长张全景来到正泰考察党建工作。这在浙江私营企业中是最早的一批，比传化公司差不多早了2年。

---

①《江泽民文选》(第3卷)，人民出版社2006年版，第287页。

1998 年 12 月 13 日，中共正泰集团党委成立，这在温州民营企业中是第一家，仅仅迟于“中国第一个”的传化集团党委约 3 个月。但与传化集团当时的低调相比，正泰集团党委的成立则引人注目得多。时任浙江省委书记张德江为此题词祝贺：“在非公有制企业建立党组织非常必要，意义重大。希望正泰党委积极探索，不断总结经验。”

2000 年 5 月 10 日，时任中共中央总书记江泽民视察正泰集团，听取党建工作汇报。时任中共中央政治局候补委员、书记处书记、中组部部长曾庆红随行。

2001 年 5 月 1 日，时任中共中央政治局常委、国家副主席胡锦涛考察正泰集团党建。

2001 年 7 月 1 日，当大部分私营企业主尚在遥远的各地聆听、领会江泽民“七一讲话”时，正泰集团党委书记颜厥忠已经作为“全国先进基层党组织”浙江省 10 位代表之一，光荣地走进北京人民大会堂，出席建党 80 周年大会。

根据正泰集团公关部门的统计，仅仅自 1996 年至 2008 年，正泰集团每年接待的来自国内外的参观、考察者超过 4 万人次，堪称浙江企业之最。其中包括了江泽民、胡锦涛、李瑞环、乔石、尉健行、吴邦国、田纪云等许多最高层的中央领导。

南存辉(右)陪同江泽民视察正泰集团

毫不夸张地说，南存辉以及他的正泰集团事实上已经成为“温州模式”——更准确的表述是提升完善后的“新温州模式”——最抢眼的“景点”。这首先基于南存辉企业办得的确漂亮，另一个重要原因是他的正泰集团始终绽放出健康阳光的独特气质。就如同其企业名称那样“正道泰兴”。

这在曾经饱受诟病、颇显得有些灰色的温州背景下，更凸显弥足珍贵的亮丽。

南存辉生就一副方方正正的国字型脸庞，与他交谈，许多人都留下了良好的第一印象——很可能也是永远的印象：朴实、聪慧、诚信。

我多次采访过南存辉。2005 年 11 月，受他的邀请，我前往温州参加由其担任会长的温州青年企业家协会成立 10 周年庆典。有一个场景令我记忆深刻。庆典酒会上，温州青年企业家协会的各位会长登台亮相，南存辉居首。只见他一人健步走到舞台中央稳稳站定，其他 20 位副会长与南存辉拉开了不小的距离，一堆人推推搡搡地尾随而上，并分列两旁。后者亦基本是身家数亿元甚至数十亿元的显赫老板，但太阳与群星的差异仍是那样清晰。这是一种难以用语言描述的感觉，南存辉身上散发着卓尔不群的魅力，这在惯常生意人的言谈中是无法找寻的。

有一定说服力的解释是，南存辉长期以超越商人群落的眼光观察和思考问题，他的企业管理价值观的基点不再是单纯的利润多寡，而是内涵更为深厚的中国式“政治经济学”。这就决定了南存辉早晚会显山露水，表现出不一样的神韵。

当然，也有人批评他把太多的精力花费在接二连三的政治活动上。试举一例：2001 年 2 月 9 日上午，时任国务院总理朱镕基将全国 15 家知名企业的总裁请进中南海，征求对即将提交九届全国人大四次会议审议的《关于国民经济和社会发展第十个五年计划纲要的报告》的意见。其他 14 位均为相当于厅局级甚至副部级官职的国有企业大佬，而南存辉是唯一的民营企业家代表。在座谈会上，南存辉精心准备的发言获得满堂喝彩。

所有的人都明明白白地看到，也许是大方向“把握得精准”，南存辉的企业几十年间令人信服地健康壮大。这让那些批评的声音显得苍白无力。

南存辉在接受媒体采访时，针对所谓中国企业家商而优则仕的“政治经济学”情结，曾有过精当的自我解读：“作为一个企业家，政治就是天。天气好出太阳了，被子霉了可以晒晒呀！如果刮风下大雨，你却把被子拿出去，肯定会闯大祸嘛。”

善观“天相”而为之，南存辉可不是嘴上说说的。最经典的大动作，可能就是以下这则“南存辉怒斥魏京生”的故事了。

1999 年 7 月,美国洛杉矶。

南存辉一年中,大约有 1/3 时间奔走于世界各地。这一次,他来到美国西海岸加利福尼亚州北部的“硅谷”,筹划建立自己的科研开发机构。

7 月 27 日,南存辉一踏上这片土地,就听到了刺耳的不和谐声音:当年流亡美国的所谓“民运分子”魏京生、吴弘达公开发表言论,声明支持美国洛杉矶地区的国会众议员罗克·马克的“57 号提案”——一个即将于次日在华盛顿提交国会表决、关于取消给予中国“正常贸易关系”(原称“最惠国待遇”)的提案。这些“民运分子”证明说,中国政府一向限制和歧视私营企业,也不尊重在华投资的外国厂商,而只保护政府所辖的国有企业。

南存辉觉得自己应该做些什么事了。当晚,他发电子邮件给罗克·马克,说明真相,驳斥偏见。

7 月 28 日,在温州旅美同乡会的支持下,南存辉赶赴洛杉矶举行记者招待会。会上,南存辉拿着国内出版的《中华工商时报》慷慨陈词:据这家报纸统计,正泰集团当时是中国第八大民营企业,1998 年产值 20 多亿元人民币,约合 3 亿美元。假如一直受到限制和歧视,能在短短十来年时间里,由一个几万元起家的小作坊发展到如此规模吗?

他进一步反问:“在我的家乡中国温州市,私营经济占了 95%。如果没有国家政策的扶持,怎么可能有私营企业的今天?”

他指出,中国政府为民营企业提供了一个公平竞争的市场,地位与国有企业“平起平坐”。私营企业享有银行贷款优惠计划,利息只有 4 厘,最低的仅 1 厘,而普通利率是 6 厘。私营企业的高科技产品还可以享有免税和退税的待遇。1998 年正泰集团生产的一种智能型电器开关,所缴的税全部被返还。

南存辉坚定地说:“各位美国朋友如果不相信我的话,可以亲自去中国看一看。如果有必要,我也可以到美国国会去作证!”

由此引起的反响是预料之中的。《世界日报》《国际日报》《侨报》等 10 多家美国媒体迅速发表报道,将南存辉推上了显著版面——

《温州正泰集团董事长要为中国说公道话　指魏京生、吴弘达对大陆企业批评不实》;

《私有企业在中国大陆不受重视?　温州股商南存辉以个人成就反驳》;

《魏京生、吴弘达呼吁美国取消对中国正常贸易关系　中国正泰集团以自身实例抨击》;

…………

北美电视台采访时问:"你只是一个到美国做短暂公务旅行的商人,如此举动出于什么考虑?"

南存辉答:"我首先是一个中国人,我有责任为我的祖国申辩,驳斥一切有辱祖国形象的不实之词。"

两位加州知名人士 Joypan 和 JimmyWang 深受南存辉正义之声的感染,他们随即给美国国会的决策人物曼杰森先生发了一封言辞中肯的电子邮件。

曼杰森先生:

我们向您转达一位名叫南存辉的中国商人的观点。他的企业叫正泰集团公司,是中国最大的低压电器制造商。

南先生正在美国访问,他听到有这样一种说法:在中国,民营企业不受尊重,只有国有企业才受尊重。并有人(魏京生、吴弘达)建议美国国会取消对中国的最惠国待遇。对此,南先生提出强烈的抗议,并讲述了他亲自经营了 15 年的、100%私有的、1998 年销售额达 20 多亿元人民币(约合 3 亿美元),根据最近调查名列全国民营企业第八位的正泰集团的发展史。郑重声明他的私营企业非但未受政府的限制,反而得到了政府各方面的支持与鼓励。

南先生同时列举了中国政府给予民营企业的许多优惠政策,例如,低息贷款、技术支持以及工业项目准入(电器制造业过去是由政府掌握的,如今鼓励民营企业进入这一领域)等。他认为民营企业和国有企业享受着同样的税务政策,在某些方面甚至比国有企业享有更优惠的政策,而且受到法律保护。在中国第九届全国人民代表大会上对宪法进行了修正,增加了合法保护民营企业的条例。政府还鼓励私营企业租赁、兼并、改造,甚至购买国有企业。

南先生愿意在美国国会和任何场合为此作证,并欢迎参观、访问他在中国的企业。

美国参、众两院的先生在对中国的政策投票前,应该了解中国的今天,多倾听中国商人的意见。健全的商贸关系必须建立在互利的基础上。南先生认为魏京生和吴弘达对中国的现状太不了解,他们的见解显得荒谬无知……

后来的事大家都知道了。不久,美国众议院表决否决了"取消对华正常贸易关系"的议案。南存辉说:"我不知道自己的行为对最后结果起了多大的作用,但我尽到了作为一个中国人义不容辞的责任。"

太平洋对岸这么大的响动,国内媒体当然不会无动于衷。头条、粗黑的标题被转载再转载。

2000 年春,九届全国人大三次会议在北京召开。民营企业依然是热门话题,"洛杉矶事件"也余温尚存,事件的主角还是本届全国人大代表。于是,"南存辉怒斥魏京生"又一次被京城的主流大报发掘出来,在庄严的人民大会堂里广为传播。

会议期间,时任中共中央总书记江泽民前来浙江代表团参加座谈。次日的《人民日报》头版头条刊发了这条重要消息,同时配发大幅照片。照片的画面为江总书记与两位浙江代表团代表亲切握手。画面右侧是公认的中国乡镇企业代表人物、杭州万向集团董事局主席鲁冠球,居中的正是事实上已逐步被普遍认可的中国民营经济代言人南存辉。

在改革激荡中跃出潮头的浙江商人风流人物无数,但如果非要推举所谓"第一人"的话,最没有争议的人选当属被普遍赞誉为"国家英雄"的万向集团鲁冠球了。鲁冠球的政治水性之娴熟堪称无人能出其右。

2008 年春节前夕,我受邀参加万向集团的媒体答谢晚宴。这是一个小型的“圈内人”聚会，来的都是真正的老朋友。

端上的第一道“菜肴”，是鲁冠球宣布2007年度万向10件大事。以下两件大事，我至今记忆犹新：一是2007年万向集团营业收入超过400亿元，出口创汇超过11亿美元，若加上全部关联企业，年度营业收入已达惊人的1000亿元；二是在2007年12月召开的中国共青团十五届六中全会上，鲁冠球的独子、万向集团总裁鲁伟鼎当选为团中央委员。

“政治”与“经济”，就以这样奇妙的方式走到了一起。鲁冠球极富感染力的爽朗笑声在大厅里久久回荡。

作为“我们完全没有预料到的最大收获”（邓小平语），20世纪80年代中国乡镇企业异军突起。鲁冠球亦随之异军突起，他几乎荣获了所有政治荣誉。那些年，全国性的大小评奖如果鲁冠球缺席，其权威性可能就会遭到怀疑，甚至有人认为他将成为新时期的“陈永贵”。

中国革命博物馆都曾派员前来鲁冠球的企业寻找最有历史价值的“改革文物”，就如同安徽凤阳小岗村那张摁满红手印的“生死契约”一样。他们开出的长长的文物征集清单包括：

——鲁冠球1969年企业初创时的铁匠铺照片；

——1986年，国务院将其列为中国第一个万向节出口基地的文件；

——1987年，美国合作方舍勒公司为表达对这位“农民企业家”的由衷敬意，赠送的一尊铜鹰的原件；

——1989年，国务院批准其为国家一级企业的证书；

——鲁冠球的有关日记、照片；

…………

媒体很快纷纷盯住了鲁冠球这一金光闪闪的“新大陆”，但许多记者从这位优秀企业家身上嗅出的是浓浓的政治味儿。1986年4月，来自欧美、日本、澳大利亚等12个国家的43名记者联合到萧山采访。法新社记者事后播发的新闻是“一位对共产党的哲学作出新解释的中国厂长”。

鲁冠球兴致盎然的政治追求并不是一路鲜花。

1986年底，鲁冠球作为中国最优秀的共产党员代表来到北京，参加中共中央组织部召开的全国优秀党员、先进党支部交流会,并作“重点发言”。他穿着特意让妻子去萧山县城请最好的裁缝做的一套中山装上路。那是一次令人难忘的会议,他的发言很受关注,他还得到了邓小平的亲切接见。

从北京载誉而归,在回萧山厂里的路上,前来迎接的县领导告诉他:“老鲁,县里打算推荐你当人大副主任,有什么意见吗?”

“我服从组织的安排。”鲁冠球满面春风。

很快,县人代会召开。公布了7名候选人,他果然是其中之一。投票,选举,公布,鼓掌。万万没料想到,落选的偏偏就是他鲁冠球,他由此体会到的压力和苦闷可想而知。

很难确切肯定是否与这一几乎从未被媒体记载过的挫折有何直接或间接的关联,但从那以后,鲁冠球没有再为自己谋求什么显赫的政治地位。他开始转而忠实地坚守自己农民企业家的身份,以稳健的实践、朴素的语言和恰到好处的敏锐思维,扮演起远远超越企业微观操作层面的思想者的角色。

迄今,只有初中二年级文化水平的鲁冠球至少发表论文100多篇,几十次在全国各类学术评比中获奖。当中国企业面临起落沉浮的重要关口,我们总能听到鲁冠球发出的“大声音”:

鲁冠球总是在关键时刻发出“大声音”

——1988年,鲁冠球提出了“企业利益共同体”的新概念,第一次对乡镇企业这种新型企业组织结构进行了系统的阐述。他还用生动的语言创立了口袋与脑袋的“两袋投入”说,表示应对乡镇企业职工进行物质和思想上的双投入。

——1989年,鲁冠球撰写的

《中国乡镇企业分配方式初探》获全国企业改革10年创新奖,《论实践中的兼并》获中国企业家论坛改革征文二等奖,《虚事要实办,一步高一层》更被评为《半月谈》思想政治工作创新奖特等奖。这在当时的经济理论界已属于最高荣誉。

——1991年,鲁冠球根据万向节厂在股权改革上的经验,大胆提出"花钱买不管",大声呼吁为乡镇企业"松绑",倡导"股份改革是乡镇企业走向规模经营的有效途径"。

——1992年,新一轮经济高潮骤然而至。鲁冠球的一篇《老虎出山好,猴子照样跳》,将国有企业与乡镇企业"虎跃猴跳"的改革锐气和自信点画得畅快淋漓,一扫农民厂长们的恐慌和疑虑。

——1994年,鲁冠球理性地归纳了乡镇企业在制度创新上的三个阶段,多次撰文认为要"加快乡镇企业与现代企业制度接轨"。同年,万向集团主体企业万向钱潮股份有限公司的股票在深圳交易所上市,这也是中国第一只上市的民营企业概念股。

——1995年,鲁冠球提出培养民营经济"企业家群体"的新思路,并在万向集团大力推行先进的事业部制度。

从1969年的打铁铺到今天的世界级行业巨头,数十年挺立潮头且如鱼得水般游走"政经"两端的鲁冠球及其万向集团,即使在全国范围内亦称得上是十分罕见的样本。有人说他是"不倒翁",有人赞叹他是"常青树"。其间的奥秘显然无法在纯粹经济学意义的"企业家宝典"中找得到标准答案。

有一年,时任新华社记者朱国贤造访鲁冠球。双方的一段对话耐人寻味:

记者:你是第一代农民企业家里少数风采依然的"幸存者"之一。在数十年的创业中,你最重要的保养秘诀是什么?

鲁冠球:那就是不断地反思和超越自己。小心翼翼,去掉草莽气,呼吸新空气。

记者:那主要是靠自律了。

鲁冠球:就是靠自律。我们这些创业者是很奇特的,说有人管我们,似乎谁都可以来管一下;但是说没人管,又往往两头着空,事事要自己拿主意、担风险。

记者:也就是说,是处于一种权力的真空状态?

鲁冠球:是的,做人和做企业都必须学会自控,要有自我警觉心。我一直认为,唯有企业的常青和不倒,才有企业家的常青和不倒,为了企业的利益和前途,企业家应该敢于牺牲一切。

记者:你觉得这样的牺牲要到怎样的程度?

鲁冠球(沉吟片刻):记得小时候听过一个传说,我现在常常会想起它。故事讲的是古代有一位炼剑高手,为了炼就一把天下无敌的宝剑,他不惜投身于火炉,与剑融为一体……

有关机构曾经在温州企业经营者中作了一次“温州老板与政治”的抽样调查。结果,有91%的被调查者表示“关心政治或非常关心政治”。

2002年6月,台州飞跃集团创始人以浙江省第一位民营企业家身份当选中共十六大代表。2008年3月,鲁冠球、宗庆后、南存辉等12名民营企业家走进庄严的北京人民大会堂,占浙江省新当选的90名十一届全国人大代表的13%。

在最盛产老板的浙江,商人参政,无疑已成为21世纪政治生态圈的独特景象。从村、乡、县、市、省乃至国家级政治殿堂,各色老板的身影异常活跃,获得了改革开放后资本实力的深厚积淀,富人们的能量急切需要更高层面的展现。

有观察者认为,当今政治格局中的浙江民营企业主阶层大抵存在三种从政心态:

一是光环型从政。以当选各级委员、代表为政治荣誉或者政治资本,借此凸显自身的社会地位,显示得到官方承认,满足攀比炫耀的虚荣。

二是功利型从政。在政府仍强势把握着社会资源的当下,“曲线救国”,以参政壮大企业。

三是公益性从政。走出个人或单一经济主体的狭隘心结,力图放大属于自己阶层的声音。

著名学者吴敬琏在其2001年出版的《改革:我们正在闯大关》一书中,对这一中国民营企业界日渐弥漫的"政治经济学"趋向公开表达了不满。他说,自己到一些工商界的朋友家去,看到他们书架上没有什么关于企业经营管理的书,却都有高阳著的《红顶商人胡雪岩》。以致"当官要看《曾国藩》,从商必读《胡雪岩》"成为了一句流行语。"这种情况很使我不安。"

事实上,也许被吴敬琏教授无意间忽略的是,"很使我不安"的现象背后,正隐藏了深埋于民营企业老板内心久久挥之不去的"不安"。

在浙江,类似柳市"八大王"事件的是是非非早已落满尘埃。但富人们仍觉得,自己得到的保障承诺依然是脆弱的。曾令他们有过无数次切肤之痛的"政治安全感"疑云,仍时隐时现。同时,所谓市场竞争也并不彻底,面对政府垄断性资源的"投资玻璃门",留给你的常常是苦涩的无奈。

对浙江富人们来说,观望和关切政治,无疑是缘于现实的必须与必然。

财富阶层的"灰色地带"

2004年初,所谓民营企业主的"原罪说"一夜发酵,截然相左的激辩声四起。

引燃争论的导火索,是2003年12月31日河北省政法委出台了《关于政法机关为完善社会主义市场经济体制创造良好环境的决定》。两天后,河北省委、省政府批转了这个文件。

关键是文件第七条规定:对民营企业经营者创业初期的犯罪行为,已超过追诉时效的,不得启动刑事追诉程序;在追诉期内的,要综合考虑犯罪性质、情节、后果、悔罪的表现和所在企业在当前的经营情况及发展趋势,依法减轻、免除处罚或判处缓刑。

该文件的核心精神,被解读为官方不赞成追究"原罪",但不追究同时也就意味着认定了民营企业主——哪怕是曾经的——"原罪"的存在。

“原罪”本是西方宗教术语。《圣经》中认为上帝造出亚当和夏娃之后,两人因为受蛇的引诱,偷吃了伊甸园中的禁果。这一罪过,成为整个人类的原始罪过,即“原罪”。

对21世纪初的中国民营企业主而言,所谓“原罪”就是指他们在改革初期财富积累过程中难以洗脱的深重的罪过,主要表现为:假冒伪劣、行贿钻营、偷税漏税。

“原罪说”既出,来自政府、学者、民间的观点不外乎分为三种:一是“大赦派”;二是“清算派”;三是既不赞成“一律宽大”,也不赞成“彻底追究”的“折中派”。

这就像一场光天化日之下的缺席公审。不论具体观点有何分别,审判者的一个共同认定是:民营企业主大部分“曾经有罪”。他们以自诩的道德优越感,俯视着虽然拥有巨大财富却只能被动等待发落的有产者们。

“原罪说”并无法律意义的个案价值,事实上也没有哪个民营企业主因为所谓“原罪”被追诉且走上审判台。这更多的是社会公众积蓄已久的某种情绪的宣泄,折射出在改革走过20多年坎坷历程中,鼓励、保护非公有制经济的文件也已下发无数次之后,对待迅速膨胀的私有财富及其拥有者阶层的真实的集体性姿态。

作为中国富人总数最多及比例最高的省份,“原罪说”在浙江并没有掀起多少波澜。但由于浙江富人的游商特性,改革开放以来其商业活动的足迹遍及大江南北,他们仍然被无情地置于全国范围审视质疑的聚光灯下。

响动最大的事件,莫过于从2001年延续至2006年关于温州老板——浙江富人的代表群体——全国性炒房、炒煤、炒油、炒棉的连锁性批判风潮。

中国沿海城市第一波楼市暴涨的行情,大约始于2001年。对大多数城市民众来说,这可能是改革开放以来最具震撼力的一次资产分配机会,其力度和参与广泛度甚至远超更早兴旺的股市。有关机构曾经调查显示,杭州户籍居民的家庭总资产中,房产比重占70%以上,而房产价值在迄今10余年间普遍上涨了数倍。购房多少及购房早晚,几乎成为某个家庭平民、小康或富裕分层的决定性因素。

偏偏,已经富得流油的温州人这一轮又美滋滋地喝上了"头口水"。他们在全国各地大肆购房炒卖,无非仗着自己口袋里有钱、有资本。说他们"炒房"那是客气的,说重了就是大白天"抢钱"！2004 年 3 月,中国社会科学院金融研究所博士尹中立在《南方周末》发表了后被广泛转载的《不能再对"炒房行为"听之任之》一文,他言之凿凿地认为,"温州炒房团利用资金优势左右房地产价格牟取暴利,该行为和股票市场的庄家行为如出一辙,构成了操纵市场罪",应当坚决追究刑事责任。

当年,关于温州人炒房的疯狂与凶狠,许多媒体做过绘声绘色的长篇报道。我们不妨摘要如下:

温州炒房者究竟有多少人、动用了多少钱？比较被认同的说法是 10 万人,1000 亿元资金。最夸张的版本则是 10 万人,5000 亿元资金。

史上最牛的温州炒房者又是谁？有报道称此人在上海,乐清籍人士,姓名不详。他喜欢将所购置房产的钥匙环挂于腰间,一共 60 把。据说,此人的房产几乎全部租了出去,他极敬业,每天的唯一工作就是按照钥匙的顺序,挨家收租金。一天两户,轮一圈,一个月正好收完租金。

北京一家著名媒体对此的评点是结论式的:狼来了！这批来自南方的狼并不孤独,而是成群结队,穿行于城市。

在有关温州炒房者的传播中,最耸人听闻、最吸引眼球的猛料当属"炒房团"。

2001 年 8 月 18 日清晨,一支奇特的队伍出现在上海火车站。他们高举着《温州晚报》的牌子,但不是记者采访团;他们提着花花绿绿的旅行袋,但也不是旅行团——这就是见诸报端的第一支成规模的"温州购房团",民间俗称"温州炒房团"。

后来的报道说,这支由《温州晚报》广告部组织的"炒房团"总人数为 117 人,涉足的上海楼盘包括"新加坡美术馆""菊园""怡景园""四季之门半岛花园"等 5 个,一次性下单共 1000 万元。经《新民晚报》等许多新闻机构的滚动追踪报道引起巨大轰动,"温州炒房团"一夜之间成了声名远扬的另类品牌。

事实上，由于温州购房者的纯民间性，其购房行为是广泛而散漫的，地域跨度极大，但是在意图谋取房产商巨额广告费的媒体统一操作下，加之借助了媒体天然的公信度及传播话语权，温州购房者摇身一变成了“有组织、有预谋”的“炒房团”。而有钱人一旦“有组织、有预谋”，什么坏事干不出来？

让人又爱又恨的“温州炒房团”

我们不难观察到，在长达数年席卷沿海大批城市的第一轮房价飙升中，一些房地产开发商攫取了最大红利，地方政府亦有所收获，媒体亦从自身利益出发推波助澜。而温州商人只是凭借其投机天赋及相对雄厚的资本积累，顺势分得了一杯羹罢了，但被上述各方联手推上前台，背负骂名。谁让他们改革之初依靠“假冒伪劣”捞得“第一桶金”，本来就形象不佳、名声不大好呢？

温州富人炒房风声正紧，炒煤、炒棉、炒油又铺天盖地而来。

——在煤海山西，境内60%的中小煤矿(包括地方国有煤矿和乡镇煤矿)已经被温州人鲸吞，投资额高达数百亿元，控制的煤矿年产量达8000万吨以上，是山西省煤炭年产量的1/5。

——在全国棉花主产地新疆，数以千计的温州人携带资金100亿元入市。抢购战中，各棉区每公斤籽棉的收购价由1.6元飙升到8元以上，温州商人在当地开办的棉花一条龙加工厂也骤增至300家。

——温州“炒油团”则是从陕北转战新疆。仅以新疆为例，温州人即控制了约120口油井，投资总额18亿元以上。如算上后续加工的炼油设备等，总投资额将超过50亿元。

被媒体披露、曝光的数字是十分吓人的，被记者发掘出来的许多细节可谓触目惊心，却往往难以查证。比如，“在太原街头，你随便拦下一辆高级轿车，十之八九就是温州煤老板的。林肯、悍马、保时捷应有尽有”。再比如，“在陕北打一口井只需十几天，投资约50万元。一年的产值就是投资额的两倍，除去开支，年利润至少有50多万元，当年返本”。

动辄数以亿元计的投资，轻松赚取成倍的高额回报；屁股坐的是高档名车，手里玩的是煤炭、石油、棉花等国家战略资源。被如此描述的温州富人，在众人眼里不是令人作呕的“蝗虫”又能是什么！

在这里，我更愿意花费笔墨，记录有关王荣森的故事，一个我两次面对面采访过的“温州炒油客”真实的血泪故事。

“石油梦”至死不灭的王荣森

王荣森原名王月香，是温州最穷的文成县的一名普通女子。在温州卖过皮鞋，后来和丈夫一起跑到西安做服装批发生意。一次旅途中，她遇到了因口袋空空而陷入困境的陕西地质学院屈茂稳老师。不由分说，她硬塞给对方1500元救急。事后，为了表示谢意，屈老师告诉王月香，陕北有石油，开采利润肯定比卖服装高。再说政府鼓励民间到贫困地区投资，产出的石油国家也全部回收。

王月香的命运就此改变。

1996年11月18日,王月香拉上屈老师包车赶往延安甘泉县。3个月后,终于在东沟乡李湾村一带找到了出油较为稳定的油层。经专家测算,最初的3口勘探井需投资480万元。但王月香夫妇多年辛苦攒下的积蓄仅250万元。一咬牙,她跑回老家动员亲朋好友入股,费尽口舌总算凑足了480万元。

高高的井架矗立起来了,日夜难眠的王月香干脆就把铺盖搬进钻架下的临时帐篷。大西北的风沙很快将她的脸庞剥蚀得如同黄土高原般沟壑纵横,只有那口白灿灿的牙齿,让人依稀记得她本是江南女子。

1997年5月12日,因劳累过度中暑,丈夫蔡高锡倒在了井架旁,当天下午4时,蔡高锡即撒手离世。

丈夫倒了,王月香没有倒下。她把自己的名字改成了王荣森,她需要像男人一样坚强。

丧夫一年零两天后,王荣森的油井喷出了黏稠浓黑的原油。但欣喜若狂的她万万没有想到这一切竟是昙花一现。由于技术等原因,这3口井出油仅两三天便油层凝固,成了枯井。紧接着与温州一家鞋业公司联合开发的第4口探井,又因接错管子而在出油后不久变为废井。这几口井的直接损失达700余万元。

为了翻本,为了还债,2000年,王荣森辗转来到甘泉相邻的靖边县继续开采石油。先是投资280多万元打了一口井,油层还挺好的,不料压裂时管子被压破。再砸进148万元将井修好,但出油量少得可怜。此后的几度尝试也以失败告终。

王荣森濒临崩溃。她无助地回到甘泉,日夜徘徊在丈夫曾经倒下的油井边,一遍又一遍地流泪,像祥林嫂一样一遍又一遍地向路人诉说她的油井故事。

接二连三的厄运,使王荣森背上了山一样沉重的近千万元债务。房产和值钱的家具早已变卖,但仍然杯水车薪。走到尽头的王荣森开始为吃饱肚子发愁了。百般无奈之下,这位曾经的百万富翁只能到当地人家中做保姆,每月收入300元。

老家文成是不敢回了，讨债者如云。王荣森最牵挂的是自己才 13 岁的小儿子："我已经没钱供他读书，只能靠我 70 多岁的老母亲到处借钱撑着。"2002 年，王荣森偷偷摸回老家一趟。等待她的是更大的打击——她的宝贝儿子早在 4 年前就已溺水身亡，老母亲一直瞒着她。

2003 年，据一位浙江记者报道，王荣森孤独地躺在甘泉县的一家小医院里，憔悴得几近枯槁。此后，她与所有人失去了联系。

故事还没有完。谁也没想到，2008 年 6 月，当纪念改革开放 30 周年的气氛在温州愈来愈浓的时候，多年杳无音信的王荣森居然又在当地一家电视台的访谈节目中出现了。这是一档关于她一个人的节目：《超越生命的力量——王荣森的故事》。她说，她已经回到温州，做些小生意，有生之年必须把欠下的钱全部还清。她没有告诉大家自己曾经过得有多苦，她说得最多的仍然是她和她丈夫的油井和梦想。

长长几十分钟的节目中，王荣森除了流泪还是流泪。

王荣森的故事并不能代表所有的浙江富人。但可以肯定的是，无数已经成功或曾经失败的浙江富人都品尝过王荣森式的辛酸与血泪。

浙江以个体、私营为先锋的民营经济是一种面向全国实行大规模交换的开放性体系。与这种所谓"小商品大市场"格局相适应的，是一种在户与户、村与村、乡与乡甚至县与县之间实行专业化分工的生产技术网络。同时，绝大多数小商品的生产或经营环节很少存在足以产生垄断的进入壁垒，所以在一定的区域内家家户户都按照分工的需要，共同生产或销售某类产品，从而出现块状经济或产业集群现象。只是在 20 世纪 90 年代后，经过激烈的竞争筛选，一批经营者脱颖而出，逐步催生了规模较大的某类产品专业领域的龙头企业。

因此，浙江富人们的财富获得具有明显的非垄断性和相对的"均富"特征。这同时注定了浙江富人们创造财富的历程从总体上说是"阳光"的，没有捷径，唯有放手一搏和付出艰辛。所谓"假冒伪劣、坑蒙拐骗"等"阳光"下的阴影，显然是阶段性的，是从过去走向未来难以完全避免的发展代价。

值得注意的,是政府与公众对待改革中快速崛起的新生财富阶层的态度。千年以降,私有财产的罪恶感在中国社会价值体系中从未淡化。自改革开放始,"一部分先富起来"的人所造成的强烈的社会心理震荡以及贫富分化所带来的不容忽视的社会困局,更令许多人关注财富阶层的目光变得十分微妙和复杂。

我们发现的一个有趣现象是,在公众舆论对财富阶层的宽容度、认同度上,盛产老板的浙江高于全国;而老板最密集的温州又高于浙江全省。

中国人民大学社会调查中心2000年组织了一项全国抽样调查。当问及:您认为在如今社会上的富人中,有多少是通过正当手段致富的?回答不太多的占48.5%;回答几乎没有的占10.7%;回答不知道的占20.8%;仅5.3%的人表示有很多。

恰巧,2000年5月,温州也作了一次关于财富来源的问卷调查。在足以代表温州民间声音的156份有效卷中,57%的答卷者认为温州老板们的钱是靠才能挣来的;37%的答卷者认为是苦干出来的。总共只有5个答卷者怀疑老板们的财发得不明不白。

2001年3月,《温州晚报》再次推出"谁是温州青年的偶像"的大型调查,反响强烈。

在包括雷锋、张艺谋等全部10名当选者中,正泰集团董事长南存辉以占总票数9.78%的148票名列第四。对他的评价是:"中国新兴民营企业的代言人、温州人奋斗发家史的缩影。"

享誉世界的德国社会学家马克斯·韦伯提出用收入、声望和权力三个维度的统一来研究人们社会地位的差异,这一"三元分层标准"被各国广泛采用。

从以上所述的两次调查不难看出,以温州为代表的浙江富人们虽无多大的权力,却普遍获得了高声望,实现了收入与声望的统一。

社会学研究中有"先赋因素"和"自致因素"之说:先赋因素,即出身、性别,还有独具中国特色的城乡、行业、单位级别等先天具有的特征;自致因素,即通过自身后天努力而获得的能力。如果决定收入的诸要素中,先赋因素起了主导作用，这样的机制就是非市场化的，不公平的状况就会相当突出；如果自致因素起了主导作用，这样的机制就是市场化的，就是公平的竞争。

在浙江，对个人致富起主导作用的无疑是自致因素。改革开放40年来，这片土地上先富起来的庞大群体中，你很难找到背景显赫的权贵者的身影。无论是行商走贩、家庭作坊主还是规模可观的企业集团掌门人，没有谁能独享垄断性的“保护地”，他们走向富裕的起跑线是一样的。

在这样的社会坐标系上，成功者必然赢得掌声和喝彩，仇富心态是注定没有市场的。

2004年8月28日晚7时，促进非公有制经济发展座谈会在温州城西的景山宾馆举行。座谈会的主持人是时任国务院总理温家宝，发言主角是当地9位私营企业主。

此前的4月与7月，同一主题的座谈会已分别在北京、南昌、青岛举行。但只有在温州会议上，私营企业主担当了真正主角。

9位私营企业主原定3人发言，每人10分钟。温家宝临时动议让每个人都谈谈，并取消了事先安排的浙江省领导汇报。对大家的发言，温家宝不时关切地插话询问，企业主的紧张感渐渐消失了，说情况、摆困难，甚至诉苦，气氛宽松而活跃。

会议中，一份促进非公有制经济发展的文件未定稿发给了每位企业主，讨论之后又收回。座谈会的唯一目的，即征求对这份文件的补充修改意见。

这份文件，就是备受瞩目和期待的“非公经济36条”。2005年1月12日，时任国务院总理温家宝在北京主持国务院常务会议，确定通过了文件。2月24日，文件下发，正式名称为《国务院关于鼓励支持和引导个体私营等非公有制经济发展的若干意见》。

“非公经济36条”的最大的亮点，是新中国成立50多年来第一次以中央政府文件的权威形式，明确赋予非公有制经济国民待遇——允许非公有资本和国资、外资一样，进入法律法规未禁止的行业及领域。其关键词为4个字：消除歧视。

而“消除歧视”,正意味着令民营企业深陷灰色地带的歧视是一直存在的。既存在于形形色色的红头文件里,也存在于不同阶层公众怀疑的目光中。

2010年5月13日,国务院再次发布与“非公经济36条”一脉相承的《国务院关于鼓励和引导民间投资健康发展的若干意见》。由于该意见同样共计有36条,因此被简称为“新36条”。

2016年11月27日,《中共中央、国务院关于完善产权保护制度依法保护产权的意见》正式发布。该意见明确表示,“有恒产者有恒心,经济主体财产权的有效保障和实现是经济社会持续健康发展的基础”。新华社解读称,这是“首次以中央名义出台的产权保护顶层设计”。民间的解读则更为直截了当:中央终于给有产者派“定心丸”了!

这一重要文件颁发的背景是,包括浙江在内,当年全国民间固定资产投资增速出现了前所未有的断崖式下跌,前7个月同比仅增长2.1%,其中六七月单月同比为负增长。

至少在今天,富人们的焦虑并未消散。

【浙江改革开放史档案】私企浙江传化集团建立党组织的启示

中央最高层对新华社关于传化集团建立党委的内参稿件给予高度重视并作出批示,无疑是浙江民营企业政经生态的重要转折性事件。

以下是由时任新华社浙江分社记者慎海雄1999年采写的这篇内参稿件的全文。摘自对外公开的中共杭州萧山区委组织部主办的萧山党建网。

新华社杭州讯　浙江省最大的私营化工企业——浙江传化集团自1998年成立全省私营企业第一个党委以来,在发挥党组织的政治核心作用、妥善处理党组织与私营企业的关系等方面进行了有益的探索。

由萧山市老农徐传化和他的儿子徐冠巨一手创办的传化

集团，经过13年的发展，目前已拥有3亿多元资产、1100多名员工、8家子公司。集团年销售额达6亿元，还与4个国家和地区展开了技术合作。随着人才的引进，集团内党员的人数也在不断增加，到1998年，共有正式党员104人。面对党员队伍的扩大，身为全国政协委员的传化集团总裁徐冠巨提出了一个大胆设想：能否在私营企业建立党组织，使党员的组织生活规范化，让他们有一个自己的家？1994年下半年，集团主动找当地党委，要求成立党支部。上级党委经过认真调查，决定予以批准。1995年4月，传化集团成立了党支部；1998年9月，集团建立了党委，下设4个党支部。

传化集团建立党委后，集团把党建工作列入企业的发展目标，把爱党爱国、遵纪守法、共同富裕、稳健发展作为企业的宗旨，写入企业发展纲要。由于集团董事会是由徐传化父子三人组成，在决策上有一定局限性，集团组建了由党委参加的集团管委会，作为最高决策机构。党委委员、各支部书记参加总裁办公会议，对决策作进一步论证。这样，对企业发展的重大决策，党委和党支部就能够把握方向，出谋划策，以确保决策的正确性。集团党委还与企业各部门协调，充分发挥工、青、妇的作用，同心协力，共同办好企业。

时间、场地和经费是企业党组织开展活动的三大基础要素，集团董事会予以全力支持。集团党委书记苗裕华说，从几年的实践看，集团党建活动已经做到了三个保证：保证时间、保证场地、保证经费。党员参加党组织活动的时间，集团均按出勤计算。为保证党组织活动的顺利开展，集团拨出专项经费，建立了党建活动室和业余党校，并设立了党委会议室和接待室。集团在经费开支上不加限制，凡党建活动的经费都由党委书记一手审批。

传化集团建立党组织的实践有着以下启示：一是私营企业建立党组织，不仅拓展了党组织在非公有制企业的活动空间，也保证了企业的健康发展。目前，浙江省共有168万多家个体私营企业，大部分尚未建立党组织。而传化集团总裁徐冠巨说：私营企业不能没有党组织，不能没有党员。在这家私营企业里，党员职工出现了“四多一少”的现象，即党员队伍中骨干多、先进多、完成任务多、勇挑重担多，违纪违规少。二是私营企业只有放心、大胆地让党组织发挥政治核心作用，才能真正形成企业发展的合力。在传化集团，党组织成了企业与职工沟通和理解的重要渠道。随着大批党员充实到传化集团的中高层管理队伍中去,集团的整体素质逐渐提高,社会信任度也大为增强。三是各级党组织在私营企业建立党组织的问题上,应该主动上门做工作,切实创造条件。目前浙江个体私营企业有420多万从业人员,在人数如此众多的领域里,不能没有党组织的存在,党建工作应该同步跟上。各级党组织应理直气壮地把个体私营企业党建工作抓起来。

第十二章

饱暖思民主

> 人生的目的，最初无非丰衣足食，既能温饱，则求繁富。然后得陇望蜀，憧憬于权力。
>
> ——黄仁宇:《资本主义与21世纪》

我们可以说“不”

2001年10月15日，北京大学法学院举办“中国选举制度改革理论讨论会”。

参加讨论会的都是大人物。有中共中央政策研究室、全国人大法工委的高官，也有北京大学、清华大学、中国政法大学等名校的法学教授。

只有小角色吴锡铭是一个异类。他的职务全称为：浙江省温州市鸥海区梧埏镇寮东村村民委员会主任。但吴锡铭在本次讨论会上所享受的，却是重量级专家的待遇。

应本次讨论会主持人、时任北京大学法学院议会与人大研究中心执行主任、全国人大秘书组组长蔡定剑博士之约，吴锡铭撰写了《村民委员会组织法立法解释建议稿(初稿)》，共 10 章 48 条，约 2 万字。在讨论会上，他就这个初稿作了整整 20 分钟的发言。会场响起了长时间的掌声。

当晚，应清华大学法学院邀请，吴锡铭又走进了设在明理楼的模拟法庭。没有任何讲稿，这位只念过 5 年书的南方农民为法学院的博士、硕士研究生一口气作了一个多小时的学术报告，题目很大也很专业——《村民自治组织的发展与创新》。之后，学生们开始提问。面对颇为尖锐的问题，吴锡铭坦然自若地一一作答。他的温州普通话有些不太好懂，却很生动。热烈的气氛中，原定晚上 8 时 30 分结束的报告会一再延后，直至 9 时 10 分经主持人干预才告谢幕。兴致极高的学生们又在门口堵住吴锡铭，他们完全被其所描述的原生态的乡村民主故事吸引了。

吴锡铭充满魅力显然是有原因的。有关他的极富新闻性的背景介绍是：《中华人民共和国村民委员会组织法》正式颁布实施以来，组织领导策动中国第一起由村委会合法主持的“村民罢免村委会主任”民主运动的“反对派领袖”。在领导运动成功罢免原村委会主任 3 个多月后，他被高票选为新一任村委会主任。

章敬平在《浙江发生了什么》一书中，清晰再现了这一历史性事件的关键细节。

古祠堂里举行的浙江乡村选举

1999 年 5 月 24 日上午，潮水般的人流早早就将设在梧埏镇第二小学操场的临时会场挤爆。为举行有史以来首次罢免村委会主任的村民大会，学校特地放假一天。空气中流淌着令人窒息的紧张与躁动。新闻记者们来了，官方甚至派出了一个由省、市、区、镇民政和人大组成的阵容堪称豪华的指导小组。学校门口也站满了一排“红袖章”,不相干的外村村民以及没有工作证的陌生脸孔一律不得入场。

所有迹象都表明,要出大事了。

9时许,村民大会开始。相关流程均严格依照1998年11月4日实施的《中华人民共和国村民委员会组织法》第16条规定的罢免村委会成员的法定程序。

作为被推举的村民代表,接受符合法定人数的496位联名要求罢免村委会主任的村民的委托,吴锡铭缓步登上主席台,首先宣读罢免理由:“现任村委会主任潘洪聪于1996年当选。自任职以来,没有依法经营管理村级集体资产,在土地问题上利用职权侵占村民合法权益。财务管理失控,村财务从没有公开,村民对此意见极大。”

吴锡铭列举了瓯海区农村合作经济审计总站的审计报告为指控依据。该报告清楚显示,寮东村财务管理十分混乱,支出凭证85%是“白条子”,各项吃喝玩乐开支计66.42万元,占全村总收入的24.5%。

随后,被罢免人潘洪聪上台为自己申辩。当年48岁的潘洪聪和吴锡铭是小学同学,开办过加工剪刀等五金器材的家庭小厂,在村里也算是一个会跑码头、能撑场面的人物。1992年出任村农业经济合作社社长,继而经村民大会民主选举当上了“一号村官”。

“没想到有这么多人联名要罢免我的职务。这是大家的合法权利,我表示理解。”潘洪聪神情落寞,一脸凄然。

潘洪聪的嗓音显然比吴锡铭低了八度。他承认了自己的某些不足之处,但重点就罢免理由提到的若干关键问题进行了辩解。他反复表示,自己就任村主任3年,还是做出了政绩的。主要表现在:1996年参与在3个村征用39亩耕地,建起了一所镇办小学;修了一条700多米长的道路;为全村50岁以上的老人分档落实了保险并每月发放100元生活费等。

两个小时的会议结束后,村民们在设置票箱的6个教室门口排队投票。天空飘起了雨,可男女老少仍热情高涨,亢奋快乐的情绪在人群中无声地弥漫开来。不少心急的村民投完票后也顾不得回家吃饭,一直坐在走廊里等待着投票结果。

下午3时，工作人员开始在主席台前的黑板上填写表决结果。台下的操场人头攒动、水泄不通，无数双眼睛盯得直勾勾的。每唱一次票、每填写一个罢免“正”字，就有人鼓掌喝彩。

最后的时刻来到了。当村民代表吴加云准备宣读表决结果时，他竟激动得拿不稳话筒。在如雷的掌声鼓励下，吴加云清了清嗓子，朗声念道：“寮东村共有拥有合法选举权的选民1351人，参加投票表决的为1295人。本次表决共发出表决票1295张，收回票数1241张。表决结果是赞成罢免1122票，反对罢免94票，弃权17票，废票8票。”

村委会成员据此宣布：本村村民依法罢免现任村委会主任潘洪聪生效。

消息通过云集寮东的各路记者迅速传播全国。向来喜欢从所谓“人权、自由”等普世价值观挑剔中国的法兰西电视台等境外媒体亦对这一事件给出了正面的声音：“这是发生在中国南方村庄的难得的民主进步。”

对吴锡铭来说，这一罢免的确“难得”。8个月前的1998年9月18日，496位寮东村民在可能是中国第一份由普通民众发起的罢免书上签字画押，逐级递交，漫长地等待。有官员答复说：“这种事民政部门没权表态，得组织部和党委才能做主。”

等到冰雪漫天的年底，不死心的吴锡铭捡起了最后的一件法宝：上访。在北京，他敲开了国家民政部的大门，并从基层政权和社区建设处处长刘喜堂那里得到了肯定的回答：“这是法律赋予村民的权力，谁也阻挡不了的。”

虽然有了来自国家最高主管部门的声音，但事情的进展也并不像预期中那般一帆风顺。又是几个月的推诿、观望、等待后，吴锡铭的坚韧才终于换来了实质性突破。民政部将寮东村村民的罢免请求，向全国人大内务司法委员会进行了专题汇报，时任全国人大常委会委员长李鹏在摁满手印的罢免书上作了尽快落实查办的批示。于是，势如破竹，1999年5月24日戏剧性的一幕如期而至。

1999年9月15日，正如人们普遍预测的那样，罢免案的发起者吴锡铭在新一轮民选中高票胜出，就任寮东村村委会主任。

还有一个结果并非所有人都预想得到。同样经过马拉松式的艰难拉锯，寮东村黄祝华等46位村民的集体控告尘埃落定。2004年，早已被开除党籍的潘洪聪因非法转让安置农户的集体土地，犯非法转让集体土地罪，被一审判处有期徒刑3年并处罚金10万元。

其实，吴锡铭自己的命运也因这起轰动全国的罢免案彻底改变。2001年，年届半百的他挑灯苦读，啃下厚厚一摞艰涩难懂的法律书籍，居然通过全国统考，拿到法律工作者证书，具有了代理诉讼的资格。从此，他多了一门重要兼职：为平民诉冤。吴锡铭坚信，在中国，有理就能走天下！

从一定意义上说，所谓民主的价值就是使得社会的大多数民众拥有自由表达主张的话语权。吴锡铭以及寮东1000多名村民学会表达民主，则是从大声地说“不”开始的。学会说“不”，无疑是个体意志最大限度的体现，而这一声响亮的“不”又得到了法律坚定的尊重。

在改革已经走过20年的21世纪初期，寮东罢免案所绽放出的民主新芽肯定不是偶然事件。稍加梳理，我们就可以发现这种难以抑制的渴望已经如春雷般四处回响：

1999年，瑞安市潘岱乡白莲村221名有选举权的村民联名罢免村主任何光寿，罢免成功。

2000年3月，永嘉县瓯北镇中村110名村民因永嘉县人民政府对涉及本村切身利益的一起水事纠纷迟迟没有作出裁定，遂以县政府“不作为”为由将其推上被告席。当年8月，温州市中级人民法院一审判决永嘉县政府违法，并责成其在判决生效两个月内处理这一水事纠纷。这起农民告政府“不作为”案，在全国同类案件中开了先河。

2001年7月，温州市鹿城区城郊乡水心村村委会主任等4名村干部被超过半数以上的法定票数合法罢免。主持罢免大会的不是村民委员会，而是由村民投票产生的董志平等7名“正式召集人”。此举再创全国首例。

我们观察到，这一时期，来自浙江民间并主要由民众主导的“民主事件”已渐呈燎原之势。其率先探索与创新，亦如同当初浙江民营经济的大胆破冰,每每令全国惊艳。

事实上,浙江民众学会说“不”的开嗓第一声,至少可以再向前推10年。发生在温州苍南县的中国首例农民告政府案,就像一粒饱满的种子,在这片土地上播撒来年的希望。

关于这一案件当年所引发的爆炸性轰动,作家黄传会的报告文学标题恐怕是再贴切不过的了——《中国的“挑战者号”》。

苍南县灵溪镇是浙江最南端的县城。20世纪80年代,从杭州坐客车翻山越岭一路颠到这里至少得花上15个小时。以致每次采访前,我都有点害怕。

1988年8月25日,小镇突然挤满了从全国各地赶来的人,新华社、《法制日报》等26家媒体的近50位记者蜂拥而至。有1032个座位的苍南电影院被改造成了临时法庭,国徽悬挂在淡蓝色的天幕上方。这一天,中国首例农民告政府案开庭。

原告:巴曹镇61岁农民包郑照。被告:苍南县县长黄德余。法庭上,长着一把又长又乱的灰白胡子、被媒体誉为倔强的“挑战者”的包郑照,一直抱着一个用竹子做成的水烟筒,一刻不停地埋头猛吸。在他身旁的是他的两个女儿、两个儿媳和老伴。法庭审理就在这一团倔强的烟雾和5个女人胆怯的低泣声中开始了。

事由是一件在乡镇每天都可能发生的房屋纠纷。1985年,包郑照经镇城建办批准在巴曹镇东面的河滩上建造了3间3层楼房,占地面积126平方米,并办理了房产产权登记。两年后,苍南县政府下发了《关于强行拆除包郑照违章房屋的决定》,包郑照自然不服,双方矛盾激化。7月,苍南县调动70余位武警及县区镇干部300多人对包家附近进行了封锁,采用爆破手段连续爆炸17次,强行拆除了房屋。包郑照在诉状中称,县政府曾对其8位家属实施捆绑和人身侵害,非法拘禁达12小时之久。据此,包郑照状告县人民政府,要求确认他的房屋的合法性,赔偿经济损失并追究主要责任人的法律责任。

1988年3月29日,温州市中级人民法院向苍南县政府发出了应诉通知书。当时苍南县的县长叫黄德余。黄德余极富儒雅之气，善辩好思。同时，由于常年游走基层，他对温州民间的改革脉动了如指掌。正是得到了时任苍南钱库区委书记的黄德余的支持，方培林创办了中国第一家私人钱庄。

当应诉书递送至黄德余手中时，他首先想到的不是找上级托门路或跟包家私了，把这事捂住盖牢，而是立即决定亲自出庭应诉。

据回忆，当时县委、县政府就县长应不应该出庭进行过三次激烈的讨论，与会者80%表决不同意。很显然，在这起案件中，需要勇气的不仅仅是农民包郑照，更是县长黄德余。

"理亏心虚、不负责任，才不敢跟群众面对面。我觉得我们当领导的，首先要解决一个基本的法律概念问题，即当被告并不一定是犯罪。这起案件的公开审理，如果有利于民主建设的话，那么我愿意成为试验品，成为垫脚石。"这是黄德余的原话，摘自当时讨论会的纪要。

在随后铺天盖地的媒体报道中，案件的具体内容已经显得不重要，而"农民告政府，县长当被告"本身却成为爆炸性新闻的核心。刚刚富裕起来的浙江农民的勇气，令全国舆论界击节赞叹。

庭审是在一种近乎透明的氛围中进行的。包郑照要求苍南县政府赔偿他家各类损失总计13.012万元，而黄德余则提起了反诉，要求包郑照承担强行拆除其违章建筑费用3156.02元。

为弱者呼号，年轻气盛的原告律师准备了一份饱含感情的精彩的代理词："同志，我们的同志，在燥热的夏夜，当你躺在凉席上，电风扇的习习凉风送你进入梦乡时，你可曾想到包家大小被河边的虻蚊叮咬；你可曾想到包家大小竖起耳朵在打探台风的行踪，心惊胆战地难以成眠；你可曾听到包家被炸房外那凛冽的海风在呼号；你可曾听到包家小妹嗷嗷待哺婴儿的哭声、包郑照老汉那长长的叹息……"律师一念及此，竟情不自禁当庭失声痛哭，全场无不为之动容。

黄德余此时的尴尬可能比他走上被告席前所能够预料的还要严重。作为县人民政府的负责人，他似乎被推到了"人民"的对立面。

但黄德余选择的是回到"人民"中间。以下这个历史性的一幕出乎所有人预料。

当审判长宣布闭庭时,黄德余离开被告席,穿过蜂拥围堵的记者群,走到原告席前,微笑着向包郑照伸出了右手。包郑照显然一点准备也没有,先是愣了一下,然后才赶忙拘谨地伸出了左手。原告与被告的两只手紧紧握在了一起。

“被告”黄德余(右)与“原告”包郑照在法庭上握手

黄德余对 61 岁的包郑照说:“无论官司胜了还是败了,你们一家作为苍南县的公民,政府仍然一视同仁。今后你们一家如有什么困难,还照样可以到县里来找我们。”

3 天后,一审判决:经实地调查取证,包郑照的房屋盖在海堤闸坝的区域内,影响了挡潮防洪,危害水利安全,其有关建房手续未经水利主管部门同意,属手续不全。苍南县政府对其强行拆除,是有法律依据的。因此,驳回原告的诉讼请求。

包郑照不服,继续向浙江省高级人民法院上诉。12 月,省高院作出终审判决:驳回上诉,维持原判。

这起轰轰烈烈的中国首例民告官案并没有如很多记者事先所设想的,以“民”胜诉而告终。而在开庭前,一种严重情绪化的舆论氛围已经无形地弥漫开来:如果本案包郑照败诉,将意味着民主的倒退。

然而,案件终归是案件,判断标准只能依事实与法律。最重要的是,我们看到了平民敢于对身居高位者说“不”的勇气。

2002 年 10 月 16 日,已经 74 岁的包郑照因病去世。临终前,这位“中国民告官第一人”把众多儿孙叫到床前:“我当年的这桩官司虽然输了,但有那么多人关心，还和黄县长成了朋友，我无憾今生。今后你们一定要学法、懂法，只有守法才能为自己讨‘说法’。”

据包郑照的子女介绍，其孙女高中毕业后，选择报考了浙江大学法律系。而其孙子则取名“包诉讼”。

当晚，已调任温州市人大常委会副主任的黄德余在接受记者采访时说：“我对老包的去世深表哀悼。当年那场官司使我们结识，作为老朋友和老乡，我至今钦佩他的勇气和胆识。它使更多人认识到，要勇于伸张自己的主张，依照法律维护自己的权益——这是那场官司最大的意义。”

法律界人士则评点称，包郑照“民告官”当时几乎无法可依，其“鲁莽之举”无意间推进了中国的相关立法。1989 年，七届全国人大第二次会议通过了《行政诉讼法》。1999 年，第九届全国人大常委会第九次会议通过了《行政复议法》。从某种意义上说，包郑照奋力撞开的是一扇从未开启过的大门。

从以上多起经典“民主事件”的描述中，我们已经可以得出大体印象，植根于丰厚的改革土壤的民主春芽，21 世纪初开始在浙江崭露锋芒，其活跃程度显现出较为清晰的地域性特征：自北而南，由弱渐强，尤其是浙江南部的温州、台州地区，起步最早，势头也最为迅猛。

对这一现象，以市场机制发育为主轴的经济活跃与民主冲动的正比例关系，应该是恰当的解释。浙江南部地区市场经济的空前活跃，必然大大催生当地民众的契约精神和自由意识。而随着百姓富裕水平的提升，其基本的生存诉求亦必然转向更高层面的权力诉求。

以寮东村为例，寮东村地处温州市近郊，温州火车站、温州汽车新南站均落户于寮东地界。八方商贾从这里聚散，它早已成为令人眼热的财富之地。再如苍南巴曹镇老汉包郑照，长子包松柱 20 世纪 80 年代初就当上了“飞马牌”供销员，专业从事编织袋和塑片业务，包家迅速跻身“让一部分人先富起来”的成功者队列。经济发展不是民主成长的唯一条件，但肯定是不可或缺的必要条件。

浙江在这一时期民主萌动的另一个重要特征，表现为自下而上的广泛的民众参与。这种内源性、自主性的集体姿态,与浙江整个改革历程中民间力量的活跃与强势高度吻合,交相辉映。同时,面对这一趋势,浙江各地的许多政府官员展现出了可贵的政治智慧,没有他们的鼓励和引导,开明、和谐的政治文明决不可能在浙江升腾起第一道曙光。正如1988年坦然走上被告席的苍南县县长黄德余,他与毅然站上原告席的农民包郑照一样,都有足够的理由赢得我们每一个人的敬意。

我们还观察到,在今天的浙江,从政府到民众正共同形成一种对民主生长的"社会耐心"。浙江40年的变革现实使所有人坚信,中国的改革——从经济到各种体制架构,都可以通过一种温和的、渐进的方式来进行。对现有社会秩序的改良必须是具有建设性的,否则就无益于现有的、受惠于改革的各个利益阶层。

这样一种共识以及对这种共识的坚持,是最值得我们欣慰的。

倾听草根层的声音

21世纪以来,尤其是2002年11月中共十六大之后,以民营企业主为主体的所谓"富人参政"在浙江已成普遍现象。这无疑给浙江新时期的民主政治演变带来一股清新之气,但同时也招致了"代表委员老板化"的忧虑。

据统计,2003年1月浙江第十届人代会共推选出省人大代表641位。有董事长、总经理头衔者96位,占15%左右,其中绝大多数都是民营企业主。同年3月召开的第十届全国人大第一次会议89名浙江代表名单中,民营企业主代表神速上升至14位。政协第十届全国委员会第一次会议浙江推选了35位全国政协委员,非公有制经济人士也达到了创纪录的6位。可供对照的一个数据是,第八届全国人大第一次会议召开时,全国总共只有8名非公有制经济人士代表参会。

"老板参政",必然使最高权力殿堂更多地回响起有产阶层的声音。以2003年1月召开的浙江省第十届人代会第一次会议为例,提交本届人大的470多份议案中,有327件涉及财政经济领域问题。而民营企业主代表提出的议案大多集中于此。

研究人士对这些议案加以分析后将其归为五类，最为集中的是前三类：其一，“关注企业及相关产业发展的前景”；其二，“对营造有利于非公有制经济发展外部环境的探讨”；其三，“呼吁提高非公有制经济的社会地位，要求健全可操作性的配套法律制度”。

几乎同一时期，在浙江数以千计乡村的政治舞台上，有产者亦开始登高而呼，“富人村官”一时成为颇有些扎眼的独特景致。

据浙江省民政厅2003年的专项调查分析显示，在当年义乌全市2726名村委会成员中，“先富群体”——关于有钱人的官方书面用语——当选比例高达60％；在新当选的421名村委会主任中，比例更高达65％。而这一比例在全省约为30％。

对权力的无限渴望，使一些人红了眼。村官竞选中的“贿选”现象在浙江南部部分乡村沉渣泛起。

2002年10月，曾被称作“贿选重灾区”的温州龙湾区沙城镇一位村民告诉前来采访的《南风窗》记者章敬平，在人均年收入逾万元的当地，第一轮预选前的“小意思”通常是35元一盒的硬壳中华烟；第二轮正式直选前有候选人开始雇用帮手，用三轮车挨家挨户送“老人头”——面额100元的钞票，多的两张，少的一张。至于“贿选宴”那更是小菜一碟。这位村民粗略算了一下，在整个选举期间，他吃了27顿免费的“拉票酒席”。有酒店经营者因此由衷感言，如果村官选举年年搞，那该多好啊！

甚至有不止一人因为对权力的渴望丢掉了性命。2005年3月21日，32岁的温州度山村人朱中强被人用长刀捅死在自己的车中。他是堂兄朱道彪“竞选班底”的干将。事后，官方初步确认他死于一场空前惨烈的“选战”。

很显然，“贿选”是有钱人玩的不光彩的游戏，没有钱是万万不能的。因此，我们有合理的理由质疑，当金钱在民主选举中日益扮演强势者角色的时候，民主与生俱来的正当性意义是否会随之消退？“富人村官”在给出富人带领全民致富的美好遐想的同时，也多少蒙上了颇有些灰色的道义阴霾。

公元前5世纪民主概念最早出现在雅典城邦,“民主”一词的古希腊语从字面解释即为“人民统治”。在“人民”中,无疑应该包括人数上居多数的所谓“社会弱势群体”。弱者的缺席,必将使民主失色。

从“富人村官”到“代表委员老板化”,我们首先看到的是,“一部分先富起来的人”得到了他们应该得到的话语权和社会尊重。问题是,弱者怎么办?在许多地方的人大、政协选举中,不少“富人”是从“工人、农民”界别进入代表、委员名单的。由于拥有更多的财富和连带的知名度,他们的参选竞争力当然非同一般。有关“富人”挤占了过多参政通道的忧虑油然而生。

如何避免弱势者边缘化,使全社会更有效地倾听到来自草根层的声音,这成为浙江新型民主政治是否真正富有活力及健康良性的重要标志。

恰在此时,“全国人大代表周晓光同志联系点”横空出世。

周晓光是2003年1月当选全国人大代表的。时年41岁的她是浙江新光集团的董事长,中国饰品行业的“大姐大”,一个货真价实的亿万富姐。周晓光的企业是从义乌发迹的,但老家在相邻的诸暨。1978年,她离开穷山沟到义乌摆摊创业时的基本动力,来自自己的一句誓言——“要让母亲成为村子里第一个戴上金戒指的人,要戴就戴最大的”。

周晓光:我必须对选民负责

25年后,她拥有的是一家员工达3600人的私营企业,远比一枚戒指值钱得多。随着财富水涨船高的还有她的政治身份。她在当选为全国人大代表之前,1998年是义乌市人大代表,2000年则是金华市人大代表。

周晓光很明白自己头上这道光环的分量:“义乌户籍人口60万,暂住人口30万,流动人口10多万,只有我一个全国人大代表,而且我还不是本地人。”

2003年3月,高中文化水平的周晓光第一次走进北京人民大会堂全国人大会场,除了激动得心怦怦跳,还非常羡慕那些“能提交高质量议案的代表”。

回到义乌,她就去找时任义乌市人大常委会副主任吴荣川,请求市人大帮助物色几名顾问,成立面向全社会的议案调研组。目的就是一个:整理能反映社会各个阶层尤其是普通工人、农民呼声的高质量议案。自己只熟悉企业经营,只清楚老板们的酸甜苦辣,而自己是100万新老义乌人选出来的人大代表,代表的应该是所有人的利益。

2003年10月,“全国人大代表周晓光同志联系点”开始在义乌市建设局热心提供的一间40平方米、房号为“907”的办公室挂牌。这是有案可查的第一个公开面向公众的全国人大代表联系点。

议案调研组聘请的“顾问团”成员共5人,均为学识高、察民情、有影响力、有号召力的贤达人士:骆族法,义乌市政协原主席;冯志来、宋荣朝,义乌市政协原副主席;骆有光,曾是金华市委宣传部从事理论教育的干部;陆立军,杭州商学院经济学院院长,义乌市场经济研究所所长。

5名专家至少每两周开一次碰头会,在会上商讨课题方向,根据每个人的特长到基层调研和倾听意见。然后在下一次的会上集中交流,最后由专人起草形成议案。

周晓光本打算拿出50万元作为人大代表联系点的运行费用,除添置电脑、电话、桌椅等办公设施外,主要考虑用来给5位专家发报酬。但专家们的态度很坚决:不谈酬劳,宁愿做民主的“快乐义工”。前去采访的《南方周末》记者曾再三向骆有光探问报酬一事,骆生气了,涨红着脸反问道:“这项工作的意义是花钱买得来的吗?”

“顾问团”是运转起来了,触须也延伸下去了,但周晓光觉得还远远不够:“因为知道的普通老百姓太少。”

2004年春节将至,当地电视台广告部开始四处征集企业家拜年的广告。周晓光眼前一亮,她想起了以前听说过的一位香港女议员自费登广告征求选民意见的新闻。2004年1月18日,农历腊月二十八,义乌电视台综合频道突然播出了一则闻所未闻的广告,大意是:为迎接第十届全国人大第二次会议3月在北京召开,欢迎大家献计献策,现特公开征集议案内容。联络处地址、电话……

广告一直播放到正月十五,义乌电视台综合频道一天播两次,图文信息则是滚动播出。周晓光为此掏出了8000元广告费。

人大代表自费打广告征集议案,又是一个全国第一次。反响是爆炸性的。按照周晓光自己的话说,“做梦也想不到的强烈”。

最初一段时间,联系点每天接到100多个电话和雪片般的信函、传真、电子邮件,接待数批登门造访者。其中,只有不到20%的人来自义乌当地,更多的是从外市甚至从四川、福建、江西、新疆等外省专程而来。

无数媒体也对周的行为及其“政治价值”产生了异乎寻常的浓厚兴趣,报道铺天盖地。而这又加剧了该事件急速卷入舆论聚焦的风暴眼。

“顾问团”成员骆有光面色憔悴地告诉记者:“我快吃不消了。我都已经是快60岁的人了,半夜里还常常要从热被窝里爬起来,穿着睡裤接电话。”

作为负责联系点日常事务的骆有光平时就住在“907室”,一个小房间里摆上一张小床。自从电视广告播出后,工作负荷早已超过了他所能承受的极限,以致他只有在晚上将电话拔掉,才能让自己安安静静睡上几个钟头。

面对这一切,周晓光称:“当了各级人大代表快5年,第一次真真切切地知道,人大代表的准确含义不是荣誉,而是一份巨大的责任。”

令人唏嘘的感人故事有一大把。

第一个打进热线电话的人,是金华市城东派出所的一名基层民警陈冠华。他花费6年时间撰写了与自己的本职似乎毫不搭界的两万字的论文《怎样使财政支出趋于合理——兼谈财政资金的获取》。过了几天,他专程赶到义乌,郑重地将论文交到周晓光手里。

1月29日,戴着助听器的原义乌红旗电视机厂的退休工程师沈泳元撑着雨伞,颤颤巍巍地走了一个多小时的路,推开“907室”的第一句话是:“我找人大代表周晓光同志。”他从上衣口袋里掏出一份已经湿漉漉的建议书《要关心破产国企退休职工生活》。

“你自己退休金又不少，何苦多管这份闲事？再说，找人大代表又有什么用？”出门前，女儿曾一再劝阻。

经过与周晓光一番掏心窝的交谈后，沈泳元坚信这一趟来对了：“要是多一些周晓光这样的人大代表就好了。”

门庭若市的同时，棘手的难题也浮出水面。

来电、来信、来人中，除共性话题的议案建议外，相当数量的属反映个案困难的申诉。按照传统官方说法，就是“上访”。

失地农民、下岗职工、民办教师、退伍军人们，怀揣一大堆资料、文件、签名信，纷纷找到联络点，长达数小时地痛陈自己已经被压抑几年甚至几十年的委屈与不公。在这里，他们寄托了最后一线希望。有时，甚至义乌市公安局分管治安的副局长也不得不亲临现场，劝导执拗的上访者离开“907 室”。

周晓光记得，外地一个县城的上访者曾在电话中向她告状。周晓光婉转地表示，这样的事情最好能向当地的人大代表反映。电话那头立即传来这位大男人凄楚的哭声：“我从来不知道县里的人大代表是谁，你让我到哪里去找他们啊……”

人大代表联络点变成“第二信访办”，引来了上级人大领导的关注和介入。在官方人士的指导下，一份简短的“工作制度”拟定出台。联络点的关键工作有两项：征集本选区要求提交全国人代会的议案及与议案有关的内容；征集本选区选民要求提交国务院和各部委局的事关全局性的建议和意见。

很显然，“工作制度”明确限制了来访、来信的内容和范围，总的意思是要为政府“帮忙而不添乱”。

一些专家在认真追踪剖析了“周晓光现象”的发生、发展、演变全过程后认为，这一偶然与必然并存的政治民主事件至少给全社会留下了三方面开放式疑问：

——作为最高民意的法定代表者，各级人大代表如何大力拓宽与民众尤其是底层民众的意见沟通渠道，真正强化履职冲动与能力？

——民众的意志和利益是否仅仅体现于“着眼大局”的议案或建议？人

大代表是否应该介入一向由政府面对的民众个案问题？有序介入的制度又将如何设计？

——各级人代会闭会期间，怎样确保人大代表履职的制度，“907 工作室”设立专职机构和专职人员的办法是否可行？其经费来源于何处，而不必仰仗周晓光等“富人”代表的觉悟与责任感？

针对这些疑问，“907 工作室”乃至浙江社会的探索才刚刚开始。

2004 年第十届全国人大第二次会议，周晓光带着沉甸甸的 36 份议案前往北京。次年第十届全国人大第三次会议，周晓光共提交议案 31 件，28 件被大会列为正式议案，超过议案大省浙江代表团被采纳数的 1/5。其中，涉及社会底层民众心声的议案为多，周晓光也因此成为“两会”的新闻人物。

值得庆幸的是，“周晓光现象”并非昙花一现。在其之后以及之前，学会倾听草根层声音的民主火花，在浙江已呈燎原之势。

2004 年 12 月 8 日，省城杭州。由浙江万事利集团董事局主席、全国人大代表沈爱琴，浙江省总工会官员、省人大代表章凤仙，中国联通浙江分公司总经理、省人大代表朱评等牵头，涵盖了全国、省、市、区人大代表的中国第一条“四级人大代表联系选民热线”正式开通。

共有 10 位人大代表参加。大家轮流值班，每天两位代表，另外招募了 4 名志愿者担任助手。目的同样很明确：最广泛地走进民众，为各级人代会征集议案素材。据统计，从开通至 12 月 17 日的 10 天内，热线工作室先后接听电话 430 余个、接收电子邮件 80 余封、来信 30 余件。

1999 年，浙南台州温岭。一种被定名为“民主恳谈会”、植根于民间的“协商民主”新机制吸引了越来越多的目光。

事实上，广受赞誉的“民主恳谈会”属计划外产物，其降生多少有些幸运的成分。最初，温岭领受了上级部门下派的一个任务：浙江省推进农民思想政治工作试点。市委宣传部的两位干部担心农民不愿说话，尝试着加进了官员与农民“面对面”的工作程序，具体说来就是增设了一个“群众发言”的环节。

没料想，小小的“改动”彻底引爆了社会底层长期郁积的民主潜能。拿惯锄头的粗糙大手，一开始犹豫继而底气十足地接过村镇领导人的话筒，大到村镇建设、学校撤并，小至邻里纠纷，统统摆上桌面说个清楚：“都几十年没有这样说话的机会了！”

从松门镇松西村发端，“民主恳谈会”迅速蔓延到温岭的各个乡镇。在泽国，镇政府通过乒乓球摇号的随机抽样方式，从全镇 12 万人口中抽选了 275 名民意代表。这些民意代表都会收到镇政府列出的全镇重大公共事项年度计划，并公开投票表决。

中共温岭市委随之将“民主恳谈会”列为发展地方基层民主的纲领性文件。其价值指向，也由原先预想的“改善干群关系”一步步深化为“公共决策咨询”及“民主听证”。

2003 年夏，温岭“民主恳谈会”以“我国基层政府就重大政策和建设规划等问题广泛征询群众意见的新举措”的概念，出现在当年的全国高考文科试卷上。更有一些学者激情澎湃地大胆预测：温岭有可能成为中国基层民主政治创新的另一个“小岗村”！

几乎所有中国人的命运，都因为 40 年改革开放而改变。其中，命运变化最为巨大、人群也最为庞大的，无疑是被称作“农民工”的进城务工人员了。这一群体在全国范围内有约 2.8 亿人，在浙江则近 2000 万人。

从社会学意义上说，“农民工”是一个奇怪的、含混不清的群体：远离家乡，不再是面朝黄土的农民；进了城，真正身份却从未被城市所认同，也一直没有被完全纳入产业工人队列。谁都明白，正是亿万“农民工”贡献了全球罕见的低廉劳动力，构建起了中国改革开放最稳定的财富基石和无与伦比的国际竞争力，至今如此。但在更多情况下，他们仍被视作靠不住的流民，就连对他们的称谓都透露出难以掩饰的灰色调：“农民工”“打工仔”或“外来人口”。

长期以来，他们仅仅是有经济价值的劳动力，却被置于政治归属的盲区。不管愿不愿意承认，他们的确沦为了弱者中的弱者。对他们而言，民主权利是近乎不搭界的奢侈品。

在浙江，他们的政治命运有了第二次被改变的机会。

2001 年 12 月，义乌市乡镇人大代表换届选举。义乌市人大常委会决定，以大陈镇为试点，该镇第十三届人大代表 86 个名额中，7 个名额专门划归外来务工人员。“农民工”在异乡选举和被选举，这又创下了全国第一次。

义乌市这一举动的法律依据，是 1984 年颁布实施的《浙江省县乡两级人民代表大会选举实施细则》中的有关规定：“在本地劳动、工作或者居住而户籍在外地的选民，在户籍所在地选区登记；在现居住地 1 年以上而户籍在外地的选民，在取得户籍所在地选区的选民资格证明后，也可以在现居住地选区登记。”

一份已出台整整 17 年的文件，缘于一次“大胆的尝试”，终于从纸面变为现实。

大陈镇被誉为“中国衬衫之乡”，当年共有 500 家服装企业。全镇 6 万余人，外来务工人口占了一半，主要来自江西、安徽、广西、云南等地，多数为女工。据镇人大干部介绍，外来务工者取得选民资格必须符合一定的条件：一是自愿参加；二是在大陈镇居住 1 年以上；三是凭暂住证登记。而选民登记由企业负责人带队。截至登记日最后 1 天，3 万名“农民工”共登记合法选民 2940 位。

当地媒体报道说，选举日那天的热烈气氛就像过节，“在每一个选区，打工人员排起了长长的队伍。许多人手里紧紧攥着选民证，脸庞因为兴奋而涨得通红”。

江西人周远茂告诉《南方周末》记者谢春雷，自己投了同公司 1 名包装工 1 票，原因是他有正义感，敢说话，而打工者最怕的就是老板扣工资。“今后，就可以有人合法地为我们出头说话了。”

7 名“农民工”人大代表顺利当选。在稍后召开的大陈镇第十三届人大一次会议上，他们共同提交了涉及“农民工”切身权益的 6 项议案。

一切才刚刚开始。难题和尴尬还有不少：7 名“外来人口”代表的是 3 万多名同伴的声音，而大陈镇其他 3 万多本地人却拥有 79 名代表。天平依然严重倾斜。再者,他们既是具有法权和民意尊严的人大代表,同时仍旧是私营企业的被雇用者。面对“老板”,他们真的能够无所畏惧吗?

2002年12月24日,义乌后宅街道第十选区的3000多“农民工”选民利用上午交接班的工余时间投下神圣一票。据点票统计,来自浙江龙游县的27岁候选人朱林飞以2829票,当选为全国首位从外来务工者中选举产生的县(市)级人大代表。

2008年1月23日,宁波维科精华家纺有限公司制品分厂二车间质量员杨晓霞在浙江省第十一届人大一次会议上,成为浙江省历史上第一位当选全国人大代表的外来务工人员。

浙江首位当选全国人大代表的“打工妹”杨晓霞

当选那天正是公司出货日,杨晓霞一直在车间加班到晚上九点半。听到同伴们的祝贺,这位在宁波已有10年的江西铅山县“打工妹”只淡淡地讲了一句话:“说真的,心理压力挺大的。因为今后,有那么多双眼睛看着我呐。”

“非政府组织”胎动

研究者一般认为,“非政府组织”一词在1945年6月签订的《联合国宪章》第71款中被正式使用。尤其是在20世纪80年代后,日益成为国际社会广泛认同的全球性公共管理领域重要的新兴组织形态。

非政府组织是英文Non-Government Organizations的意译,英文缩写NGO。仅仅从字面上理解,非政府组织即指“不是政府的组织”,中文中与之最贴近的词汇当为“民间组织”。

从某种意义上说,“民间组织”在当下中国早已大量存在。据浙江省民间组织管理局的官方统计,截至2006年底,全省经核准登记的各类民间组织总数多达23405个,拥有总资产近150亿元,每10万人拥有民间组织数为47个,是名副其实的"民间组织大省"。

以目前国际公认的"非政府组织"概念为参照系,中国数量庞大的"民间组织"的内涵差异是显而易见的。最关键的差异在于中国式"民间组织"普遍存在程度不一的官方色彩。在五花八门的协会、研究会、促进会中,随处闪动着现任尤其是退职前官员的身影,更有数量可观的"民间组织"直接享受了相当层阶的行政级别。

很久以来,所谓"非政府组织"在我们的社会生活中仍属必须小心翼翼对待的颇有些敏感的字眼。然而事实上,与政府没有姻亲关系、真正独立于官方的"非政府组织"已经在我们身边悄悄生发。尤其值得庆幸的是,在21世纪初,"非政府组织"正日渐成长为传统的政府与社会公众力量之外新的建设性力量。

在浙江,我们首先发现了这种力量崛起时所留下的生动而新鲜的痕迹。

进入21世纪,温州的行业商会已渐成气候。引起国内理论界广泛兴趣的,在于它们是完全由当地某一行业上规模的民营企业所组成的自治组织,是真正的"民间商会"。

细加观察,我们还可以看到,温州民间商会的存在价值,已不仅仅局限于"经济学范畴"。

浙江民主转型的研究者章敬平曾经记录了以下几个耐人寻味的场景。

2004年6月,中共佳木斯市市委书记一行到温州考察,与由温州中小企业发展促进会召集的当地著名私营企业家座谈。座谈会上,促进会会长周德文俨然一个身份显赫的官方代表,他以东道主的姿态,对来访的中共佳木斯市市委书记表示欢迎,并向客人介绍了改革开放25年来温州社会经济发展态势。最后,周德文宣称,"将在条件成熟时,率温州企业家代表团赴佳木斯市进行投资环境考察,进一步促进两地的经济往来与合作"。四下环坐的客人们掌声雷动。

2004 年 12 月,同样由温州中小企业发展促进会组织的数十位温州老板前往山东滨州阳兴县访问。末了,老板们与阳兴政府官员合影留念。照片的上方,是一条幅:“热烈欢迎各位领导莅临阳兴检查指导工作”。中共阳兴县委书记和县长簇拥着会长周德文就坐第一排正中。

排场十足的温州中小企业发展促进会成立于 1999 年。10 年后,拥有了 1000 名企业会员,被称作“温州第一商会”。

摘得“第一商会”桂冠凭借的是其光芒四射的惊人影响力,但身份却是清清白白的“非政府组织”:没有官方一分拨款,不占政府一个编制,最高权力机构为会员代表大会。会长周德文的入会头衔是私营温州管理科学研究院院长,人事关系挂在温州市人才交流中心。

和其他温州民间商会一样,“促进会”成立之初,周德文花费最大精力的是替会员企业“维权解忧”。

私营老板在外行走受气吃亏是家常便饭,由“组织出面”可就分量不同了。但这也不是想象中说句好话打个圆场那么简单的。几经挫折后,“促进会”形成了制度化的格式标准统一的专用维权函件。这种被周德文称为“红头文件”的正式维权函件,仅 2005 年就发出了近 30 份,“涉及范围从广西扶绥县、福建霞浦县到广东深圳,不少函件得到了涉案部门的重视甚至是当地政府一把手的批示”。

有效维权的最大作用是增强了会员企业的向心力,“促进会”的声望日隆。作为会长的周德文被比喻为《水浒》中的“及时雨”宋江式的人物。

但这显然是不够的。

在很多外地官员眼中,温州是一个绝佳的学习榜样,更是招商引资的“麦加圣地”。巨大的需求,给长袖善舞的周德文铺就了再好不过的舞台。

正如我们以上回放的有关佳木斯市及山东阳兴县的精彩镜头,“促进会”摇身一变已成为事实上的温州“第二经贸委”。他们不是政府的职能部门,却时常受政府委托,接待外地城市官方招商团的到访;同时,又组织了一拨拨的温州老板穿行全国,寻找投资商机,“加强温州与各地的经贸联系”。

据不完全统计,仅 2004 年夏秋两季,“促进会”就“请进来”36 批官方客人,操持了迎接秦皇岛市等地方政府的16个大型温州招商会,并引领11拨会员企业外出考察了汕头、武汉等地的投资环境和项目,“受到隆重欢迎”。

善于弄出很大“响动”的周德文

弄出最大响声的“经贸活动”,当属2006年的北京国有企业“相亲之旅”。是年2月24日,应北京市国资委邀请,温州中小企业发展促进会率中驰财团、兴乐集团等温州65家企业巨头及9人律师团,参加北京产权交易所专门举办的“投资北京—温州企业合作洽谈会”。北京180家总资产超过300亿元的市属国有企业项目、50家中关村高科技企业以及部分金融项目,被纳入了此行的考察洽谈范围。

带队北上的周德文熟谙媒体运作,十分清楚舆论传播对“非政府组织”的价值。他联手北京产权交易所,早早透出风声,宣称温州老板挟资百亿元欲北上“炒国企”,引得众媒体兴致盎然。结果,兵马未动,满城皆知。

作为一个准“非政府组织”,温州中小企业发展促进会以独立于政府的民间组织的形象存在,并非只是一种孤芳自赏的清高姿态,而是随时准备“积极介入”,为自己所代表的民营企业主阶层争取能使利益最大化的“公共政策”。这一参政议政的强烈冲动,凸显了周德文和他的促进会颇为超前的民主政治特质。

2000年,身为中国民主促进会温州市副主委的周德文以市政协常委的头衔,在温州市政协七届三次会议上,大声疾呼政府“尽快建立中小企业贷款担保机构”。此前,温州中小企业发展促进会在走访中强烈感受到,当地民营企业“融资难、贷款难”问题相当突出。而这“两难”的关键在于担保难。

周德文调查数据翔实的慷慨陈词很快有了效果。参加会议的温州市市长当天对此作出了意见明确的批示。次日,市政协主席专门和他进行了电话沟通。随后,市有关部门约请周德文等人专题座谈。就在周德文“大会发言”过了差不多20天后,温州市政府常务会议讨论同意打造中小企业贷款担保机构,并决定由政府一次性资助300万元,启动整个项目。

借此东风,“促进会”很快联手温州市总商会,筹建了温州中小企业信用担保投资有限公司,“促进会”又独立筹建了温州银信企业贷款担保公司。两家公司共注册2900万元,形成了1.5亿元资金的担保规模。破冰之后,温州担保机构迅速增至32家,为饥渴难耐的中小企业提供了数十亿元的贷款担保。

周德文和他的“促进会”催生“公共政策”的另一个大动作,是推动“温州市中小企业发展专项基金”的设立。2004年温州市人代会期间,已转任市人大代表的周德文将“促进会”欲设立“专项基金”的共识,以议案的形式提交给了市人代会。数月后,即听到了政府“积极支持”的好消息。2005年,温州市政府为此拨付2000万元专项资金,无偿扶助有潜力的中小企业。

考察温州中小企业发展促进会样本,离不开其灵魂人物——会长周德文。这个颇具知识分子斯文相的汉子几乎具备了作为“非政府组织”负责人的所有特质:横跨政经两线的阅历,交友广泛、人脉深厚,处事分寸拿捏精准,天然的“意见领袖”。

1983年,22岁的浙江江山县人周德文大学毕业后,被“分配”到了很“活”也很“乱”的温州。10年后,已是温州大学国际贸易教研室主任的周德文经不住自己的一位名气很大的学生——当年被抓的柳市“八大王”之一郑元忠的一再邀请,辞职下海,出任后者创办的中国服装名企庄吉集团的总经理。再之后,又受聘为巨龙集团的CEO。

然而,在温州这一老板云集的财富之地,周德文始终没能以“优秀商人”的声望脱颖而出。1999年,再度转型的他积极筹建温州中小企业发展促进会。按照温州人“谁主张谁主事”的乡规民约,当年9月,周德文毫无悬念地当选为首届会长,并于5年后连任。

学者型企业家的功底,使周德文与温州其他许多民间商会的草根类当家人相比,视野更开阔、眼光更高远,对社会资源的整合开发手腕更为娴熟。以温州乃至当今中国尚属稀缺的"社会活动家"的做派,周德文风光登场。

从中国民主促进会温州市副主委这一独特的民主党派身份发端,周德文四面出击,他头顶的"礼帽"迅速叠加到了惊人的程度:由温州市政协常委转而市人大代表,并于2008年1月当选省人大代表,还兼任温州市企业法律顾问协会会长、中国中小企业协会副会长、中国中小企业国际合作协会副会长、APEC中小企业服务联盟中国委员会副主任。

众多闪亮的社会角色、频繁介入的社会事务,周德文和他的"促进会"的影响力已令一般意义的民间商会望尘莫及。我们不妨费些笔墨罗列一下2005年某月,"社会活动家"周德文的大事记——赴上海,应邀去长江三角洲中小企业服务研讨会演讲;返温州,在温州汽车高层论坛上作"温州经济形势分析报告";临温州新城发展大厦,视贺新天地名家居国际馆的盛大开幕;出席温州市人大财经委会议,审议政府预算报告;参加中共温州市委召集的党外人士座谈会,提出解决历史遗留问题和群众性问题的能力,是执政党必须提高的能力;率"促进会"内的人大代表集体视察温州龙湾区的省重点工程,听取龙湾区常务副区长等官员的情况汇报。

剖析周德文苦心运作下的温州中小企业发展促进会,不难发现一个非常有趣的生存悖论:正因为与官方完全没有姻亲关系的纯民间背景,"促进会"方才得以安身立命,找准自己特立独行的存在价值。但"促进会"在具体的谋划行事时,时时不忘与政府"沟通协商",处处谨记嫁接官方力量"借梯上楼"。

这样的理念与实践,在"促进会"内外可谓随处可见。

"促进会"的名誉会长及高级顾问团名单中,政府高官密密麻麻;凡"促进会"举办重大活动,必有显赫政要莅临;"促进会"之所以能量很大,不可否认与会长周德文身兼中共温州市委政策研究室兼职研究员、温州市中级人民法院监督员、温州市行政审批中心监督员、温州市行政执法局监督员、温州市仲裁委员会仲裁员等有关,谁都掂得出这些“红帽子”蕴藏的政府资源的分量。

不与政府对抗,在互动双赢中良性博弈,以政府、企业、民众之外第三方的建设性力量而获得社会各阶层的认同和尊重,这就是周德文的“促进会”等中国式“非政府组织”雏形的现实主义生存路径。

需要补充说明的是,即使早已被媒体普遍誉为“温州第一民间形象大使”,周德文在今天的温州仍是一个争议人物。最大的负面说法是,周德文“官不官、商不商、民不民,太会自我包装、自我推销,以温州之名谋一己(一会)之利”。

以上述周德文的温州中小企业发展促进会为例,“非政府组织”从诞生之日起就与政治性行为如影随形,事实上也的确显现出了一定程度的参政议政冲动。但从21世纪初期浙江各地崭露雏形的“非政府组织”总体情况看,其现阶段的民主政治诉求仍属指向较为明确的“经济民主”,即希冀通过民主化的制度构建,为自身所代表的特定社会群体争取最大的经济利益。

从某种意义上来说,中国40年改革开放的价值主脉,正是社会公众对经济学范畴生存权的不断追求,而并非体现于纯粹政治意味的革命性突破。这也就决定了同一时期政治文明可能选择的基本脉络取向。

对“经济民主”的浓厚兴趣,不仅仅来自周德文们所组成的、代表着新兴民营企业主阶层的“非政府组织”。在边缘性弱势阶层中,“经济民主”同样点燃了炙热的向往。正因为这一阶层的单一个体人微言轻,凝聚成“非政府组织”以增强自身博弈力量的必要性便尤为急迫。

2008年3月10日,浙江省委、省政府在温岭市召开推广工资集体协商现场会,计划用3年时间使全省企业工资集体协商覆盖面达到70%以上。这个现场会的特殊背景是,2007年11月26日,时任国务院总理温家宝在温岭市政府层层递报的内部材料《温岭市新河镇羊毛衫行业工资集体协商构建和谐劳资关系的主要做法》上,作出肯定性的重要批示:“温岭的做法可以总结推广。”

但数年前,新河镇的劳资关系却是危机四伏的。

在温岭,新河是经济中等发达的一个乡镇。当地的羊毛衫加工业兴旺于20世纪90年代中期,主要集中在其所辖的长屿服务区。到2003年,长屿1公里长的街道两旁已挤满113家羊毛衫企业,雇用工人1.2万人,其中外地籍进城务工人员9000多人,行业年产值约10亿元。

羊毛衫加工业季节性很强,每年8月后才是大量雇人全力生产的旺季。实行计件工资制的不稳定劳动关系,使得长屿企业之间用工竞争激烈,技术工人频繁跳槽,"哪里给的钱多就去哪里"。这又迫使企业想方设法阻挠工人离开,而拖欠工资、扣下保证金就成了惯常手段。

2001年开始,强烈不满的工人们便罢工、上访甚至砸机器,这些事件如同上了发条的闹钟般,一到旺季便准时发作。温岭市人事劳动保障局的资料显示,仅2002年8月27日到9月6日,就有长屿8个企业168人因拖欠工资问题上访,其中一个企业有40人包车上访找政府。

罢工、上访的起因是企业间工资水平的落差。于是,1999年底,一些企业主就悄悄坐下来私下商议形成了一份行业内部的统一工价表。但由于没有被雇用者的参与,老板们的自律自救举动无法奏效。

转机出现在2003年。

这年,新河镇工会约请温岭羊毛衫行业协会——由长屿羊毛衫老板们于2002年成立的民间商会——的几位理事,将羊毛衫生产分解为5个工种、59道工序,并依据当地的"社会平均劳动时间",制定出初步工价。

6月13日,参照已经在全市普遍推广的民主恳谈会的思路,"羊毛衫行业职工工资恳谈会"在新河镇召开。13位职工代表与8位企业老板"坐下来谈工价",在场"帮助协调指导"的还有市劳动部门和镇工会的官员。

职工代表是从几家上规模的企业中选出的,都必须符合以下要求:外来务工人员;有两年以上工龄的熟练工;文化素质相对较高,会说话,能清楚表达自己的意愿。

由于事前已做了大量细致的沟通,第一次会议的气氛可以用"心平气和"来形容。会后,职工代表们受委托再回厂里征求工友意见,总共发了500余份意见表，然后以无记名方式向行业协会的老板们提交自己认为适当的工价。

经过“三上三下”几轮讨价还价后，7 月底，劳资双方达成基本一致。《南方周末》记者余力的报道称，8 月 8 日下午，新河镇工会主席傅赧宝与温岭羊毛衫行业协会常务副会长王新法在《2003 年下半年羊毛衫行业职工工资（工价）集体协商协议书》上分别签字，傅赧宝代表 1 万多名工人，王新法代表 113 家企业。浙江省第一例由劳资双方直接谈判达成的行业工资标准由此诞生。

除每道工序的最低工价外，这份协议还规定员工 8 小时劳动所得不低于 27 元，每月最低工资不低于 800 元，工资必须在“当月产量结算后次月 25 日至 28 日发放”，如有困难可与工会协商适当推迟。“按月发放工资”的条款是在职工代表强烈要求下加上的，签约仪式时却几乎因此流产。“几位老板坚决不同意，做了差不多两个小时工作才勉强签字。”傅赧宝回忆说。

团结的力量是很大的。但临时召集的代表制不是长久之计，必须依靠稳固的“组织”。

8 月 9 日，工资协议签订后第二天，长屿羊毛衫行业工会成立。这个改革开放以来中国第一个非公有制企业的行业工会，共由 9 人组成，除新河镇工会常务副主席陈福清兼任主席之外，其余 8 位委员全部是一线工人。作为与传统中国工会迥异的“非政府组织”，羊毛衫行业工会的基本职能简单而干脆——在平等协商的法律框架内，“为自己讨公道，为自己要尊严”。

效果是显而易见的。温岭市总工会出具的数字显示，从 2003 年首次推行工资集体协商至 2004 年，长屿羊毛衫行业务工人员因工资纠纷上访共 11 次 120 人；2004—2005 年，这一数据降到 3 次 11 人；2005—2006 年仅 1 次 3 人；2006—2008 年，无工人上访记录。另一个统计数据是，除长屿羊毛衫行业外，截至 2008 年 3 月现场会召开时，在温岭，水泵、轴承、注塑等 6 个区域性产业也先后成立了类似的以工资民主协商为主要诉求的行业工会，涵盖企业 552 家，工人 2 万多人。

星火已开始燎原，问题还有很多。

研究人士在评点长屿羊毛衫行业工会这一“非政府组织”样本时认为，“行业工会必须更具代表性，才能在公开表达中更有话语权”。以2003年第一次工价对话为例，职工代表仅13人，而长屿务工人员有1.2万人。

在次年的工价对话中，职工代表增加到38人，“但还是太少，最好是113家企业每家都有一位”。同时，职工代表如何产生、代表的权限究竟有多大、直选的流程如何设定，都还不清晰、不规范。

民主政治的价值很大程度在于程序与制度的公正。只有在这样的坚实基础上，民主的结果才可能是持久可靠的。

【浙江改革开放史档案】

浙江“先富群体”的竞选参政冲动

2002年，浙江省近4万个村进行了村委会选举，这是“一法两办法”(即《中华人民共和国村民委员会组织法》《浙江省实施〈中华人民共和国村民委员会组织法〉办法》及《浙江省村民委员会选举办法》)全面颁布实施以来的首次全省统一村级换届选举。其间，一部分“先富群体”积极参选，他们张榜言志、公开承诺、组织竞选班子，以独特而新鲜的方式展现了浙江底层民主的全新趋势。

为此，浙江省民政厅在2003年上半年专门组织专家深入浙江各地农村，对富人竞选村干部现象进行了系统追踪调查。此后形成的这篇《“先富群体”竞选“村官”调查》的调查报告，在当年全国“村级选举与自治机制”研讨会上入围一等奖。以下为该调查报告的摘要。

所谓“先富群体”，在浙江农村，主要是指先富起来的企业家、工商户或种养殖业大户等相对富裕阶层。该提法最早由义乌市有关官员提出，认为它较日常的“老板”说法更贴切。据悉，这些“先富群体”大多数仍是当地“生于斯、长于斯”的农民，但其财富规模大大超出了普通农民，在生活和生产方式上也脱离了传统农民的主要特征，属于受益于政府富民政策的新型农民群体。

据初步统计显示,2002 年全省新当选的 133222 名村委会成员中,“先富群体”约占 30%左右。义乌市 2726 名村委会成员当中,“先富群体”当选比例高达 60%,在新当选的 421 名村委会主任中更占到 65%。永康、东阳、瑞安、乐清等地,“先富群体”当选村委会成员的比例也都在 60%左右。

——“先富群体”竞选“村官”的动机。

调查报告认为不外乎三类:谋求经济利益;谋求政治利益;为民办事。

在第一类谋求经济利益的人中又分两类:一是为个人“捞一把”;二是“保护既得利益”。其中,前者较少。因为这些富人觉得自己经济实力已经足够,“犯不着”“看不上”去捞村集体的钱。另外,村民们经过几年民主选举的实践,加上对参选人品行都比较了解,这些想“捞一把”的人不易当选。何况近年来村民会议、村民代表会议及罢免等制度日益规范,也有效约束了这些不当行为。

谋求政治利益的动机相对复杂,既有保护既得利益的潜在动机,也有“求名”的社会心理,多数是各种动机相互交织。据了解,这些富人拥有的经济和社会资源为他们参与政治活动提供了基础,而他们也往往希望通过村委会这个政治舞台,进一步结识地方党委、政府以及有关部门的领导,更好地保护和扩大既得利益。此外,当村干部也是一种社会荣誉,可以“光宗耀祖”“出人头地”,这也是一个很大的心理推动力。

调查中,也发现部分“先富群体”确实是出于公心,为改变家乡落后面貌和造福邻里,甘愿作出经济上的牺牲。而且这些富人经历多年商海搏击,有较一般农民更强的能力,在带领村民开拓市场等方面颇具实际操作经验。

——“先富群体”大量当选“村官”的原因及途径。

“先富群体”往往具备特有的榜样和示范效应,对村民们具有强大的吸引力和号召力。同时改革开放后经济发展优先、勤劳致富光荣的政策引导,其结果在客观上也把富人推上了“农村社区管理者”和“带头人”的位置。

另外,也不排除由于现行法规制度尚有不完善之处,“先富群体”将其娴熟的经济手段运用至村级竞选,频繁出现请客送礼、派发实物等非正常现象,从而在一定程度上影响了村民的投票意向。

"先富群体"参与"村官"竞选的途径主要有两种,即走上层路线和走下层路线。走上层路线主要是指"先富群体"通过影响村党支部或乡(镇)党委、政府的领导等来实现当选的意图,至少要保证他们不干涉自己的当选。走下层路线主要是指"先富群体"依靠村民的支持而当选,这种路线的成功程度依赖于"先富群体"对农民影响力的大小。目前左右农村社区影响力的因素错综复杂,主要是经济因素,即"先富群体"已经作出的经济贡献或当选后有望会作出的经济贡献的大小。当然,也不排除贿选、家族等因素的特殊影响。

简而言之,"先富群体"在参与"村官"竞选的实际过程中,上层路线和下层路线的运用往往是交叉的。在多数情况下,其竞选活动与经济手段的利用往往混杂在一起,而这也是引起最大争议的地方。

——"先富群体"竞选"村官"的"贿选"现象。

在浙江瑞安、义乌等地,不少富人在竞选期间,纷纷打出"当选后不要报酬""兴办公益事业""个人掏钱增加村民福利""以个人资产抵押发展村集体经济"等竞选承诺,起到了一定的拉票作用。调查显示,大多数在选举中作出捐赠承诺的富人当选后已兑现其承诺。

但是,在选举过程中,关于承诺捐赠和贿选也一度产生较多纷争。对此,调查报告认为,针对"承诺捐赠"这一政治选举中尚不成熟、但带有普遍性的现象,关键是规范选举程序,构建富有弹性的吸纳机制和公平的竞争机制。同时,明确了认定"贿选"的两条原则:一是选民意志是否受到左右,是否给选举工作带来不良后果;二是看钱物发放是否面广而量大,并要求一定要查实后再定性。在防范贿选具体措施上,提出了四点建议:一是采用召开村民大会集中投票选举的方式;二是村选举委员会要集中时间、地点、人员,组织正式候选人发表治村演说,回答村民提问;三是重视对候选人的教育和培训;四是候选人的竞选书、治村演说词、承诺书等,须经乡(镇)选举工作指导小组或村选委会同意后,方可公开。

调查报告总的结论是,在当前浙江农村基层民主建设的新形势下,"先富群体"竞选"村官"的趋势不可避免，当选不容置疑，手段有待规范，效果有待进一步观察，影响有待继续研究。

第五部 起风了

2008—2014

第十三章

温州悬念

> 我们救温州，还是温州救中国？
>
> ——2011年10月《华尔街日报》中文版评论

2008年3月底，中央电视台“经济半小时”栏目播出《温州制造面临危机?》专题节目。温州中小企业发展促进会会长周德文在访谈中语出惊人：“温州30多万家中小企业，可能有20%左右已处于停工或半停工状态。”

此话一出，周德文立马陷入舆论旋涡。真相还是传闻？停工、半停工还是倒闭破产？正当惊出一身冷汗的周德文忙着解释、澄清之时，温州权威部门发布了2008年一季度全市行业发展情况调研报告。初步统计结果显示，“以我市各重点工业乡镇为单位，倒闭企业占企业总数的比例最高为12%，最低5%”。一些企业反映，现在是“不生产等死，生产是快死”。

数据上有点出入，概念上有些差异，但现状的严重性已不容置疑。云集了全国10%的服装、20%的鞋、60%的剃须刀、65%的锁具、80%的眼镜、90%的金属外壳打火机和90%的水彩笔的“温州制造”，似乎顿时风光不再。

以曾被称作温州经济三大“花旦”之一的打火机产业为例。据温州市打火机协会统计,最高峰时全市打火机企业达3000多家,此后下降到六七百家。而仅2007—2008年一年间,又有超过80%的企业骤然倒闭蒸发,剩余的不足100家中约一半属于勉强硬撑。

2008年7月,因抗辩"CR法案"一战成名的温州日丰打火机有限公司董事长黄发静,在接受记者采访时说起了不久前举办的行业年会:"以前年会都得大办,请很多政府领导,几百号人济济一堂喝得面红耳赤。大家互相问候最多的,是你又接了多少订单。今年到场的不超过80人——很多人自己的厂子倒了,不好意思再来了。"

黄发静的语气中全然没有了当年的意气风发,而是伤感和心酸。他认为,大多数倒掉的企业是死于失去信心。压力太大,他们觉得等不到复苏的那一天了。

温州从来都是个充满悬念的地方。改革开放伊始,对温州的第一波悬念源于意识形态居高临下而生的狐疑。而2008年后,温州悬念陡然再起,在意识形态的底色之上,更多地聚焦于经济层面:温州经济不行了?温州模式过时了?温州经济已死?

这一波悬念,在2011年的温州老板跑路事件前后达到了巅峰。

胡福林"跑"了

对温州来说,2011年真是艰难的一年。

当年7月23日20时30分5秒,由北京开往福州的D301次列车与杭州开往福州的D3115次列车,在距离温州市区仅数公里的甬温铁路温州双屿下岙路段发生严重追尾事故。此次事故共造成6节动车组列车车厢脱轨甚至跌落桥梁,40人死亡,172人受伤,中断行车32小时35分钟。

人为责任导致的温州"7·23动车事件"引发全国民众震怒,微博围观第一次显现排山倒海的力量。舆论风潮间,铁道部原部长刘志军、原副总工程师兼运输局局长张曙光等54名事故责任官员受到党纪政纪严厉惩处,并间接助推了一年多后国务院大部制改革中铁道部被撤销的决定。7月28日,时任国务院总理温家宝赶赴温州事故现场，向遇难者献花，表达深切哀悼。

其时，更大的阴云已经笼罩了整个温州：作为中国最盛产老板的地方，大批老板撑不住了，跑路了，死人了。

2011 年，温州到底跑了多少老板？众说纷纭，版本很多，最权威的数据来自《东方早报》记者独家获取的浙江人力资源和社会保障厅一份关于企业主逃逸的调研报告。报告称，1—9 月，全省共发生 228 起企业主逃逸事件，其中温州以 84 起居首。而全年，温州共有 12 人自杀身亡，一类是背负重债无力偿还；另一类则是将资金借贷给他人无法讨还。

高峰出现在 9 月份。新华社消息说，2011 年 9 月温州先后发生企业倒闭、老板跑路 26 起。9 月 22 日后仅 10 天就连续爆出因债务危机被逼上绝路而跳楼自杀的事件：

9 月 23 日凌晨 4 时许，55 岁的温州女子张秀慧（俗称“阿慧”）从温州人才大厦 D 单元 26 楼跳下身亡。从亲戚朋友处借款，再加上自己房子抵押借款，阿慧 2000 多万元高息放贷款因借贷人跑路而瞬间灰飞烟灭。

9 月 27 日下午，温州正得利鞋业有限公司董事长沈奎正从市区顺锦商厦 22 楼家中跳楼自杀。据媒体报道，在沈奎正跳楼前 3 天，他每天被人跟踪追债并遭遇恐吓，精神几近崩溃，最终选择一了百了。

究竟谁是温州老板跑路第一人无法求证，但被媒体广泛报道而第一个引发关注的，可以确定是温州市龙湾区的江南皮革有限公司董事长黄鹤。

2011 年 4 月 4 日，江南皮革有限公司贴出了清明节放假一天的告示，董事长黄鹤依然在人前镇定自若谈笑风生。可第二天，黄鹤却突然人间蒸发。其身后，是一个占地 4 万多平方米的厂房、300 多名员工、负债逾 3 亿元的烂摊子。

工商资料显示，上一年，江南皮革有限公司销售额 3.41 亿元，利润 3425 万元，在当地同行业属中等规模。坊间说法是黄鹤滥赌拖垮了企业。事发两个月后，浙江省银监局和温州银监分局出具的一份温州民企经营状况调查证实了这一传言：“2011 年初，由于该公司法人代表黄鹤受国际赌博集团引诱，参与大额赌博,欠下巨额赌资后外逃,造成公司经营整体瘫痪。"

"黄鹤一去不复返,白云千载空悠悠"。董事长黄鹤跑了,他的故事却以极度奇特的方式流传于江湖。

大约在 2012 年,全国各地城市街头一些皮具摊贩忽然纷纷开始循环播放一段叫卖录音——"黄鹤欠了 3.5 亿,带着小姨子跑路"来招揽生意。

无论是语音版还是后来五花八门的配乐版,其广告词基本如下:

"浙江温州,浙江温州,最大皮革厂江南皮革厂倒闭了!老板黄鹤吃喝嫖赌,欠下了 3.5 亿元,带着他的小姨子跑了。我们没有办法,拿着钱包抵工资。原价都是 300 多、200 多、100 多的钱包,通通 20 元,通通 20 元!黄鹤你不是人,我们辛辛苦苦给你干了大半年,你不发工资,你还我血汗钱,还我血汗钱!"

显而易见,这就是一出"工厂破产、清仓甩卖"的"黄鹤版",以温州老板跑路为噱头,出售与温州毫无瓜葛的三无产品、伪劣皮具。

曾饱受假冒伪劣污名之痛的温州人心口又被撒了一把盐。2013 年 10 月,针对这一严重损害温商与温州形象的"黄鹤事件",四川省温州商会率先在成都发起了大规模的打假正名行动。全国各地温州商会群起响应,向工商、城管、公安部门举报维权,多名假借"江南皮革厂倒闭"故事叫卖假冒伪劣产品的不法商贩遭处罚。

事情还没完。

2016 年初,网络名为"女孩为何穿短裙"的音乐人刘典制作的《江南皮革厂倒闭了》的鬼畜神曲爆红,立刻在微博、微信以及视频网站上被点击、播放、转发超百万次。2 月 23 日,神曲作者刘典在新浪微博上发表个人声明:"经查证,本人去年 5 月制作的关于江南皮革厂的恶搞视频内容不实,对温州的其他皮革厂造成了不好的影响。现已删除视频,也请大家不要继续传播,在这里向被影响的温州一系列皮革厂致歉。"

黄鹤和他的"温州江南皮革厂"最终沦为一个黑色的戏剧化符号。但 2011 年老板跑路风潮旋涡中的温州所需要直面的,显然是非戏剧化的沉重的现实压力。

眼镜大王胡福林不是温州老板跑路的第一人，却是影响最大的一个。

温州信泰集团董事长胡福林出生于 1964 年，16 岁就在父亲的眼镜作坊学做眼镜生意。2007 年，信泰旗下的“海豚”品牌一举拿下温州眼镜业第一个“中国驰名商标”，并成为全国市场销量最大的太阳镜品牌，是公认的行业标杆。胡福林的商业版图甚至扩张到了浙江浦江、上海、广州等地。

这样的场面是曾经风光的“眼镜大王”胡福林最焦虑的结局

胡福林的“分量”，还在于其长期累积的政治资本。《时代周报》记者陶喜年调查发现，除担任温州市眼镜商会副会长外，胡福林还曾先后担任温州市归侨侨眷协会会长、温州市侨联副主席、温州市海外交流协会常务理事、美国江浙工商总会高级顾问等，还曾是浙江省第九届政协委员（界别为浙江省归国华侨联合会）。2005 年 3 月，在温州市第十届人大第六次会议上，胡福林又被任命为温州市第十届人大教育科学文化卫生民族华侨委员会委员。

2011 年 9 月 20 日晚，“大人物”胡福林突然音讯全无，其手机语音提示“用户已关机”。消息是爆炸性的，当晚，信泰集团即被一拨拨闻讯而来的讨债人团团包围。温州市政府部门在随后的新闻发布会上表示，胡福林“跑路”，“影响巨大并带来了连锁反应”。

《21 世纪经济报道》3 天后的新闻稿援引消息人士的说法称，胡福林欠款高达 20 多亿元，其中民间高利贷 12 亿元，月息高达 2000 多万元；银行贷款 8 亿元，月息 500 多万元。

持有绿卡的胡福林惶然飞往大洋彼岸的美国。

“那时候心里有一颗‘苦毒’的结,不知怎么解开。”事发后,胡福林曾面对新华社记者,第一次吐露了自己内心的煎熬:“当时每天都有成群的债主坐在我办公室逼债,凌晨两三点钟都不肯走,银行又把一笔好不容易从民间借来的几千万元转贷‘过桥’资金给收了。我束手无策陷入绝境,人快崩溃了,只好迅速脱身。”

胡福林认为,信泰的眼镜生产主业没有多大问题,关键在于自己 2008 年急躁冒进杀入所谓的新能源领域。在当年宽松信贷的大环境下,政府官员热切鼓动扩大产能、多元投资。而一家家银行更是反复登门“做工作”,拍着胸脯动员企业放手贷款。头脑发热的胡福林在温州、浦江两地迅速砸下数亿元投资,创建多家领域完全陌生的光伏企业,并图谋在香港上市。过度激进的计划甚至遭到与他感情一直很好的妻子的强烈反对,2009 年,夫妻两人不得不协议离婚。

2011 年下半年,胡福林的新能源产业尚未投产,宏观调控却导致银根骤然收紧。一家银行开始扣贷、抽贷,各家银行即“闻风而动”,企业几乎瞬间“失血”,资金链轰然崩裂。

胡福林是 9 月 20 日从上海浦东机场登上 11:15 飞往纽约的航班的。至今,他仍然坚持自己不是“跑路”,只是“出走”,“媒体报道说我‘跑路’的时候卷走了 20 亿元,其实我身上就只有 2000 美元”。

“到了纽约之后,我不敢上网看新闻,因为美国的报纸上也都是我跑路的消息。”胡福林回忆,那些天,孤独、失落、沮丧、迷惘和焦虑充斥着每一分钟。两年多后,胡福林告诉《市场导报》记者,在美国的日子,陪伴自己的还有一本《圣经》。《圣经》里有一则雅各出逃的故事。雅各曾因害怕而逃往哈兰投奔舅父拉班大,但最终选择回来。

此后,胡福林的微信名就叫作“雅各林”。

有太多人在鼓励、期待胡福林“归来”。

2011 年 10 月 8 日,时任温州市委书记陈德荣给胡福林打来越洋电话。温州工商联主席、奥康集团董事长王振滔也传话过来:“这件事已不是你一个人的事了，关系到温州这么多企业家的信誉。赶紧回来，我们大家支持你。”

据知情人士透露，胡福林是在和温州眼镜商会前会长、被称为“温州眼镜第一人”的“三叔”寿加定——寿加定兄弟四人，其排行老三——通完电话后，最终下定了回温州的决心。“寿加定告诉他，问题能得到解决。”

2011 年 10 月 9 日傍晚，胡福林从美国飞抵上海浦东。10 日下午，从上海回到温州。当天，在官方安排下，胡福林接受了当地两家媒体的采访，明确表示：“有信心，离恐慌远了。”

有消息称，胡福林曾提出答应回国的两点要求：一是保证他的人身安全，二是帮助企业存活下去。

所有人——包括胡福林、债权人、政府——都知道，帮助企业存活下去才有一切。“我一直跟企业老板讲，一不要逃、二不要跳楼，要相信政府、相信社会，甚至相信债主——债主也不一定把你往死里推，你死了，对他有什么用？一分钱也拿不回来。这些跑路的老板最好都能回来，坐下来谈，一起解决问题。”身为胡福林好友、顾问的温州中小企业发展促进会会长周德文说。

政府迅速出手。2011 年 9 月 27 日，“温州规范民间金融秩序促进经济转型发展专项工作”领导小组成立。政府组织了 25 个工作组，进驻 25 个市级银行业机构，协助做好银企融资对接，要求银行不抽资、不压贷。随后，紧急设立温州市区企业应急转贷专项资金，规模 5 亿元。

1 万多公里外焦虑观望的胡福林读懂了政府救市的强烈信号。

出走 20 天后，从美国回到温州的 10 月 10 日当天下午，胡福林即现身公司总部，开会商讨如何在政府和行业商会的大力支持下重组求生。“胡福林回来后一直吃住在公司，以期早日拿出重组方案。”

10 月 20 日，信泰集团下属的眼镜企业首先恢复开工。13 天后，温州瓯海法院裁定受理信泰集团的重整申请，400 多名债权人共申报了近 15 亿元债权。在信泰集团第一次债权人会议上，胡福林两次起身深深鞠躬致歉。

胡福林回到温州前 6 天，时任国务院总理温家宝飞抵温州，一下飞机，即来到温州百先得服饰有限公司与民营老板座谈。这是“7·23 动车事件”后，温家宝 3 个月内第二次温州行。

“我事先派人来温州调查了一段时间,不然这次那么短的时间我不会知道那么多情况。”温家宝表示,“跑路”和“跳楼”在温州毕竟是极少数,这种现象值得重视并且要认真加以解决,但不要夸大。对温州的发展要充满信心,对解决当前的困难也要充满信心,对小微企业要大力支持,对民间借贷要规范管理、防范风险,促使其健康发展。

很多年后,胡福林回忆说,温总理的一番话让自己相信,像《圣经》故事里以色列的雅各一样最终选择回来,是他这一生做得最正确的事。

民间借贷谁之错

爆发于 2011 年的几乎所有温州老板跑路事件,都指向一个共同的源头:民间金融乱象。

作为中国市场化改革的先锋地区,温州早已积淀了极为丰厚的民间资本。被普遍引用的说法是,温州民间资本达 8000 亿—10000 亿元,官方材料认同的数字则为超过 6000 亿元且每年以 14%的速度增长。与此对照的是,全国同时期民间资本总额不过 2 万亿元人民币。

老板跑路风潮的当年 7 月,人民银行温州中心支行公布的《温州民间借贷市场报告》数据显示,温州有 89%的家庭个人和 59.67%的企业参与其中,规模高达 1100 亿元。虽然人民银行温州市中心支行随即解释称,这组数据被严重扭曲,报告抽查的仅是 300 份特定监测户样本,不能据此简单推断全市 291.03 万户家庭的状况,但温州全民放贷的疯狂仍然可见一斑。据《时代周报》记者陶喜年调查,这些民间借贷资金主要来自民营企业主和普通家庭的闲置资金,包括:温州当地生产生活结余的资金,全国各地在外温州人的投资回流资金,温州在世界各地华人华侨汇回的资金。初步估算,来自当地企业等经济实体的资金占 30%,来自当地居民的占 20%,来自全国各地和世界各地的分别占 20%。

温州民间借贷的极度活跃,除了民间资本超级丰厚这一土壤性因素外,关键在于银行等金融机构长期无法满足或者说是无意于满足大批民营企业的资金饥渴。尤其当银根紧缩，银行千方百计抽贷之时，焦虑的老板们不得不返身追逐民间借贷，而借贷利率亦迅速飙升。

官方统计，2011 年 8 月，温州民间借贷综合利率首次突破 25%。胡福林告诉新华社记者："那些日子只要一个电话，借条不打都可以在一天内借到几千万。"但是暴涨的利息一直维持在年息 60%以上，有的短期"调头资金"折算年利息甚至高达 100%。"后来醒过来看这就是吸血鬼，但沾上了就像吸毒一样甩不掉。"

而民间借贷是建立在人际圈层非制度化、非法律化的熟人社会信用基础之上，一旦老板、"老高"(职业放高利贷者)连锁跑路，立即出现追讨挤兑，脆弱的多米诺骨牌生态链崩塌，危机由此大面积爆发。

更为麻烦和复杂的是，在许多情况下，民间借贷并不"民间"，往往夹杂着"官银"——对民间借贷中官员资金的俗称——的诡异魅影。

在此轮老板跑路引发的民间金融风潮中，泰顺县立人集团非法吸收公众存款案涉案金额最为巨大。坊间传闻高达 70 亿—80 亿元，债务涉及人员至少五六千人，而据此后温州中院开庭审理时统计的债权人金额是 51.9 亿元。

2012 年 2 月 27 日，温州立人集团民间借贷案中的 147 位债权人状告泰顺县政府和公安局，申请国家赔偿 6864 万余元。债权人递交的诉状称，当地政府干部参与立人集资，并在立人集团崩盘前夕，默许其疯狂集资 9 亿元，用于支付领导干部的本金和高息，政府应对种种不作为及行政违规行为负责。据称，立人集团以往集资有门槛，单笔不到 20 万元的不收，利息最多也不过 3 分(月息 3%)。但 2011 年 5—10 月，集资门槛奇怪地降至两三万元，利息反而涨到了 4 分。10 月 31 日，立人集团突然宣布资金周转困难，停止支付所有借款本金及利息。债权人认为，这一反常举动背后就是为"官银"解套，让领导和他们的钱"坐直升机"先走。

为此，泰顺县纪委、县委组织部发文，规定党员干部若有在 2011 年 10 月 31 日立人集团宣布停止支付借款本息前提取未到期借款等情况，必须一次性退还至指定账户，否则一律给予党纪政纪处分；涉嫌犯罪的，移送司法机关依法处理。此举间接承认了立人集团案中"官银"的存在。

为获取超级利润,以权力为特殊筹码的"官银"积极介入温州民间借贷,其程度之深、范围之广超乎想象。《南方日报》报道,2011 年初,温州市龙湾公安局在侦查一起非法吸收公众存款案时,发现债主名单中的人"均为当地司法机构人士",牵涉的受害人资金从 1500 万—8000 万元不等。

作为老板跑路的严重后遗症,温州无奈吞咽"史上最糟糕"的经济苦果:2012 年,温州 GDP 增速仅为 6.7%,居全省 11 个地市末位。全市 26 项主要经济指标中,17 项指标位列全省倒数第一,4 项位列倒数第二。

风暴漫卷而过,虽然胡福林们陆续归来,但其背后的民间借贷阴云并未很快随之消散。据中新社消息,2015 年 1 月 21 日,时任温州市委书记陈一新在浙江省第十二届人大第三次会议温州代表团全体会议上透露,2012 年以来 3 年间,全市企业老板跑路仍多达 668 人,其中 350 人被抓。跳楼、煤气中毒等非正常死亡 35 人,主要集中于 2012 年和 2013 年,2014 年非正常死亡 1 人。

民间金融是温州人郁积心头整整 30 多年的痛。

民间制造业与民间金融本该是一对水乳交融、如影随形的孪生兄弟。正如我们在本书第三章所记录,温州人自改革开放伊始,便对操弄金融兴致盎然,并大胆地试水:

1980 年 10 月 1 日,平阳县金乡镇(现属苍南县)信用社自发探索,在全国首开试行利率浮动先河;

1984 年 9 月 29 日,中国改革开放后第一家私人银行——苍南县钱库镇方兴钱庄,在一阵响亮的爆竹声中成立;

1986 年 11 月 1 日,又一位名叫杨嘉木的温州人集资 31.8 万元,创办了全国最早的"股份合作制信用社"——鹿城城市信用社。仅过了 6 天,温州家具厂老板苏方中紧随其后,开办了全国第一家由他私人独资控股的东风城市信用社。

20 世纪 80 年代,温州民间金融因无数民营制造企业的强烈需求而迅速崛起,鲁莽却活力勃发。地方政府对这一“不规范”的摸索予以默许甚至是同样显得有些鲁莽地支持。

进入20世纪90年代,风向渐渐变了。名为“规范”,其实质是一次比一次严厉的“清理整顿”:1995年,温州43家私营城市信用社、金融服务社被国有金融资本“收编”;1998年,57家城市信用社再次被清理,其中市区47家被合并为国有性质的温州商业银行;1999年,225家农村合作基金会、民间资金服务部以及农村金融服务社全面关停、取缔。一波接一波金融许可经营的“官方与民间博弈”,一直持续到2001年。

2002年,温州曾经有机会非常接近民间金融改革突破的临界点。

当年8月24—28日,时任央行行长戴相龙专程前往温州,考察温州金融体制改革问题。这是他自2001年下半年以来第四次南下温州。戴相龙在温州调研时公开表态:“温州市场经济活跃,发展富有活力,再次实行某些金融改革最有基础和条件。”

据当时全程陪同戴相龙的温州市财税部门的一位官员说,戴相龙“是有意识地给温州银行改革开小灶”。

当年12月,浙江省政府和中国人民银行上海分行联合在温州召开“深化温州金融体制改革工作会议”,宣布温州作为全国唯一的金融改革综合试验区,正式启动新一轮金融体制改革。央行党组在下发的一份会议纪要中,明确了此次温州金融改革的六个方面。其核心的两点涉及银行产权改革:温州商行可以吸收民间资本入股;乐清、瑞安两个县级市可以将农村信用社改制为股份制农村商业银行。另外,包括推进利率市场化改革、尝试组建中小企业投资公司、鼓励贷款品种创新等。

温州一些有实力的民营企业家对妥协式的银行“改制”认为并不解渴,在戴相龙调研座谈中,明确表达了组建全新民营银行的强烈意愿。摩拳擦掌的他们甚至直接筹集了10亿元,还从国有银行挖来一位行长,为筹建民营银行厉兵秣马。

但国家银监会对此事始终未作批复。2005年,温州市银监分局和体改委联合完成的一项研究课题的结论更是颇为晦暗,“在当前的形势和经济、金融环境下,设立民营银行时机尚未成熟”,民营银行“不可能解决中小企业融资难的问题”。

一场被寄予厚望的民间金融改革,以轰轰烈烈开头,却以泥牛入海而终。

民间金融有生存、滋长的天然需求,而当倔强生长屡屡受挫,不合规、不合法压力山大,数十年左冲右突无路可走之时,再遇老板跑路的沉重一击,近乎绝望的温州民间金融开始突发奇想。这一次,绽放的是令温州人集体蒙受羞辱的恶之花。

2011 年 12 月 20 日,《温州商报》刊出大幅招聘启事,“中国春平集团、英属维尔京群岛春平国际金融控股集团因收购美国某银行,需招聘高级翻译、银行高级经理、副行长各 2 名”,应聘成功者可获得“年薪 5 万—20 万美元”在美国银行工作的机会,“集团还将统一办理美国 L1 签证,3 年后自动获得美国绿卡并可带家属”。

稍后,多家媒体的相关新闻报道进一步透露,英属维尔京群岛春平国际金融控股集团成立于 2011 年 11 月,由中国春平集团董事长林春平先生联合一批在外的温籍华人在英属维尔京群岛注册成立。同年末,集团耗资 6000 万美元收购了美国特拉华州一家有 85 年历史、之前由犹太人控股的大西洋银行,更名为“美国新汇丰银行股份有限公司”,由林春平先生担任董事局主席。银行主要为在外华人办理存取款、离岸等业务。

更有媒体刷出了《“东方犹太人”抄了西方犹太人的底》这般豪气冲天的报道标题,宣称“目前总报名人数达 18000 人次”。

林春平和他的“美国大西洋银行”来得真是时候。温州刚刚被民间借贷恶浪击打得几近沉没的最煎熬的时刻,“钢铁侠”出手了!

放了颗大卫星的林春平被视为消除“温州金融风波”造成的负面影响的绝佳典型和温州民间资本破冰突围的标杆式人物,温州市主要领导也在世界温商大会上朗声赞叹:“把犹太人的银行买下来,说明温州人天生具有金融家的脑子!”

林春平不红都不行了。他很快以“温州英雄”的姿态高调当选为温州市政协委员和温州市瓯海区慈善总会副会长。

此番大红大紫之前，林春平在温州几乎无人知晓。唯一给人留下的印象，他是一个卖大米的小商人，还推出过一款很快就没了声响的“春平罗汉果凉茶”。

“他在老板云集的温州完完全全是个小人物，根本排不上号。”温州经济学会会长马津龙说。

林春平收购美国大西洋银行的巨额资金是哪来的？他究竟是何方神祇？关于林春平的身世和“传奇”没有旁证，基本是来自其接受媒体采访时口若悬河的自述。根据《都市快报》记者甘凌峰的梳理，林春平早期经历的版本相对比较统一：

1970 年 7 月，林春平出生于温州市瓯海区泽雅镇的一个农民家庭。他从小颇有生意头脑，在广西桂林读高中期间，就在永嘉县桥头镇和桂林之间往来贩卖纽扣。高中毕业时，他存了两三万元，成了“万元户”。考上深圳大学后，他又从深圳贩卖牛皮到温州，积累了上百万元资金。1993 年，大学毕业的林春平决定成就一番大事业。他在广西南宁做起了航空包机生意，结果赔光了所有的本钱，还欠了一屁股债。

接下来的经历，开始变得版本众多，而且神乎其神。林春平最常用的版本大致如下：

生意失败后，债主们不仅没逼债，甚至在 1995 年借钱给他去新加坡读研究生。在新加坡，后来担任联合国第七任秘书长的加纳人安南的儿子是他的同学兼室友。这位室友带他认识了很多国家的总统、副总统，并且介绍他去加纳做生意。2001 年，林春平以 50 万美元的价格买下了加纳一座出产铜和金的矿山，每年至少能为他带来 200 万美元的收入。林春平号称自己会讲上百种方言和外语，他的头衔很多且大得吓人，诸如联合国粮农组织顾问、世界华商金融协会(香港)执行主席、西非华人华商总会会长等。

2011 年，中国春平集团成立，林春平自任董事长。宣传资料说集团下辖 15 家全资和控股子公司，业务广泛分布于 40 多个国家，年总产值达 50 亿元以上。在一次接受采访时，林春平曾有意从抽屉中摸出一大沓美元在记者面前夸耀："我的确很有钱，主要是我前几年在国外赚来的。"

太过炫目甚至离奇的剧目很快引发媒体的怀疑。据调查，春平集团旗下的公司只有5家，在温州近年的纳税记录中基本没有露过脸。甚至，1997年底，林春平因信用卡诈骗罪被判刑3年6个月，在浙江金华服刑。

更要命的质疑是：林春平究竟是不是真的收购了一家美国银行？

新华社记者在美国本土展开的权威实地调查显示：特拉华州根本不存在所谓有85年历史的"大西洋银行"；由林春平担任董事局主席兼行长的"美国新汇丰银行股份有限公司"，只是林春平花313美元在该州注册的一家名称叫"美国新汇丰联邦财团公司"的企业，公司类型为A，即"普通"公司。根据法律，该公司不能从事银行业务。说得再明白一点，这完全不是一家银行。

炙热的舆论聚光灯下，已退无可退。宣称收购美国大西洋银行仅仅2个多月后的2012年3月13日，林春平在温州华侨饭店举行新闻发布会，就收购事件中"自己不严谨的表态，给大家造成了误解"，向公众鞠躬致歉。他只做了约5分钟的简短声明，很快便在现场媒体的大声质问声浪下匆匆离开会场。

"他给温州的伤口上撒了把盐，在全国人民面前又让温州丢了一次脸。"3月29日，因严重损坏了温商形象，林春平辞去当了71天的温州市政协委员职务。

剧情如过山车般陡然起落的黑色幽默剧并未就此画上句号。大戏的收尾几乎超出了所有人的想象力：5月23日，因涉嫌虚开增值税专用发票数亿元，林春平突然人间蒸发；6月9日夜，警方在珠海市一出租房门口将其擒获归案；2013年11月19日，林春平被温州市中级人民法院以虚开增值税专用发票、抵扣税款发票罪一审判处无期徒刑，剥夺政治权利终身，并处没收个人全部财产。

从神话到笑话，林春平谢幕。

林春平始终不承认自己是骗子："应该是夸大了事实吧。用我们温州人的话说，货担还没挑，就开始叫卖了。或者是孩子还在娘胎里，就说已经生出来了。但我这不是骗。”

在回答新华社驻温州资深记者张和平关于“你这样做的目的是什么，有什么好处”的追问时，一直自称“有银行家梦想”的林春平解释，把收购美国银行这件事说得大一点，第一是可以提高自己的社会地位；第二是在国外，可以跟美国的主流社会、金融精英接触，争取参加一些国际性的论坛，有利于自我发展；第三，今后如果温州发展民营银行，就有机会能够介入，可以插一脚。

把自己“忽悠”进了牢房的林春平

林春平的回答至少给出了耐人寻味的两点事实：包括林春平在内，民营老板地位不高；他们对健康的、阳光化的民间金融引颈相望，已经等待得太久太久。

这一天，终于到来。

2012 年 3 月 28 日，时任国务院总理温家宝主持召开国务院常务会议，宣布决定设立温州市金融综合改革试验区。根据获批实施的《浙江省温州市金融综合改革试验区总体方案》，此次改革主要有 12 项任务，包括规范发展民间融资、加快发展新型金融组织等。

某种意义上说，温州老板的鲜血和生命，直接催生或至少是大大提速了本轮温州金融改革。

2011 年 10 月 4 日，老板跑路风潮最危急的时刻，时任国务院总理温家宝赴温州考察。对于浙江、温州两级政府提出的建立金融改革试验区的思路，温家宝现场要求周小川、刘明康等随行金融高官给予重视，“可以再研究一下”。他还提示地方政府也要研究，如果温州作为金融综合改革试验区，将在哪几个方面试验？试验的步骤、方法、要求是什么？都要明确。

嗣后，温州紧急起草《温州国家金融改革综合试验区总体方案》，希望通过设立“国家金融综合改革试验区”，将温州打造成全国“民间资本之都”，促使民间资本“阳光化”。该方案经浙江省政府研究完善后,在当年 11 月上报国务院。

与 2002 年“戴相龙央行版”相比,此次温州金融改革上报国务院审批,层阶更高,分量更重。但最终实施版本中,“温州国家金融综合改革试验区”表述上的“国家”抬头被移除,表明其定位仍是“局部的地方金融改革”。从改革内容看,曾被寄予厚望、亦是温州极力主张的“利率市场化试点”并未列入。12 项任务中,最具亮点的是建立民间融资备案管理制度以及个人境外直接投资试点。

在温州金融改革启动两个月后的“2012 国际金融论坛对话保罗 · 沃尔克(美联储前主席)演讲会”上,已调任中国社会保障基金理事会理事长的戴相龙表示:“国务院发布的温州金改‘十二条’在当前条件下是合适的,这个改革是成功的。”

戴相龙的判断显然是偏于乐观了。

温州金融改革缘起于民间借贷危机,目的是针对温州“民间资本多、投资难;中小企业多、融资难”的尴尬现实,为丰沛的民间资本与嗷嗷待哺的实体经济之间搭建阳光化的通路。然而,金融领域向来是计划经济既得利益最坚固的堡垒,温州局部的突破将严重受困于系统性的政策桎梏,加之同一时期温州及至整个中国宏观经济周期调整波动的掣肘,温州金融改革步履蹒跚,实在难言乐观。

“我们是走出了低谷,但还没有走出困境。”时任浙江省委常委、温州市委书记陈一新在温州金融改革三周年座谈会上自我评价:温州金融改革取得了阶段性成果,但温州现在面临的最大问题,还是不良贷款和两链(担保链、资金链)风险,“温州还处于企业金融风险之中”。

无论是 2002 年“戴相龙央行版”还是 2012 年国务院版温州金融改革,产权彻底清晰的民营银行都是欲言又止的雷区。

2014 年,曙光终于豁然乍现。

当年 3 月,时任银监会主席尚福林在全国“两会”期间披露:经过反复论证和筛选，并报国务院同意，目前已确定首批5家民营银行试点方案。分别是：温州民商银行、深圳微众银行、杭州网商银行、上海华瑞银行、天津金城银行。

根据银监会试点方案，以服务中小微民营经济为宗旨，每家民营银行均有两个或以上民营资本主发起人。从这一视角考察，首批5家民营银行中浙商占了三家半：温州民商银行主发起人正泰集团、华峰氨纶；杭州网商银行主发起人阿里巴巴旗下的蚂蚁金服、复星集团、万向集团；上海华瑞银行主发起人均瑶集团、美邦服饰；天津金城银行主发起人之一麦购集团。浙商系主发起人中，温商又独占了两家半。

2015年3月26日，“温州民商银行”作为全国首家民营银行正式营业。开业当天，第一笔业务是向一家小微企业提供无须抵押的信用贷款30万元。

全国首家民营银行“温州民商银行”开业

从1984年9月29日中国改革开放史上第一家私人银行——温州苍南县钱库镇方兴钱庄“非法”降生，至此，踉踉跄跄翻过了险象丛生、危机四伏的山路十八弯后，中国最盛产民营实业家的温州，终于“合法”绽放憋屈了30年的“民营银行家”的梦想。

“兵败”山西

老板跑路、跳楼及其背后风雨飘摇的民间借贷危机，并非这一时期温州灾难性困局的全部。

本土之外，游走全国的百万温州军团亦屡屡受挫。2009年前后，所谓“温州炒煤团”折戟山西，便是其中值得记录在案的经典案例。这也成为本书

第八章所描述的1995年北京“浙江村”大清理事件之后，在外温州人所遭遇的最为惨重的生死劫。

2008年9月与次年4月，“煤炭大省”山西省政府连续下发《关于加快推进煤矿企业兼并重组的实施意见》及《关于进一步加快推进煤矿企业兼并重组整合有关问题的通知》，从而拉开史上力度最大的煤炭资源整合序幕。文件明确表示，将全省在册的2840多座煤矿矿井全部收归国有，到2010年仅保留1000座，意味着60%要被关、停、并、转，而这些面临突变的中小矿井多数为省内外各路民间资本所拥有；全省煤炭企业主体数量由2000多家下降至100家左右，兼并重组后的煤企，规模原则上不低于年产300万吨，单井规模原则上不低于90万吨。

稍后，山西省政府又下达措辞严厉的“军令状”：2009年9月20日前，各地必须完成所有小煤矿并购接管工作，在规定时间内没有完成并购任务的，将追究各级政府主要领导的责任。

山西官方对本轮大整肃给出的理由充分且铿锵有力：只有用行政之手强力推进由大型国企主导的兼并重组，才能迅速提高煤炭产业的集中度和技术水平，彻底改变山西煤炭行业长期存在的“多、小、散、乱”格局，根治资源浪费、环境恶化、矿难频发、腐败滋生等一系列问题。

而民间与舆论的声音对此却有着截然不同的解读：这是一场复杂利益格局下以“国有化”为取向的重新洗牌，其本质就是强制性“国进民退”。

《财经》杂志作者李红兵、李荣东曾以阳泉煤业集团为样本，清晰展现了这一大型国企是如何趁煤改之机攻城略地、咸鱼翻身，成为最大赢家。

大同煤业集团、山西焦煤集团、阳泉煤业集团、潞安矿业集团、晋城无烟煤集团是山西省政府最早确定的五大兼并重组整合主体，其中，具有60年历史的阳泉煤业集团无论产能或营业总收入均在省属五巨头中排在末位。

本轮煤改前，阳泉煤业集团面临严重的矿山老化、资源枯竭，后续发展堪忧。按1990年的生产能力，阳煤可采储量只够开采三四十年，剩下的资源，考虑到开采成本，“挖出来就赔钱，还不如不挖”。百年老矿阳煤四矿储量只剩 100 万吨,1 万职工和 2 万家属面临生存问题。

为寻求出路,阳煤集团曾利用自己的技术和设备去给别人“打工”,也曾开办过皮鞋厂和陶瓷厂,但最后都无果而终。

机会终于来了。

挟政府煤改的雷霆万钧之势,2008 年 9 月到 2009 年 3 月,阳煤一口气兼并重组地方煤炭生产企业 10 家,增加井田面积 100 多平方公里。此后,阳煤又拿下清徐县 5 座煤矿,增加井田面积 14.58 平方公里,资源储量 13625.6 万吨。

2009 年,阳煤集团一路风卷残云,扩建的煤矿数量由 16 处增加到 47 处,集团直管煤矿地域由 8 个县市区增加到 16 个县市区,煤炭资源占有量由 55 亿吨猛增到 100 亿吨,产能则由 6340 万吨提升至 10360 万吨。更让阳煤欢欣鼓舞的是,资源整合后,其控制的煤种从单一的无烟煤扩张至利润更高的焦煤。

2010 年 1 月 7 日,阳煤在公司成立 60 周年之际宣布:未来 3—5 年,阳煤的产能将达到亿吨以上,销售规模千亿元以上,跻身全国煤炭行业前十强!

国企阳煤活了,代价却是非国企的民间资本的死去。不幸的是,温州民间资本首当其冲。

究竟有多少温州老板、温州资本杀入山西煤炭市场?众说纷纭、莫衷一是。被媒体广泛引用的数据是,温州商人是浙江资本参与山西煤炭开发的绝对主力,温商在 500 多座煤矿中共计投资 500 多亿元,承包了山西境内 60% 的中小煤矿,年产量约 8000 万吨,占山西年煤炭总产量的 1/5,全国的 1/20。

山西煤炭变得炙手可热,是在 2002 年全国电荒、煤荒频发,煤炭价格陡然攀升之后。而温州人入晋,显然要早得多。

“浙江在线”记者笔下黄益铫家族的创业故事,大抵勾画了温州人的山西煤炭之旅。

黄益铫是温州平阳县水头镇人。水头地处南雁荡山之东,山多地少。为了生计,20 世纪 80 年代初黄益铫的岳父离开家乡,远走山西。与他一起来到山西的,多是温州平阳与苍南的井巷工程队同乡。当年正是山西新建煤矿的高峰期,而温州井巷工程队特别肯吃苦,迅速占领了山西煤矿井巷掘进90%的市场,并无孔不入地推销温州生产的煤机配件及小型采掘设备。

20世纪90年代,煤炭市场持续低迷,山西深陷"有煤卖不出,卖出讨钱难"的窘迫。煤市看不到前景,不少乡镇矿、村矿停产。一些付不出井巷工程款,亦无资金添置生产设备的地方矿主便将采矿权交给温州井巷工程队,顶替工程款。更有甚者,索性将煤矿低价转给了温州人。

1996年,黄益铫岳父和几位朋友一起,筹集了200多万元,接手承包了一口煤井。但煤炭价格跌跌不休,最惨的时候每吨仅10元。不到两年时间,黄益铫岳父与合伙人就亏了400多万元,不得不将煤井割肉转让。

更多的温州煤老板无法脱手煤矿,只好硬挺着。市场是公平的,他们最终熬过了最艰难的日子,2002年煤市开始复苏,煤价飞涨,焦煤每吨飙升至近400元。他们等到的,是一夜暴富。

2003年11月,因能源紧缺、捉襟见肘,时任浙江省省长吕祖善亲自率队北上山西、内蒙古求煤。这一强烈的市场信号,刺激了大批温商跑步进场。

此时,已成为"中国皮都"的黄益铫老家水头镇日益发达的皮革业带来严重水污染,甚至在2003年被列入全国十大最新环境违法典型案件。随着政府铁腕治污,不少皮革商的资金急需寻找新出路。

山西,成了水头人的下一站。据称,高峰期的2005、2006年两年,仅水头镇长驱直入山西投资煤炭的资金就达百亿元以上。黄益铫恰是这个时期投资近5亿元,在山西宁武县收购了3座核定年产15万吨的小煤矿。20年间,黄益铫已是温州煤老板的第二代。

随着海量资金的涌入,大抵在2004年,所谓"温州炒煤团"开始频频曝光于各大媒体的聚光灯下。其背后,挟裹着"暴利""矿难""污染""土豪""骄奢"等一连串灰色的字眼。

当年,追逐巨大利润杀入山西煤炭市场的外来资本甚众,除温州煤老板外,知名者还有来自福建福清的闽商,人称"福清煤帮"。然而,由于温州人与改革开放相伴生的无人可敌的传播力,以及长期污名化的复杂身份,在山西煤炭政商生态圈各种利益、矛盾错综纠结之下，他们自然被毫不客气地推到了最前台，成为泛道德化情绪宣泄的垃圾桶。

总是与“暴富”连在一起的温州煤老板再一次被污名化

浙江官方对千里之外浙商军团的境遇给予了足够的关切。2005 年 5 月，浙江省政府经济技术协作办公室、浙江省驻北京(包括山西)办事处、温州市协作办等机构公布了在山西实地调查后形成的《关于温州民营企业在山西省投资兴办煤矿有关情况的调研报告》，首度对所谓“温州炒煤团”官方发声。

该报告显示，温州民营煤矿分布在山西全省，“煤炭年产量总计 2000 多万吨，约占山西省煤炭年产量的 1/25，全国煤炭年产量的 1/100”。所谓“温州炒煤团”对市场的控制力被严重夸大了，不可能达到垄断市场和操纵价格的目的。“假如把煤价上涨归罪于温州煤团，这实在高估了他们的能量。”时任浙江省协作办主任吴永平表示。

该报告还强调了如下三方面事实：首先，温州民营企业大多是以承包的形式投资经营煤矿，年限一般在几年到几十年之间，具有明显的长周期性，不是短期投机行为。其次，这些企业大多投资在煤炭生产环节，更体现为投资行为。第三，山西挖煤的赚得少，“倒”煤才能赚得多，而煤炭销售权被牢牢掌控于当地国有运销公司。温州商人基本是在坑口就地销售煤炭，既没有行为也没有可能通过集中买卖炒高煤价。近年煤炭价格的上涨很大程度上是受国内能源供需趋紧和运力紧张因素影响的结果。

对于有媒体报道不少温商在山西掘金发了财，该报告并没有否认。但煤炭开采是高风险产业，亏损者并不在少数。报告认为，获取高额利润和“炒”不能等同起来，这是善于捕捉市场机会、敢冒投资风险的企业家精神所应得的回报。

该报告最后给出的重要结论是:"从总体上看,温州民营企业在山西投资兴办煤矿是一种具有相当风险性的长期投资经营行为,属于正常的市场运作。"

几乎在该报告公布的同时,又传来了更为权威的声音。

2005 年 6 月 5 日,浙江省委在"浙商论坛 2005 年峰会"上表示,以从事资源开发利用为主体的浙江跨区域流动资本所形成的所谓"炒风",其实是"一种能够实现双赢的举动"。来自国内的 2000 多位浙商,代表 400 万在省外投资创业的浙江商人参加了这次主题为"跳出浙江、发展浙江"的重要会议。

"当然,不排除这种资源性开发中存在不健康的因素。"在谈及外界对浙江尤其是温州"炒家"的误解时,浙江省委专门澄清:但可以肯定的是,绝大多数浙江商人是遵纪守法的,投资行为也是严格遵循当地政府相关规定的。"炒"其实是一个"准入"问题,"要进行区别对待——只要市场准许进入,各方都应该一视同仁"。

指责、呵斥,表白、辩解,温州人在山西一路战战兢兢。

来自当地政府各种名目的清理整顿早已经不是第一次了,没完没了。投资山西煤矿最大的风险不是来自市场,而是政府频繁多变的政策。就在 2009 年 3 月山西省国土资源厅出台《关于煤矿企业兼并重组所涉及资源权价处置办法》后,山西省浙江企业联合会经过认真调查,向山西省政府递交了一份《关于在兼并重组活动中切实维护浙商煤矿企业合法权益的紧急报告》。《报告》忧心忡忡地反映说,近年来在山西投资煤矿的浙商,总是投入巨资给自己的煤矿配置了各种生产设备和强化安全措施,使煤矿的生产能力、安全水平都得到了前所未有的提升,从而有力地促进了山西省煤炭行业的发展。"但是不少煤矿在刚完成基础建设、准备开工时,却不断遇到地方政府的停产令——最常见的是政策变动,地方政府每年都要发文件,要求提高煤矿门槛,包括提高单井规模、提高煤矿产能、提高安全水平等",这些政策往往是前一次的建设还没有完成，又突然改写游戏规则推出新的政策，甚至是互相矛盾地翻烧饼，令浙商无所适从，进退失据。“加上几年来，山西只要有矿难发生，所有煤矿就必须停产检查，而一旦停下来，何时复工遥遥无期”。

在提心吊胆中观望了10多年后，温州老板们发现，这一次和过去真的完全不一样了：不是立足于提升完善的整顿清理，而是挟政府雷霆万钧之势的彻底清算。

既然是单方面的强势清算，其结果必是一边倒的不公平。

“很多协议是以各种行政手段强迫签订的，是‘霸王条款’。”一位温州谢姓煤老板告诉媒体记者，“他们为完成上面下达的限时重组任务，连补偿金额、付款方式都没确定，就让我们签署协议。”他透露，很多协议因此留有“尾巴”，“协议会注明补偿金额‘以补充协议为准’，补偿标准‘根据县政府文件’”。

尤其让温州老板无法接受的是对煤矿价值的评估。首先，评估机构由政府部门和兼并单位指定；其次，评估对象仅限固定资产，如地面建筑、矿井设备投入等，而不是按资源储量进行评估，“也就是说，一座储量100亿吨和储量1000万吨的煤矿，评估价格没什么区别”。

由此导致的结果是，评估价往往只有实际投入的1/4或1/3，大多数温州煤老板将因此而“血本无归”。温州平阳人练志成（化名）2007年以2亿多元的价格在山西临汾购买了一座年产量30万吨的煤矿，加上改造、基建，共投入2.88亿元。此次煤改中，该煤矿评估价格仅为6500万元。“即使算上已缴纳矿山资源费的补偿返还和其他损失补偿，损失总额也将超过2亿元。”练志成在煤矿上的投入大多属民间借贷，“我拿什么来还？什么时候才能还得清？”

更让温州人绝望的是，即便如此不公平的评估价，要想全额拿到手是不可能的，还要打一定的折扣；另外，补偿款一次性支付也是不可能的，只能先给一部分，再分期付款。“还有特别夸张的，你去拿钱时，对方告诉你现在一分钱没有，只有等兼并重组完成，煤矿开工生产后，产生效益了才给钱。你问准确什么时候？不知道！”

2009年10月31日,30多位温州煤老板首次集体现身浙江省浙商研究会等机构举办的主题为“市场经济与浙商进退”的论坛,但个个顾虑重重,如惊弓之鸟。在论坛的小型沙龙上,煤老板们没有一个愿意首先发言,几乎每个人开场的第一句话都是“希望媒体不要公开姓名,电视画面也请处理一下”;唯一同意公开姓名的煤老板,最终也放弃了主办方为其安排的主题发言。

“请理解我们的苦衷。”一名煤老板说,“不是我们不想说,而是的确不敢,有前车之鉴。”据他透露,一位同乡“公开姓名”接受采访,结果在一次会议上被山西省主要领导点名批评。

温州煤老板们也有过据理抗争的念想,他们尝试过打官司,但“山西官方有明确禁令,有关煤矿的案子,法院一概不接”。

抗争依然在顽强地继续。

2009年11月9日,一份名为《关于要求对山西省人民政府规范性文件内容的合法性、合理性问题进行审查处理的公民建议书》,通过邮政快递的方式由杭州寄往全国人大常务委员会。这份《建议书》由浙江省经济和信息化委员会下属的浙商资本投资促进会与浙江杭天信律师事务所律师联合撰写质疑,山西此次煤矿兼并重组的相关文件政策涉嫌“背离国务院文件精神”,并违反相关法律规定,侵犯了浙江煤老板的财产所有权。《建议书》还一并寄往国务院、全国政协及山西省有关部门。

两个月后,该促进会再次发出《致全球浙商公开信》,将山西省列为“2010浙商投资预警区域”的候选名单。“山西煤改政策明显违背国家现行法律、与市场经济公平自愿的契约原则相冲突,给投资者带来了巨大的风险。”时任浙商资本投资促进会秘书长蔡骅说。

“兼并重组整合工作已经取得重大阶段性成果,‘胜利在握’。”2010年1月5日,山西省政府与国家发改委、国家能源局在北京联合举行“山西省煤炭企业兼并重组整合情况新闻通气会”。通报数据称,截至目前,山西全省重组整合煤矿正式协议签订率已达98%,兼并重组主体到位率达到94%。针对引发强烈质疑的“国进民退”问题，山西官方表示，“已经充分兼顾了各方面的利益”，“没有发生一例行政上的投诉”。

现实却远没有山西官方想象得那么乐观。

据山西省社科院学者估算，本次煤改后，有多达 3000 亿元包括温商在内的民间资本被迫撤离山西；截至 2014 年底的煤改 5 年间，山西落马的省部级高官达 7 人，列所有省份第一位，而这些落马者大多与煤炭腐败有关。山西煤炭系统一位官员直言，山西的政治生态“归根结底是煤的生态”。

温州的背影

2017 年 3 月 13 日，“温州模式”早期标志性人物，曾经的“温州首富”“第一能人”叶文贵因病去世，时年 68 岁。

叶文贵堪称传奇温州的传奇。

在本书第二章出现的叶文贵早在 20 世纪 80 年代初就因为办厂积累了千万财富，是有名有姓的温州第一代首富。但他的传奇并不仅仅在于他的财富。

当年，地方政府很快注意上了能致富、有头脑、有想法的叶文贵。县里领导几次登门，告诉他为家乡作贡献不光光是办好自己的厂子，还可以发挥更大的作用。1984 年 5 月，《人民日报》头版刊登了一条消息。消息说，温州市苍南县金乡镇家庭工业专业户叶文贵被县政府破格提拔为金乡区副区长。后来，《温州日报》头版头条又刊发长篇通讯《农民企业家的气魄》。不同寻常的是，通讯还配发了长达 2000 字的评论《希望涌现更多叶文贵式人物》，署名作者是时任温州市委书记董朝才。这篇报道再次被《人民日报》全文转载。

个体私营企业主竟当上了正经八百的堂堂“父母官”，这的确是破格，是只有温州人才做得出的中国改革“第一”。

叶文贵更忙了。除了管厂子、跑业务，还得不停地开会、做报告。光荣感和兴奋劲过后，他有些厌倦了。这官当得太累，太耽误时间。对叶文贵深表同情的时任《浙江日报》常驻温州的著名记者张和平写了一篇内部材料《叶文贵当副区长的烦恼》。

后来,领导有了批示。再后来,叶文贵被悄悄免职。

觉得当官没啥意思的叶文贵有自己更为雄心勃勃的理想和抱负,他要“摘取工业文明皇冠上的明珠”——造汽车,而且是几十年后都够时髦的电动轿车。和他造车相比,台州农民李书福只能算作晚辈。

20 世纪 80 年代末,他觉得动手的时候到了。他停下手中全部的生意,闭门谢客,一心一意做起了“中国农民的轿车梦”。

各方面——包括地方政府——对他的热情渐渐地消退,他不再有迷人的光环。

几年后,凭着叮叮当当的榔头和不算先进的机床竟也掀开了梦的一角。叶文贵的电动轿车真的动起来了,充一夜电能跑上百十公里呐。崎岖的乡间山路上,电动轿车像小马驹似地颠着,叶文贵的心也随之激动地狂跳。

然而,这几乎是一开始就注定将以悲剧结尾的故事。电动轿车从梦想到商品,需要更完善的技术、更巨额的资金。叶文贵不得不四处奔走。但作为一位太过超前的农民企业家,他的声音是微弱的。

有媒体就此评点说,在温州金乡点燃的“中国农民的轿车梦”,最终演变成了堂吉诃德式的“一个中国农民和一个中国农民的轿车梦”。孤独的叶文贵最终耗尽千万家财,背上了沉重的债务。他彻底失败了。

叶文贵和他的中国第一辆电动轿车

我和当年同为新华社记者的好朋友吴晓波通过私人渠道诚恳相约,因无脸见人而早已拒绝任何采访的叶文贵终于答应与我们见一面。

在金乡街角的一家酒馆,两瓶“酒鬼酒”入肚,叶文贵慷慨话当年。他用穿着破旧皮鞋的脚用力地跺着地板:“这家酒店原本都是我的产业。为了造车筹钱,卖了。”

那一年，已经沦为落魄小老板的叶文贵仍开有一家生产塑料制品的工厂。走进厂区，寂寥无声。叶文贵默默地领我们来到厂区的一角，荒草丛中，静静地躺着十多个早已锈迹斑斑的电动轿车的钢铁躯壳。

夕阳的余晖无声地洒落。我突然感到了一种从未有过的悲凉。

叶文贵却似乎忘记了我们的存在，他喃喃自语："只要再有 2000 万元，我一定让我的电动轿车在高速公路上跑起来！"此刻，叶文贵的眼角分明放射着永不言败的光芒。

1998 年，温州市政府首次公选"温州改革开放十大风云人物"。我曾向熟悉的温州主要领导推荐叶文贵。预料之中的是，他最终没有出现在镁光灯下。没有人愿意记得失败者。

但叶文贵从不认为自己是失败者。

2013 年，浙江工商大学筹建浙商博物馆，按照设想，馆内设立"英雄背影"版块，将收录叶文贵在内几位虽败犹荣的浙商故事。叶文贵拒绝了。他通过家人向浙商博物馆馆长杨轶清转达，自己"不后悔，不遗憾"，只希望这段历史尘封，不愿意多谈。

叶文贵生前一直对吴晓波在其著作《大败局》中一段描述自己的文字耿耿于怀，认为这段有关"失败者"的评价对他"很不公正"。

就在叶文贵去世一年多前的 2015 年 6 月 6 日，更为著名的改革先锋——原浙江海盐衬衫总厂厂长步鑫生去世。中国改革的青春期中，他们几乎同时在浙江异军突起、南北相望，以叶文贵为代表的个体私营经济在南浙江硬生生杀出一条血路，北浙江则是以步鑫生为代表的对国有集体经济的坚韧突破。

荣光之后，他们都失败了，留下的是永远的"英雄背影"。

报道叶文贵去世时，媒体使用了颇为伤感的标题："一个时代的落幕"。叶文贵"落幕"了，那么叶文贵身后属于温州的时代是否也已"落幕"？

叶文贵的一生跌宕起落，收获过巨大的赞誉与掌声，也深陷于冰冷刺骨的逆境。同样，40 年间，中国没有一个地方像温州那样在公众形象上出现

“过山车”般的褒贬蹦极,黑白分明。

在因老板“跑路”事件引发的2011年对温州人的大审判中,最激烈的论调大概是:温州人是一群天生可耻的投机者,救温州就是救赌徒!这肯定不会是温州人最后一次被诅咒。在中国改革开放40年历史上,温州人时而天使,时而魔鬼,一次又一次。

不妨让我们以时间为主轴,以颜色为分辨器,将温州人曾经被迫扮演的各路角色做一个明明白白的回放:

——1978—1984年,黑色。关键词:温州=瘟州;看资本主义到温州去。

——1985—1988年,灰色。1985年首提温州模式。关键词:“糟得很”或“好得很”。说“糟得很”:温州赌博到处有,妓女满街走,流氓打警察,共产党员信菩萨;说“好得很”:“温州热”第一次席卷全国,仅1986年前往温州考察取经的副省级以上官员就达93人次。

——1989—1991年,黑色。关键词:温州究竟“姓资”还是“姓社”?

——1992—2002年,红色。关键词:温州是社会主义市场经济的启蒙老师;引进温州人就是引进改革开放。

——2003—2010年,灰色。关键词:炒房、炒煤、炒棉、炒大蒜、炒苹果,等等。

——2011年,灰黑色。关键词:炒钱,老板“跑路”。

进入21世纪第一个10年的中后期,尤其是2008年后,从温州传来的往往不是好消息,当年的那股激昂与振奋不见了,弥漫四散的是越来越浓重的焦虑、阴郁与惶然:体制突围的创举乏善可陈;产业升级举步维艰;资本人才外流严重;过度投机导致实业泡沫化;GDP增速排名直线滑落。

2012年初春,邓小平发表南方谈话20周年之际,我自1986年从事媒体生涯后第28次重访温州。在叶文贵的家乡,温州最南端苍南县的金乡、龙港、宜山、灵溪、钱库,在这片20世纪80年代中国最激动人心的民营经济的“摇篮”中,我渴望重新触摸到蓬勃的心跳。但一路行走,映入我眼帘的是不变的景象。宜山镇,因为再生腈纶业神奇崛起,时任国务院副总理万里参加1983年全国农村工作会议时热情赞扬它“展现出生产力充满生机的发展前景”。而如今的河埠旁、街巷边,还是堆积如山的再生腈纶衫裤。走在其中,你会有穿越的恍惚感,山河依旧,人依旧,只是“神奇”不再。

温州“老”了,温州真的到了“落幕”的时候吗?

事实上,希望温州永不疲倦地领跑狂奔,确实是一厢情愿的苛求。温州从一开始,就是中国改革开放赛场上“家境最差”的选手:

——温州“太穷”。全市所辖11个县市区,竟曾经拥有两个国家级贫困县、一个省级贫困县、5个省级欠发达县,是浙江两个连片最贫困地区之一。温州人的致富,是真正意义上的绝地反击。

——温州“太缺资源”。除了苍南的矾矿,温州没有一样拿得出手的家底。最糟糕的是,人均耕地仅0.3亩,而且大多是散在山间的贫瘠之地,农民填不饱肚子,现代工业更是失去了基本的承载平台。数百万温州人远走他乡,决非“世界那么大,我想去看看”的虚无浪漫,而是被逼无奈,必须走出去找资源,找活路。

——温州“太偏远”。至少在改革开放的第一个10年,温州不通铁路,更没有机场,是浙江的“天涯海角”。受困于大山阻隔,从温州到杭州300余公里,正常行车需10多个小时。不得已,温州人最早发明了“夜班车”“卧铺汽车”。某种意义上,走遍千山万水、讲尽千言万语、想尽千方百计、历尽千辛万苦的“四千精神”,折射的恰是温州人的窘迫与辛苦。而这一切,原本都是拓展市场经济的大忌。

以GDP总量视角分析,广东、江苏、山东与浙江,构成了中国经济无可置疑的第一方阵。但在中国改革开放的最初20年,前3个省份呈现出与浙江迥然相异的发展景象:广东,从经济最繁华的珠三角地区向相对贫困的粤东北及粤西渐次辐射;江苏,苏(州)、(无)锡、常(州)肥美大苏南强劲增长外溢,向欠发达的苏中、苏北板块涌浪式推进;山东,沐百年海洋文明恩泽早已经济起飞的胶东半岛经济圈一路奔跑,拉动鲁西山区贫困带脱贫前行。由强而弱、先富促后富,符合经济学基本规律。

唯有浙江用不寻常的姿态,诠释的是所谓“边区效应”的经济学悖论:相对资源匮乏、土地狭小、交通不便、文化素质低下、历史发展积淀严重不足的以温州为代表的南部浙江异军突起,狂飙突进,并在 20 世纪 90 年代中期前后,“温州模式”大举北伐,搅活了包括千百年江南富庶之地杭(州)、嘉(兴)、湖(州)在内的北浙江改革开放的一池春水。浙江经济成长路径大抵暗合了中国革命星火燎原的经脉——以农民为主体,从农村出发,由落后地区向城市进发。

选择计划经济与政府管制的薄弱环节为突破口,迅速形成改革的先发优势以及连环推进的多米诺骨牌效应,环境条件的先天劣势被弱化,温州大获成功。

但改革开放特定历史背景下的经济学悖论,不可能演变为永远的经济学真理。尤其是邓小平发表南方谈话后,意识形态层面拨云见日,各地纷纷站上了同样的改革起跑线,温州必然逐渐丧失曾经独享的时间窗口,刚性发展条件的劣势再度显露无遗。

不安分的温州人不会甘心被局促的资源环境困死。没有土地,经济可持续成长被“卡脖子”,那就向大海要地。

温州临江面海,境内有广阔的滩涂。2012 年 9 月,国家海洋局海域管理司下发《关于重新确定温州市瓯飞淤涨型高涂围垦养殖用海规划围海规模的通知》。这一获得了“通行证”的体量庞大的工程在温州命名为“瓯飞”,取“温州腾飞”之意,计划未来 8 年内,投资 280 亿元,在温州瓯江与飞云江之间的滩涂围垦出 13.3 万亩土地,加上瓯飞二期及其他关联工程,总围垦面积拓展至约 49 万亩。49 万亩相当于 320 平方公里,而同期温州城区也仅 194.8 平方公里。这意味着,瓯飞工程将再造一个“海上新温州”,瓯飞工程亦由此成为迄今全国规模最大的围垦工程。

山道崎岖,行车大不易,这更难不倒温州人。

1990 年 7 月,国内第一个民间集资为主“自费建设”的机场——温州永强机场通航;

1998 年 6 月,中国第一条民间资本参与兴建的金温铁路开通;

2003 年 12 月,温州第一条甬台温高速公路全线通车;

2017 年 3 月,温州第一条杭温高铁开工修建,建成后温州至省会杭州仅需 65 分钟。

然而，地理空间的拉近，并不能令温州彻底走出“偏远”的宿命。若以长三角、以杭州为轴心，温州依然是心理意义上的“东南一隅”。比心理意义还紧要的是，文化层面的“偏远”。

与浙江北部不同，杭(州)、嘉(兴)、湖(州)为吴文化区，宁(波)、绍(兴)为越文化区，而地处浙江南端的温(州)、台(州)千百年间便浸淫着极为鲜明的瓯越文化特征——刚烈、硬气、不服输、好抱团，发散出酒一般浓郁的大海的气息。从文化认同的角度而言，温(州)、台(州)地区与一路向南的福建厦(门)、泉(州)、漳(州)以及广东潮(州)、汕(汕头、汕尾)有更密切的兼容度。这三个山水相连的区域板块虽分属三个省份，但其共同的精神血脉即是那首广为传唱的闽南歌谣——《爱拼才会赢》。从明朝中后叶中国东南沿海假倭寇之名兴盛一时的海洋武装商帮，到改革开放初期的走私狂潮及与之相伴生的假冒伪劣泛滥，三个板块“爱拼”的群体同生共死，此起彼落。

于是，除了北望，温州还可以南下。

假以时日，以文化一体化助推，当交通更为便捷、商业流动更趋融合，温台、厦泉漳、潮汕经济一体化成型，这一区域便会成为连接中国沿海两个最强劲引擎“长三角”与“珠三角”的超级大通道。彼时，温州必将不再“偏远”，而是南北相通的枢纽。

只要给温州和温州人足够的时间，没有什么是不可能发生的。找活路，是他们与生俱来的禀赋。

观察所谓的温州困局，如果只是从温州狭小的地缘去判断，得出的结论往往是局限的甚至是荒谬的。在很多情况下，温州问题可能就是中国问题。

譬如 2011 年老板跑路事件，前述《东方早报》记者独家获取的浙江人力资源和社会保障厅关于企业主逃逸的调研报告显示，当年 1 至 9 月，全省共发生 228 起企业主逃逸事件，除温州以 84 起居首外，嘉兴、金华、台州亦分别以 49 起、30 起、29 起紧随其后，绝非温州所独有。

几乎同时，我们听到了太多老板“起飞”跑路的消息：

2011年下半年,内蒙古鄂尔多斯接连爆出多位房地产老板因资金链紧张而外逃。9月24日,该市中富房地产公司法定代表人王福金自杀身亡。

2012年3月,江苏常熟市官方城市形象宣传片主角,坊间人称“常熟第一美女”的老板顾春芳突然不知去向。顾春芳涉及个人借款近5亿元,并在该市各大银行及小贷公司抵押贷款1亿多元。

陕西神木、府谷,山东青岛,广东佛山、深圳……因民间借贷崩盘而仓皇出走的老板无数。

温州一叶,可知中国民营经济之秋。差别仅仅是,温州爆发得更早、更猛烈一些而已。

综观中国40年改革开放历史,我们不难发现,温州之于当代中国的意义,不在于培育了多少老板或创造了多少GDP,而是创造性摸索了改革发展的路径、方法乃至方向。这一创造性摸索集中体现在具有普遍意义的“三个率先”:一是率先发展商品经济;二是率先建立市场经济;三是率先孕育产权彻底清晰的民营经济。发展商品经济、市场经济、民营经济是中国经济体制改革的三大核心突破。就全国而言,这一进程在1997年9月中共十五大明确宣告“非公有制经济是社会主义市场经济的重要组成部分”,1999年3月举行的九届人大二次会议又郑重地将这一重要论断载入修改后的国家宪法才告完成。而在温州,1985年“温州模式”被正式提出时,这三大突破即已基本确立,并构成了所谓“温州模式”的土壤性内涵。

基于此,我们可以清晰地得出如下结论:温州曾经的胜利从本质上是市场经济的胜利;改革兴则温州强,反之,市场经济败,则温州必败。只要中国以市场经济为取向的改革还在路上,“温州模式”就不会“落幕”。

2013年12月,在温州市委十一届五次全体(扩大)会议上,时任市委书记陈一新作了坚持和发展“温州模式”、再创体制机制新优势的报告。

“如何评价‘温州模式’,是否坚持‘温州模式’,是当前温州全面深化改革回避不了、绕不过去、必须回答的重大方向性问题。”他在界定了“温州模式”的核心内涵之后给出的结论是:“温州模式”没有过时,仍具活力,“要在坚持中完善、在完善中提升，不断把‘温州模式’发扬光大”。

这是曾担任过浙江省委政策研究室主任的陈一新对“温州模式”长期关注和思考的成果，也是温州市委在质疑声浪中第一次如此旗帜鲜明地提出要坚持和发展“温州模式”。

习近平总书记在浙江工作时曾指出：“温州的实践是浙江改革开放的一个缩影，充分证明了邓小平理论和‘三个代表’重要思想的伟大正确，充分证明了中国特色社会主义道路的伟大正确。”“我对温州有一个很大的希望，就是希望温州把这部创新史继续写下去，探索新的规律，创造新的业绩，总结新的经验，为全省带好头，也为全国作示范。”①

“我们认为，习近平总书记这两段重要论述已经深刻阐明了‘温州模式’过去、现在和未来的‘中国价值’。”陈一新说。

【浙江改革开放史档案】『温州模式』没有过时

2015 年 5 月，“温州模式”横空出世 30 周年之际，我所任职的澎湃新闻推出了一组近 5 万字的专题纪念报道。

作为这组报道的收官之作，5 月 6 日，我和澎湃新闻同事专访了时任浙江省委常委、温州市委书记陈一新，专访历时两个半小时。

“我们要坚定对‘温州模式’的自信，珍惜、擦亮‘温州模式’这块金字招牌，使它继续成为引领未来改革的一面旗帜。”陈一新表示，“温州过去是中国改革先行区，现在是中国改革的试验田，未来要做中国改革的模范生。”

以下为此次专访的节选。

澎湃新闻：你上任后，第一次对“温州模式”的核心内涵进行了总结和界定，这么做有何深意？在新一轮改革中，温州为

① 习近平：《干在实处　走在前列——推进浙江新发展的思考与实践》，中共中央党校出版社 2006 年版，第 488—489 页。

什么提出坚持和发展“温州模式”?

陈一新:改革开放以来,温州改革探索的伟大结晶就是“温州模式”。“温州模式”是改革开放政策与温州实际相结合的产物,是中国特色社会主义在温州的创新实践。

然而一直以来,究竟什么是“温州模式”的本质内涵,却众说纷纭、莫衷一是,有人甚至认为“温州模式”就是“低小散”的代名词。所以,科学界定“温州模式”的核心内涵,是正确评判“温州模式”的基本前提。

我们认为,“温州模式”就是以民本经济为本质、以市场经济为精髓、以实体经济为基石、以有限有为有效为政府治理内核的区域经济发展模式。

——“温州模式”的本质是民本经济。目前在全市经济比重中,民营企业数量占99.5%、工业产值占95.5%、上缴税收占80%、外贸出口额占95%、从业人员占93%。可以说,立足民力、依靠民资、发展民营、注重民享、实现民富,是“温州模式”的本质特征。这种民本型的区域经济发展模式,彰显了温州经济的旺盛活力,造就了藏富于民的典范。

——“温州模式”的精髓是市场经济。改革开放以来,温州率先推进市场化改革,大力推动商品和要素自由流动,形成了以消费品市场为基础、专业批发市场为骨干、生产资料和生产要素市场为支撑的市场体系。温州在市场建设和市场经济发展上创造了许许多多“全国第一”。

——“温州模式”的基石是实体经济。改革开放初始,温州就注重发展实体经济,从家庭工业起步,从小商品生产入手,从小经营发家,呈现出“小商品,大市场”“小企业,大协作”“小区块,大产业”“小资源,大制造”“小资本,大经营”的实体经济鲜明特征,走出了一条实业致富的路子。

——“温州模式”的政府治理是有限有为有效。当个体私营经济萌芽的时候,政府不压制、不扼杀,放手让老百姓创业,尽量不干预微观经济主体的活动;当民营经济起步之后,政府不被各种争论和非议所惧,积极鼓励、支持、引导民营经济发展;当市场经济发展到一定水平之后,政府把能交给市场办的事尽量交给市场办;在市场出现失灵、失缺的时候,政府做好补位、到位,引导市场经济健康发展。可以说,努力当好有限有为有效政府,不扮演“全能者”角色，这是“温州模式”的要义。

我们认为，“温州模式”的核心内涵完全符合党的十八大和十八届三中全会精神，“温州模式”并没有过时，仍然具有顽强的生命力。坚持和发展“温州模式”完全符合中央全面深化改革的要求，完全符合温州全面深化改革的前进方向。

澎湃新闻：从“温州模式”首次见诸媒体至今已有 30 年。过去 30 年间，外界对“温州模式”的争议不断。尤其近 10 年来，“温州模式”更是遭遇了前所未有的质疑和诟病，唱衰者有之，否定者有之。对这些观点和声音，你怎么看？

陈一新：近年来，一些人把温州发展过程中产业“低小散”、实业“空心化”、资金“热钱化”等种种现象和问题强加于“温州模式”，以此来证明“温州模式”衰败、过时，从而否定“温州模式”。客观地说，这些不良现象和问题在温州不同程度存在，但并不代表“温州模式”的核心内涵和本质特征，恰恰是“温州模式”坚持不够的表现，是对“温州模式”的背离，也是“温州模式”本身所反对的。

现在，温州最受诟病的无非是部分民营企业“脱实向虚”，先后引发了“民间金融风险”和“企业金融风险”。就内因来讲，主要是一些温州人赚到第一桶金之后，没有很快找到传统实业转型升级的路子，又经不起高回报的投机诱惑，导致不少资金涌入了高风险非实体领域。一旦遇到经济波动，就难以为继。就外因来讲，主要是面临国际国内宏观经济形势的深刻变化，温州更早进入了新常态，受“三期”叠加的影响更早更深。

“温州模式”发展虽然经历了不同阶段，具体形式也在不断变化，但其核心内涵却一脉相承；虽然曾饱受争议、多次陷入困境，但都一次次突围成功，而且遇到的困难越大，往往提升得越高。只要我们纠正发展中的偏差，在坚持中完善、在创新中提升，“温州模式”完全能够大放异彩，成为中国特色社会主义生动实践的典型样本。

第十四章

浙江危局

> 企业的成长和创新就像地球的转动。不转过去，就永远是黑暗，永远看不到明天。
>
> ——浙商语录

2008 年 3 月 18 日，在全国“两会”闭幕式的记者招待会上，时任国务院总理温家宝说：“今年，恐怕将是中国经济最困难的一年。”

彼时，没有多少人真切地理解这句话的含义和分量。

刚刚走入改革开放 30 年，收获的是来自全球的赞誉，各种标志性数据的曲线高昂，我们似乎站上了辉煌的巅峰。回望、喜悦、庆典、礼花，理所当然应该成为 2008 年的关键词。

然而，当大洋彼岸美国次贷金融危机扇动蝴蝶的翅膀，几乎从天而降，“最困难的一年”真的来了。

浙江亦无法幸免。

浙江省发改委主管主办的《浙江经济》杂志在 2008 年最后一期的卷首语中写道：“改革开放第 30 个寒暑，浙江经济迎来了最为困难的年景。”

在浙江 40 年改革开放史上，“最为困难的年景”有两次：一是 1989 年，GDP 增速从上年的 11.2%断崖式暴跌到－0.6%，在全国各省市区中第一个出现负增长；二是 2009 年，一季度 GDP 增速陡然下滑至 3.4%，位列全国倒数第二。当年全年 GDP 增速仅 8.9%，为 20 年来第一次跌入个位数增长。

浙江两次“最为困难的年景”的差别在于，第二次更为艰难，周期也更为漫长。

最糟糕的时刻

2008 年 6 月 4 日，《财经》杂志记者严江宁一篇《飞跃遭遇资金链危机》的简短消息如同晴天炸雷。

该消息第一个公开披露称，地处台州椒江区的浙江省缝制设备生产龙头企业飞跃集团由于经营状况一蹶不振而陷入严重困境，其对所借贷的巨额资金无力偿还，无奈向政府申请“破产”。目前台州市政府已经派人进驻飞跃，全面接管了飞跃的账目。

浙江各界对此的反应是两个字——“震惊”。

震惊，缘于飞跃集团堪称标杆的特殊地位。该集团网站资料显示，飞跃是当今全球最大的缝制设备生产基地，年生产能力 500 万台，其中超高速包缝机、绷缝机占世界总产量的 50%，产品远销 120 多个国家和地区，居全国行业出口量首位。2007 年，集团创始人以 25 亿元身家，居“胡润百富榜”第 328 位。2002 年 6 月，他还曾经当选为中共十六大代表，这是浙江数百万民营老板中的第一位中共全国代表大会代表。

随后铺天盖地的追踪报道以“飞跃折翅”来形容其困境的严峻。集团创始人的说法则是“焦头烂额”：台州市外经贸局数据显示，2008 年 1—4 月飞跃集团出口总额仅为 1848 万美元，比去年同期 3300 万美元大幅下跌 44%。由于资金周转极度困难，没钱购买原材料，公司只得放弃部分海外订单。自 5 月份后，生产基地每周仅开工两三天，一些待岗的员工为了能多赚些家用钱，被迫去建筑工地打零工。

“飞跃地震”有两个众说纷纭的争议焦点：

——飞跃究竟欠了多少钱？欠谁的钱？民间的说法称，飞跃总负债近40亿元。而各个据称来自“可靠渠道”的消息亦表述不一，一说保守估计其负债总额30多亿元，银行贷款约16亿元，其余为利息极高的民间借贷；一说总体负债率约80%，若以其24亿元资产规模计则接近20亿元。新华社当年6月5日的报道则透露，至5月底，飞跃的银行贷款为8.9亿元，另有几千万元的银行承兑汇票。

——是什么致使飞跃一步步陷入难以自拔的泥潭？

“我们就是太相信规模经济、园区建设、先进装备、新型工业化、国际化万岁、出口万岁，”飞跃集团这样对媒体总结有关此次危机的反思，“这些东西投入巨大。等产出的时候，才觉得费用这么高。”

公司创始人办公桌上的一只硕大的地球仪，曾被许多记者反复描述，说他空闲时总喜欢将之转来转去，看看公司国际市场的地盘又扩张了多少。飞跃产品出口始于20世纪80年代末，比“浙江制造”集体性冲出国门整整早10年，其外销比重一度高达80%。

成功的海外扩张为飞跃收获过各类荣誉，但美国次贷危机后国际市场的急剧萎缩所带来的存货周转及回款的滞缓，后果也是灾难性的。据媒体报道，集团创始人在2008年6月集团的一次高层会议上，言及公司的海外业务状况，动情之处不禁潸然泪下。他告诉下属们，飞跃的一批货物刚刚到达南美，随即就扔下了大海。因为与登岸后慢慢卖相比，马上就地处理的话，“仓储成本远远超过收益”。

海外市场销售现金收益急剧下滑的同时，却是企业规模化扩张所带来的投资大放血。

1997年5月，飞跃兼并同在椒江的浙江第一工业缝纫机厂，成立飞跃集团五区；1998年7月，飞跃收购杭州杜邦缝纫机公司，建成当时国内最大的绷缝机生产基地；2001年12月，总投资7.5亿元、占地两平方公里的“飞跃工业城”正式启动。随后，飞跃又豪气万丈地对外发布了公司的宏图大计：到“十一五”末即2010年，将实现销售额270亿元、进出口总额15亿美元、利税15

亿元。270 亿元意味着其总量增长必须达到近 20 倍，相当于 2010 年国内缝纫机行业约 500 亿预期市场总份额的一半以上。

借钱—投资—再投资—再借钱，巨大的财务压力已经把飞跃的赢利造血能力紧绷到了极限。2007 年下半年后市场风云出现异变，紧张的资金链即刻断裂。

危难当头，地方政府决意伸出援手。浙江省政府牵头紧急召开了飞跃债权银行会议，明确要求不抽贷、不压缩贷款规模。台州市、椒江区政府则积极运作临时调剂资金、资产重组等救助措施。

《东方早报》资深记者徐益平调查认为，民营经济发达的浙江向来尊崇"小政府，大市场"，官方强势护盘的这一主动姿态，一方面基于飞跃的既有"光环"，另一方面是担忧其倒下后给产业与区域经济带来的多米诺骨牌效应。

椒江区下陈街道是全国最大的缝纫机生产基地台州产业集群的核心区块，飞跃则贵为领军者。2006 年，下陈街道共有缝纫机整机企业 40 多家、零配件企业 400 多家，产量在全国约三分天下有其一，其中为飞跃供应配套零件的占了当地企业数的 1/4。飞跃一输，全盘大乱，企业问题可能进而演变成社会稳定问题，这是官方无论如何不愿看到的。

"飞跃折翅"拉响了最尖利的警报，"浙江制造"的"2008 之痛"已山雨欲来。

坏消息源源不断地从全省各地涌来。这一年的夏天，浙江最高气温逼近 40℃，热浪翻滚，但许多人感受到的却是透心的凉：

——中国最大的注塑鞋生产基地温岭市。5000 家鞋类生产企业约 20%停产或倒闭，前 15 强企业有 10 家呈现负增长，从业员工由 17 万人锐减至 11 万人。"遇到的困难之大，这十多年从未有过。"已经在这个行业摸爬滚打了 18 年的福德隆鞋业老板朱福德叹息，以前温岭的鞋一直很好销，客户往往是排队求着发货。仅仅一年工夫，天就变了，热热闹闹的发货场面已成记忆中的美景。

——中国最大的小商品市场义乌市。6月份的“义乌·中国小商品景气指数”为1073.65点，比上月下跌56.96点，逼近同年3月由于春节休市、雨雪灾害等原因创下的1060.82的历史低点。同期入境义乌采购的外商人数也坐上了滑梯：4月份2.5万人，5月2.1万人，6月则不足2万人。许多摊位的摊主开始百无聊赖地聊天、打牌、玩电子游戏。

——“中国家电之都”宁波慈溪市。1万多家小家电企业近半处在亏损边缘，命悬一线。其中年产能力超过500万台的50家中小电冰箱企业，有大约40家根本接不上订单。“大家都两眼血红硬挺着，倒下了恐怕就再也站不起来了。”

——“中国纺织之乡”绍兴市。9月，几乎前后脚之间，纺织业巨头华联三鑫石化有限公司和江龙控股集团有限公司因资金链断裂相继停产。3个月后，纵横控股集团再度因资不抵债陷入财务危机。相关部门初步核查显示，其至少亏损20亿—30亿元，刚刚以70亿元身家排名“胡润百富榜”第76位的董事长袁柏仁被监视居住。

“浙江制造”危局的连锁效应开始显现，甚至已累及浙江工业化进程、就业目标的实现和城乡居民收入增长。有数据披露，2008年一季度浙江省城镇居民人均可支配收入、农村居民人均现金收入仅增长1.7%、5.4%。这在向来以藏富于民而著称的浙江是罕见的。

是什么捆住了浙商矫捷的身手？冰冷刺骨的“后天”何以突如其来？《21世纪经济报道》援引2008年7月7日浙江官方紧急报送国家发改委的一份调查报告《当前中小企业生存环境亟待改善》，做了详尽分析。这份由浙江省经贸委、中小企业局、外经贸厅、省企业联合会等部门共同完成的调查报告的关键句令人忧虑——“全省200多万家民营企业处境微妙，大量中小企业的生存面临危机”。

该调查报告认为，当前影响浙江中小企业生存和发展的原因包括：人民币升值、银根紧缩、成本上升、出口退税率下调、次贷危机等。

人民币不断升值对浙江出口企业造成的压力是巨大的。2008年以来，浙江规模以上企业的主营业务利润率只有3.81%，许多出口订单的赢利期望“打了水漂”。据测算，全省1—4月对美国出口80亿美元，因汇率波动少收入约30亿元人民币。

同时，浙江深受美国次贷危机的伤害。美国历来是浙江主要出口市场，2006年全省对美出口增长36%，2007年下降到12.34%，2008年一季度仅增长3.7%，增速节节回落。2018年1—4月，浙江涉美贸易纠纷案件金额达1409万美元，同比增长205%。

而银行信贷一再紧缩，致使本来就存在贷款难、担保难的浙江中小企业融资雪上加霜。2008年全省工行、农行、中行、建行新增贷款由上年的1487.27亿元缩减为1093.69亿元，约减少了1/4。在中长期贷款中，技术改造贷款占比已从2000年的16.09%降至2007年的0.97%，下降了15.12%。另据分析，由于受银行利率上调和民间高息借贷等影响，2008年1—4月，浙江规模以上中小企业财务费用增长40.55%，其中利息净支出增长45.18%。

成本上升的影响，主要表现在工业生产资料、企业用工成本及土地出让价格等方面。据统计，2008年4月，钢材、燃料、动力购进价格比上年同期增长12%，而工业品出厂价格仅提升5.3%，涨幅倒差从上年底的2.9%扩大到6.7%。1—4月，浙江规模以上工业企业从业人员劳动力报酬则增长了16.42%，创近年新高。

出口退税率下调也成了“架”在外向型企业脖子上的“一把刀”。以台州为例，全市有1800余家企业、1000多项商品受此次调整的影响，涉及80%以上的出口企业，造成的直接损失高达1.5亿美元。

在国内外两个市场环境的“外患”刚性叠加的巨大压力下，浙江经济遭遇前所未有的困难，甚至导致全省各地的民企关停与倒闭，究竟是产业周期性调整还是全面危机的前兆？浙江为何在本轮经济危机中反应最为激烈？

细加观察不难发现，飞跃、纵横、华联三鑫等大型民企遭遇危机，几乎都与“扩张过度”有关。这一局面的出现，除了企业家自身误判，还往往与政府在经济繁荣期形成的所谓“扶强做大”的思维直接关联。在政绩冲动的驱使下，政府对大型民企关爱有加，对土地、税收、金融、司法保护等一意偏袒，导致其患上了“类国企病”。

另一方面,大型民企因盲目扩张、粗放拓展而埋下的市场风险承受力低下的隐患,就其本质症结而言,其实与浙江量大面广的中小企业接连败走麦城的诱因并无二致——关键还在于“浙江制造”超低价神话所诱导的企业生存发展的价值理念偏好。

观察人士相当一致的判断是,改革开放之初,由于意识形态歧视造成的市场准入的制约,以及全民创业的“老百姓经济”的局限性,“浙江制造”必然首先大量涌入低门槛、低资本、低技术的日用消费品生产领域,随之而来的低档化倾向和普遍的低价竞争策略实在是顺理成章的天然选择。这一朴素的生存哲学曾造就了辉煌奇迹,自以为高明地对此加以断然否定,将是轻率的甚至是可笑的。问题是,长期的连续成功,使“浙江制造”在相当程度上患上了低价依赖症,痴迷成瘾而难以自拔。一旦市场环境全面抽紧,久已深埋的痼疾即时总爆发。这是一杯渐进积累的苦酒,而并非毫无预兆、急转直下的恶化。

“春江水暖鸭先知,冬江水寒鸭亦先知。相对成熟的市场经济体系决定了浙江对外部变化反应会更为灵敏。同时,久已存在的低层次产业路径依赖又进一步放大了全国共性问题对浙江的负面影响,导致浙江经济抵御风险能力严重偏弱,加剧了当前的困窘。”时任浙江省发展与改革研究所所长卓勇良说。

温州知名学者马津龙则从新的视角诠释所谓“2008 浙江生死局”。他认为,和温州一样,浙江多个产业领域的现状早已是过度进入、过度竞争,此次部分企业的倒闭退出可以看作是市场经济条件下对以往“过度竞争”的强制性矫正。资源要素会进一步向优势企业集中,而有战略眼光的优势企业完全应该借势跃上提升科技、创立品牌的上行通道。“坏事会变成好事,这是难得的转身机会。”

这显然是对“浙江制造”普遍适用的一帖良方。但说到了、想到了,如何做到并做好又是另一回事。

再以飞跃集团为例。稍加剖析,我们不无尴尬地发现,飞跃资金链断裂的部分压力，竟来自于为追求技术进步支付的沉重“血本”。

新华社的一篇热情洋溢的表扬式报道说，飞跃的科技“急行军”大约始于20世纪90年代后期。10年间，其举债斥巨资数以亿元计，收购了日本的一家小型工厂，聘用德、意、日等强国的缝纫机洋专家为飞跃研发高新产品，并从美、韩及中国台湾地区买进上百台/套世界顶级加工设备。1999年，飞跃机电一体化多功能家用缝纫机首次杀入日本市场，从此将日本高档缝纫机单向出口中国的历史画上句号。

在很多场合，飞跃集团创始人都讲过这样一则故事：2006年6月，他出访欧洲。在一次中外企业界见面会上，瑞士工商会会长发言时说：“中国企业家是我心目当中最伟大的。你们可以买世界上最贵的原材料，却卖出去最便宜的产品。中国人真聪明，他们不搞研发，热衷于拿来主义。”

此番揶揄，令集团创始人耿耿于怀。他下定决心：要造就造世界上最贵的缝纫机，而最贵意味着技术最先进。

为了研发高档缝纫机自动化控制系统中的芯片，飞跃联合中科院，累计投入近2亿元。几年间，飞跃拥有自主知识产权的专利已达500项。“八五”时，飞跃每台缝纫机平均售价500元人民币；至“九五”，单价上升到2500元；“十五”期末，这个数字已经飞跃到1万元。集团的梦想是：未来能够生产一种机器，吃进棉花直接就可以生产出成品的服装。

没料想，壮志未酬，泪洒沙场。

我们没有任何理由因此怀疑飞跃追逐科技进步的路径选择。但这个世界上并不存在万能的药方，正确的思路仍然需要小心翼翼地正确运作。稍有闪失，同样可能付出血的代价。

2008年中，包括温家宝总理在内的国务院高官密集调研中国沿海地区，浙江则是倍受关注的重中之重。调研的指向十分明确，如何进一步调整和完善现行政策，避免中国经济出现过大回落。7月5日召开的浙江省企业联合会第6次会员代表大会上，时任浙江省省长吕祖善向数百位与会企业家郑重承诺：“政府将和企业一起，齐心共渡难关。”

国际金融危机的冲击仍在持续加深,高层认为"这场危机来势之猛、扩散之快、影响之深,百年罕见"。当年11月,全国进出口总值开始表现为负增长,大批进城务工人员返乡,经济面临硬着陆的巨大风险。

2008年11月5日,时任国务院总理温家宝主持召开国务院常务会议,决定迅速出台加快铁路、公路和机场重大基础设施建设等进一步扩大内需、促进经济平稳较快增长的10项措施。据初步匡算,实施这十大措施,到2010年底共计约需投资4万亿元。

强劲的救市政策一定程度上修复了严重受损的信心,普遍悲观的预期得到初步扭转。同时,货币变得宽松甚至泛滥,银行的海量贷款喷涌而出,许多企业过度扩张、盲目扩张的痼疾再度膨胀。

为抑制可能的通胀风险,2010年10月始,央行启动连续而凌厉的加息。银根骤然抽紧的重压之下,浙商突然遭遇了被描述为"金融瘟疫"的互保危机,它席卷了大半个浙江。

依据担保主体的多少,这一信贷链又可分为"互保"及"联保"。互保,即两家企业之间对等为对方保证贷款,当对方企业还不上钱的时候,则需要互保方承担还款连带责任;联保,即三家或三家以上的企业组成担保联合体,联合体中的成员为其中任何一家的贷款承担连带责任。

互保信贷的渊源久远,难以考证,其间可以找到中国古代保甲制度的影子。20世纪70年代,诺贝尔和平奖得主、孟加拉人尤努斯创建的"穷人银行"——立足于解决乡村农户小额贷款的格莱珉银行将之发扬光大。

据《中国经济周刊》记者郭芳调查,改革开放后,互保信贷在中国首先被运用于缺少抵押物的农户间的贷款担保。之后,这一模式被很多商业银行在商圈、行业协会、地方商会的企业之间广泛采用,尤以向来有着抱团取暖的地缘及血缘文化的浙江地区为甚。官方统计,互保信贷模式一度占浙江省企业融资总额的40%,民间估算更高达70%。

中小企业间"互哺式"的融资担保,曾经催生了浙江民营经济极强的做大效应和财富外溢。然而,经济低迷之时,"火烧连营"的巨大危害,同样会变得一发不可收拾。

事实上，浙江互保危机在2008年即显露冰山。绍兴最大的企业华联三鑫石化有限公司融资总额80多亿元，当地知名的展望集团、浙江玻璃、加佰利集团及数十家银行皆深陷与其盘根错节的互保案旋涡。绍兴地方政府强力出手挽救，方渡过劫难。

浙江民企面对的是被称作金融瘟疫的“互保危机”黑洞

更大的危机，终于在2011年后连锁爆发，次年达到高峰。

以重灾区杭州为例。危机的源头来自一个叫天煜建设的公司。2011年12月20日，其下属分公司涉嫌非法集资案发，天煜建设全部账户和房产陆续被法院冻结查封。

2012年1月，受天煜建设所累，为其互保、联保的多家企业开始遭遇银行收贷。由其引发的互保信贷危机所涉企业的信贷关系图，一圈一圈往外蔓延直至第六圈担保链。处于一级圈内的是嘉逸集团和华洲集团，它们又各自成为更大的“传染源”形成不同的互保危机圈。

嘉逸集团是杭州家具行业的龙头企业，曾入围2008年奥运会办公家具供应商。它旗下的新洲家具为天煜建设的1亿元银行贷款提供担保，压力瞬间而至，8家银行开始向嘉逸集团集中收贷1.15亿元。此后，沿着企业间阡陌相连的互保圈，催贷风暴逐级扩延。仅嘉逸集团的互保圈就有6家大集团卷入，涉及企业超过30家，互保金额总计4.18亿元，总资产为55.17亿元。一份来自杭州家具行业的报告显示，因天煜建设引发的信贷危机，共涉及中国银行、建设银行等23家金融机构，关联债务超过100亿元；关联企业近100家，包括中国民营500强企业。

“现在我们企业真的到了血被抽干的时候了，真的撑不下去了。”互保圈中的一位老板在接受记者采访时没忍住，哭了。

然而,这仅仅是浙江庞大的互保危机黑洞的一个缩影。

2012年7月,杭州600家民企上书浙江省政府紧急求助,提出两点恳求:一是希望省政府联合省经信委、省金融办、省银监局以及各级政府维稳办成立协调小组,对这次因银行催贷引发的民企资金链危机尽快进行集中和系统性处置;二是希望省政府出面协调银行暂时停止收贷,并尽快将近期所收贷款暂时发放给相关企业,争取今后3年之内,不要削减相关企业的贷款额度,给企业以喘息和处理危机的时间。

在此前,杭州市政府发布了《关于杭州市部分家具企业及关联企业信贷问题政银协调专题会议纪要》,提出相关债权银行"不再出现一家银行放贷,一家银行收贷的现象,做到银行之间共进退"。

浙江省政府亦迅即召开视频会议,要求"尽快建立专案小组受理危机企业的报告,帮助企业渡过难关"。各地方政府纷纷设立应急专项资金,用于缓解企业转贷时的资金周转困难。问题企业先用政府的钱给银行还贷以后,银行兑现放贷承诺。

始料未及的互保危机波及杭州、绍兴、湖州、宁波、温州等地市,连绵数年不息。媒体对此报道的笔调异常灰暗:"我们只看到了危机的起点,但看不到边界,也猜不到结局。"

机会主义商人末路

与资金链一起被摧毁的,还有信心。

由于厄运叠加、来势凶猛,浙江企业家似已成为全国"最沮丧"的群体。报告显示,以美国金融危机冲击最严重的2008年第三季度为例,浙江企业景气指数、企业家信心指数与全国相比分别低4.3点和11.8点,其中,企业景气指数由当年一季度的全国第12位跌至第18位,企业家信心指数由第15位滑至末位。

"有部分企业面对困境,出现的悲观情绪大于积极进取的精神。"浙江省中小企业局人士介绍，主要的消极现象有三：一是“冬眠论”，对困难“看不到底”，就想着“冬眠”几年，等时机好了再说；二是“过冬论”，把“宝”押在来年，寄托于天助，等明年天上掉个馅饼——其实，谁知道冬天究竟有多长；三是“淘汰论”，认为传统制造业是夕阳产业，迟早要死，晚死还不如早死，索性无所作为。

信心反映到微观层面，是投资活动日趋谨慎。信心滑落谷底之时，甚至导演了极端的悲剧：

2008 年 8 月，兰溪，曾是“全国中成药企业 50 强”的浙江一新制药股份有限公司董事长郑亚津在办公室自缢身亡，部分生产线被迫停工；

2011 年 5 月，台州，珠光集团浙江钢结构有限公司董事长卢立强被人发现沉尸在临海灵湖公园，身后留下 4.2 亿元巨额债务；

2012 年 3 月，杭州，因投资失败走投无路，杭州雅缘影视制作有限公司董事长陈卫民用一把自制手枪结束了自己 42 岁的生命；

……

对未来预期的不乐观甚至是绝望，在部分浙商群体间弥漫起莫名的巨大焦虑。当金融危机的连锁效应扑面而来，这种焦虑升腾到了极点。

事实上，焦虑与茫然可以前推至 21 世纪伊始。在走过改革开放一路披荆斩棘、高歌猛进的最初 20 年后，浙江老板们慢慢发现，仅仅依靠当年不怕吃苦和大胆闯荡的劲头越来越不行了，老办法不灵了，新的突破点和发展路径尚未清晰，资源紧缺、要素瓶颈、生态挤压以及改革明显滞缓等外部生存环境又步步紧逼。

内忧外患之下，焦虑日渐滋长。与此相伴而生的，是商业投机与机会主义的恶之花。

2008 年 7 月 25 日，杭州市中级人民法院在《杭州日报》A6 版刊登一则“督促被执行人履行债务公告”，曝光了 23 个拒不履行债务的单位和个人。在这份俗称“老赖”的名单中，曾经以 8000 万美元身家排名 2000 年度“福布斯中国富豪榜”第 35 位的浙江桐庐商人陈金义赫然在列。被录入执行人一栏的，除陈金义本人外，还有其名下的浙江金义集团有限公司，以及他早年在英属维尔京群岛注册的一家名叫“Kingsea Liminted”的公司，欠款总额为“45581875 元”。

杭州市中院表示，公告发出后，陈金义并没与法院联系。欠下巨额债务的前富豪于 2007 年下半年开始即“神秘失踪”。“我们找了他近一年，始终没音信，有消息说他去四川出家做了和尚，但一直没法证实。”

知情人士透露，2008 年 3 月陈金义一直使用的手机号因 700 多元欠费而停机；5 月该号码被移动公司销号，共计欠费 850 余元。从此陈金义便“与世隔绝”。

陈金义深陷“老赖门”

令人唏嘘的是，这已经不是陈金义第一次当“老赖”了。

2006 年 7 月，陈金义因金义集团涉及三起买卖合同纠纷却迟迟未履行 66.76 万元债务，而首度被杭州江干区法院依法在当地媒体曝光。最后，陈金义以公司车辆作抵押才缓解了此次危机。不料想，仅仅过了 3 天，在杭州市中院的一次大规模追债行动中，金义集团又被曝 3600 多万元的银行欠款。

市中院执行法官表示：“陈金义本人与家人名下的大部分股权、房产，已经被冻结并变更、拍卖了。不过，法院在执行中出于人性化考虑，给他和他的家人留了一套房子。”据了解，这套陈金义聊以托身的杭州树园小区的房子，只有 60 平方米左右。

稍后的 7 月 28 日，得知此事的“浙商教父”鲁冠球发给陈金义一纸传真，伸出援手：“陈金义同志：我心痛！事至此，先了结。要多少(钱)？来人拿！”

酿成陈金义败局的最后亦是最惊险的一步棋，无疑是其倾所有家当投资并坚信有望“申请诺贝尔奖”的“水变油”豪赌。

“老赖门”之前数年，陈金义开始痴迷于一种被他自己命名为“金伦油”的所谓新型燃料的研制，其基本原理是以重油为主要生产材料，通过加水乳化反应而成。重油是石油提炼剩下的渣油，一般只用作锅炉燃料，由于含硫量太高，许多国家已经禁止燃烧重油。

长期以来，国内外从事重油乳化研究的企业几乎无一真正成功。但陈金义坚信自己的“金伦油”可以实现两大历史性突破：一是燃料的热值从 9000 卡提高到了 11000 卡，效能大为优良化；二是由于每吨产品中加了 40%—50%的水，成本降低了一半，而且水和油之间不出现分层现象，估算下来“金伦油”要比 0 号柴油每吨便宜 1000 元。

“这是具有世界性意义的重大突破，如果推广开去，必将福泽众生。”陈金义说。

而《南方周末》记者吴传震在长篇调查中认为，所谓的“水变油”，事实上是一项曾在中国科学界引起轩然大波的假发明。“水变油”故事的始作俑者是哈尔滨一个名叫王洪成的司机，1992 年他声称发明了一种能将水变油的“水基燃料”，加入神秘配方，清水可以变成油料。几年时间，王洪成先后骗取了 3 亿元，1998 年，骗局终于被揭穿，他由此被判入狱 10 年。

此后，“水变油”的不同版本仍不断在国内出现。2002 年，武汉又有人宣称自己发明了“酒变油”，这次更短命，不到一个月，神话再度破灭。

陈金义告诉《南方周末》记者，2002 年，他巧遇曾在武汉中科应用技术研究所工作的“水变油”专利发明人王先伦，双方一拍即合。2004 年 3 月，金义集团位于浙江海盐市的矿泉水厂被改造成一个燃料研究工厂，建了两条日产 4 吨“金伦油”的试验生产线。

在陈金义心目中，年近六旬的王老爷子十分了不起，称得上是江湖奇人。敬佩之余，陈金义领头，金义集团的许多员工干脆都拜他为“干爹”。

但哪怕是“干爹”的产品，也得经得起科学的检验。

2004 年 7 月，陈金义给浙江省主要领导写信，希望“金伦油”项目得到政府的立项支持。8月18日,浙江省发改委和科技厅召集了专家对“金伦油”进行科技论证。

当天,浙江大学能源系的两位教授根据能量守恒定律,认为“金伦油”热值提高,硫含量和冷凝点降低的现象是不可能同时出现的。王先伦却坚信,自己的产品没有问题,只可能是能量守恒定律错了。教授们要求王提供“金伦油”的分子结构并公开原材料配方,王先伦称由于“保密方面的考虑”,拒绝提供。他给出的解释是,“金伦油”神奇的反应过程和陈景润先生毕生研究的1+1≠2道理一样,虽然有违常规,结果却是真实的。

“有违常规”的“水变油”,注定绕不过客观规律的这道槛。陈金义没等到如他自己所描绘的“就像可口可乐模式——输出技术和配方,到全世界去建立‘金伦油’生产线”的那一天,“老赖门”事件便接踵而至,彻底将他击倒。

鲁冠球对此的点评可谓一针见血。

向深陷“老赖门”的陈金义发传真施以援手后两天,在浙江省浙商研究会等机构主办的一次财经论坛上,鲁冠球说:“浙江也不乏失败的企业案例,前几天发生在陈金义身上的事情,就让我感到痛心。”他对“水变油”项目公开提出了批评:“陈金义犯的错误是不讲科学。任何高科技方面的创新,都要考虑是否有足够把握,一定要建立在科学的基础上。”

陈金义“不讲科学”,一是只当过小学代课老师的他的确不懂科学;二是当背负着急欲抓住成功捷径的强烈焦虑,驱使着他不可能科学地循序渐进。

陈金义太渴望成功了,而且是迅速的成功。就连他妻子都觉得金义集团这些年发展实在是慢,以致于经常在他耳根旁埋怨,没有享到他多少的福。

在本书第六章我们曾经描述意料之外的“陈金义现象”。当年,陈金义收获的是火箭蹿升式的成功。但这种一夜爆红的成功背后,是太多的偶然:

陈金义赚的第一笔大钱,是1992年1月他在上海证券交易所买下4000张股票认购权证,匪夷所思地挣了4000多万元。毫无疑问,他完全不懂基本的金融知识,此次斩获第一桶金,和“农民工”买彩票中了大奖几乎是相同版本的幸福故事。

同年10月,在上海波特曼大酒店的拍卖会上,陈金义豪气冲天地以

145.1万元买下了黄浦区6家长期亏损的小型国营、集体商店。大手笔的底气，无疑来自于几个月前那笔意外之财。同样毫无疑问，这位来自桐庐乡下的农民老板并没有足够的政治觉悟，能够充分洞察自己的鲁莽之举与刚刚召开的中共十四大确立的“社会主义市场经济”的理论突破有多大关联。他甚至忐忑地认为，花这么多的钱，自己是不是吃亏了。至于此后又被舆论及理论界尊崇为改革开放以来中国第一次以“私”吃“公”的“陈金义现象”，更是他没有任何心理准备的不可承受之重的偶然。

当笼罩着巨大光环的“偶然”接踵降临，陈金义晕眩了，他把机缘巧合的“偶然”当作了理所当然的“必然”。从其早年创业史可以发现，本质上陈金义是一个头脑活络、善于抓住机会的草根商人，为了再次复制成功，他极自然地选择了充满机会主义色彩的一次次商业冒险：在重庆三峡库区生产“金义果奶”；在安徽黄山投资酒店；在黑龙江开发五大连池矿泉水，欲做“中国水王”……

陈金义一连串令人眼花缭乱的商业行为清晰显现出如下特征：行业跨度极大；急切希望短期收效；醉心于借助新闻“引爆”博得轰动效应，却缺乏沉下心把机会真正转化为实业的心态和定力。

追概念、抢风头，曾经尝足甜头的陈金义乐此不疲。

打破家族化、建立现代企业制度，是20世纪90年代后半期的时髦话题，陈金义觉得机会又来了。陈金义兄妹7人，加上妻子那边一大家子，在金义集团近亲属就有30多位，半数以上担任中高层领导，是典型的家族企业。1999年9月5日，央视“实话实说”栏目播出了一期《一家两制》的节目，说的就是陈金义如何“大义灭亲”，向家族制宣战的故事。

陈金义告诉主持人崔永元，他甚至将与自己同甘共苦的三哥连降三级，从原来的常务副总经理降到江西市场部任经理，他自己也仅保留董事长一职，而把“外人”傅强推上了集团总经理的大位。

一言既出，陈金义赢得满堂喝彩，被媒体赞誉为“再领时代之先”。

当年，我作为新华社浙江分社记者曾慕名前往金义集团总部，专访陈金义如何“走出家族制”。记得那是一栋杭州城东被蔬菜地包围的三层小楼，等候10分钟后,笑声朗朗的陈金义出现在我面前。他趿着一双拖鞋,说到得意处便用宽大的手掌把大腿拍得啪啪响。他身边坐一小女子,估计是助理,眼神游离,自顾自旁若无人地用手指挖着鼻孔。

全程采访一个小时,我的大脑几乎空白一片,怎么也难以将眼前的场景与现代企业制度勾连起来。

陈金义始终孜孜不倦,顽强追逐着属于自己的"响动"。最大的一次"响动"无疑是意图颠覆新能源产业的"水变油",然而这也是他的"绝响"。

在2004年5月1日颁布施行的《中华人民共和国道路交通安全法实施条例》中,第38条第2款对机动车信号灯有如下明确表述:"黄灯亮时,已越过停止线的车辆可以继续通行。"

谁都知道"红灯停、绿灯行"这一没有讨价还价余地的铁律,黄灯则不同了。本质上,黄灯属于停止行驶的警示,却又预留了"有条件行驶"的空间。同时,何为"已越过停止线"并没有准确的定义,交警对"闯黄灯"者处罚与否也是弹性而模糊的。

其结果是,对绝大多数司机来说,黄灯的含义就是加速冲刺。抢黄灯成了行车过程中最惊险的一幕,在红灯与绿灯的短暂间隙擦身而过,机会成本最低,当然引发严重事故的概率也最大。

改革历程亦如行车,禁区不少,险滩众多,机会同样无处不在,而是否具有良好的"黄灯意识"则显得尤为重要。准确地说,在这一语境下所谓"黄灯意识"主要有两层含义:一是勇于抢抓机遇;二是善于利用模糊的灰色地带顺势变通。

40年间,浙江商人肯定是"黄灯意识"最优秀的群体。同在共和国的一片朗朗天下,几乎同一时间听说了改革开放的响亮口号,胆子大且有着水一样性格的浙江人毫不迟疑地见缝就钻、遇阻便绕,市场经济起步最早,所谓的先发优势由此而来。浙江人娴熟的"黄灯动作",在商品生产的萌动初期是可贵的觉悟,并具有对更广大人群的启蒙价值。但在日渐成熟的市场经济环境下,"黄灯意识"必然会显现出其固有的两面性,稍一失控就意味着对制度的不尊重和对商业游戏规则的漠视。

“浙江制造”堪称“中国制造”的先锋，但比较而言，浙商更多挥洒的是浪迹天下、营销为王的商人气质，而非坚韧创新、工匠型笃守的企业家秉性。某种意义上说，浙江的财富不是“造”出来的，而是“卖”出来的。从游走全国数以百万计的浙商，到以义乌为代表的密如蛛网的市场体系，甚至如日中天的阿里巴巴帝国，浙江商业力量的发育与成熟，足以傲立天下。其间，“黄灯意识”亦得以根深蒂固，大行其道。

在这一土壤性渊源的深厚背景下，尤其是在经济紧缩下行等外部因素的催化下，机会主义商人便扶摇而出。陈金义是其中最具戏剧性的一位，但注定不会是唯一的一位。

2009 年 4 月 16 日上午 9 时 30 分，浙江东阳女富商吴英集资诈骗案在金华市中级人民法院一审开庭。检方指控，2005 年 5 月至 2007 年 2 月，吴英以非法占有为目的，用个人或企业名义，以高额利息为诱饵，以注册公司、投资、借款、资金周转等为名，从林卫平、杨卫陵、杨卫江等 11 人处非法集资，所得款项用于偿还本金，支付高息，购买房产、汽车及个人挥霍等，涉嫌集资诈骗共计近 3.9 亿元。同年 12 月，金华市中级人民法院以集资诈骗罪，一审判处吴英死刑，并处没收其个人全部财产。吴英在一审全程坚持无罪辩护，并不服一审判决，提起上诉。

由于非法民间借贷暗潮汹涌，这一时期浙江因“集资诈骗罪”被判处死刑者屡屡浮现，且其中不乏女性身影。但吴英案无疑是审理时间跨度最大、引发关注最强、影响最为深远的经典案例，在浙江 40 年改革开放史上皆属罕见：

2007 年 2 月 10 日，东阳当地警方出动近千名警察包围了吴英旗下的本色集团，一个多月后，吴英因涉嫌违法吸收公众存款罪被逮捕；

2012 年 1 月 18 日，浙江省高级人民法院做出二审宣判，裁定驳回被告人吴英的上诉，维持死刑判决，依法报请最高人民法院复核；

2012 年 2 月 14 日，为回应全国舆论的高度关注，最高人民法院新闻发言人孙军工表态称，将“依法审慎处理”吴英案；

2012 年 3 月 14 日，时任国务院总理温家宝在全国“两会”答记者问时表示，对吴英案的处理要“实事求是”；

2012 年 4 月 20 日，最高人民法院未核准吴英死刑，该案发回浙江省高级人民法院重审；

“毫无准备”一夜出名的吴英

2012 年 5 月 21 日，浙江省高级人民法院作出终审判决，以集资诈骗罪判处被告人吴英死刑，缓期二年执行；

2014 年 7 月 11 日，吴英由死缓改判为无期徒刑。

浙江乃至全国民营企业家群体、经济学者、法学界泰斗级人物均对吴英案表达了异乎寻常的关切。我曾经做过粗略统计，从案发至 2014 年间，浙商人物登上新浪网首页的频率，吴英仅次于万众瞩目的马云。对吴英与吴英案的评说不一，但同情、声援的声音更为强烈。最具代表性的，是北京大学知名教授张维迎 2012 年 2 月 6 日在亚布力召开的中国企业家论坛作主旨演讲时大声呼吁“刀下留人”。他直言不讳地表示，“吴英的死刑是中国改革的倒退”，“当年邓小平保护了(芜湖傻子瓜子)年广久，今天邓小平已经不在了，没有另一个邓小平来保护吴英了”。张维迎的呼吁迎来了中国企业家论坛 12 年历史上最为持久、长达 1 分钟的掌声。

案发时，吴英 26 岁，在浙江至多是一位三流老板，即使在她的家乡东阳市亦长期寂寂无闻。无疑，舆论给予极大关注的并非吴英本人，而是事关中国民营企业家群体生死的两个共性命题：一、民营企业有没有融资的自由，能不能用剥夺生命的方式将民间金融一棍子打死？张维迎在亚布力论坛演讲时更是直白地认为，所谓“非法集资”应该说是一个恶法，它和早已被废止的“投机倒把罪”没有什么两样。二、在判决尚未生效前，地方政府机构有没有权力拍卖——尤其是廉价拍卖——吴英涉案资产，私有财产权为什么没有得到合法的保护与尊重？

相当程度上，吴英案的价值缘于其触碰了中国民营企业家的集体痛点及改革深水区的难点。发酵与震荡间，吴英个案的基本事实与其个人商业行为的逻辑反而无意中被淡化和忽略了。

所有人对吴英的出名"毫无准备"。

2006 年 4 月开始，一个从未听说过的名叫吴英的小女子以疯狂烧钱的姿态，将企业家大佬云集的东阳市搅得人人心惊肉跳：

——高调开办免费洗车服务部和洗衣店，令整个县城的同行陷入恐慌；

——耗资 3800 万元，一次性买下当地楼盘"望宁公寓"40 多套房产和 30 多间街面房，而且"只谈 15 分钟、全部现金交易"；

——据称豪掷 2 亿元买下刚开始招商的东阳世界贸易城 700 个摊位；

——东阳一小学建新校舍缺钱，吴英给了 80 万元，去邻县磐安走访贫困学生，吴英的丈夫周红波带去 50 万元；

——吴英旗下本色集团"中高层全部配车，不乏奔驰、宝马"，公司保安的月工资比当地水平高出 1.5 倍；

——短短几个月时间，吴英共计投资 3.5 亿元连续开办和筹建 16 家企业，开公司就像"拍苍蝇"一样快。

吴英究竟多有钱？当地官员透露，据调查吴英的总资产达 38 亿元。若依此推算，吴英当位列 2006 年"胡润百富榜"第 68 位，紧随杨澜(40 亿元)之后，居女富豪榜第 6 位。

吴英的钱究竟从哪来的？其本人的解释"主要是靠炒期货"。但东阳民间没有一个是善意的版本：走私、贩毒、卖军火、傍大款，而她眼下铺张"低端产业"的目的是"洗黑钱"。最惊悚的版本是，吴英曾失踪 3 年，去了国外，结识一名南亚某国的军阀，军阀遇害后分得大笔财产。传言中的财产最高达 120 亿元。

2006 年 9 月，东阳官方成立"光彩事业促进会"。事前，本色集团主动找到市政府，要求捐款 500 万元。这"吓了市领导一跳"，不敢接收。市主要领导多次找吴英夫妇谈话,询问钱的来历,吴英表示“钱是干净的,绝对是正道来的”。

随着吴英案尘埃落定,扑朔迷离的吴英财富谜团也最终清晰明了。1981年出生的吴英,中专文化程度,1999年从技校辍学后在当地一家美容店当学徒,2005年开始与丈夫一起在东阳市区经营理发休闲屋、美容美体中心等,生意属小打小闹,累计“赚下1000来万元”。吴英夫妇的确炒过期货,但先后亏损4700万元。

吴英巨额财富的来源只有一个清晰指向——民间借贷。

一审庭审记录显示,2005年5月至2007年2月,吴英共向21人借贷超过9亿元,其中涉及金额最多的林卫平一人就高达4.74亿元。“以利息等方式已经归还了6亿元左右,还有3亿多尚未还清”。其间,为了吸收更多存款,利率也由起初的每年30%不断攀升,有一笔900万元的借贷甚至飙到了年化400%的惊人利率。

“借来”的钱除了归还借贷的本金、利息外,少量用于购置豪车、高档珠宝化妆品等“个人挥霍”,但大部分的确被投资于上述本色集团的各项产业。这也因此成为吴英的行为究竟是不是属于集资诈骗的争议焦点。

从吴英曾经接受媒体采访时的表白以及庭审现场的自我辩解分析,这位胆子很肥的小女子有一套自以为是的商业逻辑:按常理出牌显然无法实现财富的“超常规”膨胀,于是干脆放手一搏,疯狂借贷快速连环投资,并以近乎夸张的高调为自己涂抹所向披靡的神秘光环,项目的短线亏损则寄希望于用更多的民间借贷与资本运作加以平衡,险中求胜。

从吴英的身上,我们可以嗅到与陈金义似曾相识的气息:醉心于短时间暴发,用赌一把的心态替代了脚踏实地的企业经营。在法庭上,吴英亲口承认,“现在看来每个项目都是亏的”,除了贩毒,其他投资永远平衡不了这么高的利息。

对一个机会主义商人来说,赢是偶然,输一定是必然。

倾斜的江浙“暗战”

两宋以来,中国的政治、文化、经济中心稳固锁定关中至中原地带。自两宋始尤其是随着宋室南迁,经济中心逐渐南移,江浙崛起。清末、民国时,江浙之富足更是撑起了中央政府的半个钱袋子。

狭义上的“江浙”为长江和钱塘江之间的区域。而由于苏南与浙江文化皆属吴越文化同根同脉,历史上又长期归属同一行政区管辖,因此广义上的“江浙”泛指江苏和浙江两省。江苏、浙江省域面积均为10万余平方公里,山水相连,人缘相融,经济发展层面既惺惺相惜,又各不相让,是中国行政版图上彼此映照、高度竞合、最为有趣的“双子星”。

然而有一天,江苏不再把浙江当“对手”了。

2014年4月,澎湃新闻旗下微信公众号“富贵门”推送了财经评论人邹建锋撰写的一篇长文,标题颇为惊悚——《浙江这个对手,江苏瞧不上了》。

邹建锋推导出这一结论的依据主要是:

——GDP总量。由于人口与土地资源比值的悬殊,江苏GDP总量向来远高于浙江。而改革开放后,更小的政府管制与更大的民间活力,强力助推浙江一路追赶,两省经济总量持续显著逼近。2001年浙江GDP是江苏的71%,2002年为72%,差距最小的2003年两省之比是74%。原国资委研究中心研究员、经济学博士刘奇洪教授根据研究预测:基于浙江的高速增长,其经济总量有望在2008年赶上或者超过江苏。

趋势的拐点出现在2004年,浙江锋芒受挫,而江苏则接连拉出“阳线”。及至2009年,江苏GDP总量一举超越位居全国第二的强省山东,并大有碾压广东成为全国老大的气势。同年,浙江、江苏GDP之比已大幅降至67.03%,绝对值落差也从2003年3251.8亿元扩大到11229.2亿元,且这一渐行渐远的比较态势延续至今。

——人均GDP。素以“小而美”著称的浙江,人均GDP曾连续10多年领跑全国各省区第一。而《中国统计年鉴》显示,2009 年浙江和江苏人均 GDP 分别为 44641 元和 44744 元,江苏首次反超 103 元,浙江桂冠旁落。

GDP 不能说明所有问题,但还是能说明问题所在。数据沉重,浙江压力山大。

邹建锋长文推送后数日,时任浙江省省长李强在一次会议上公开回应:必须承认最近几年浙江的经济增长速度确实有所放缓,其原因是多方面的,最根本的是长期以来积累的结构性、素质性矛盾在复杂多变市场下的综合反应,根子在产业结构。一个多月后,时任浙江省委书记夏宝龙又在调研中表示,浙江不要去和别的省份争什么,关键是看发展经济的过程中,社会保障、生态环境等方面是不是让老百姓得到了实惠,不能单纯地比较 GDP 的高低。

江浙之争,表象是 GDP 数据,实质却是发展路径的不同。

20 世纪 80 年代,改革开放风起云涌。“开放”看广东“珠三角模式”,“改革”花开两朵:江苏“苏南模式”与浙江“温州模式”。“苏南模式”以乡镇集体企业为内核,“温州模式”则是产权彻底私有化的草根型民营经济。意识形态方向性的不可承受之重,注定了“苏南模式”的光鲜以及“温州模式”的备受质疑。

1992 年邓小平发表南方谈话后,风向大变。“温州模式”被掌声与鲜花簇拥,成为中国市场经济最经典的标杆,并进而直接催动了原本以“苏南模式”为特征的浙江北部乡镇集体经济全面的产权清晰化改制。“温州北伐”成功地将浙江推向活力四射的改革发展黄金期,而“苏南模式”久已存在的产权模糊、政企不分的制度性痼疾日渐显现,拖累了江苏经济的成长势头。1997 年 10 月,时任江苏省委书记陈焕友在省委九届七次全委(扩大)会议上回顾了“苏南模式”的历史和经验,指出“苏南模式”存在的缺陷需自找差距、勇于突破、加以改造。《中华工商时报》为此报道称,“这是江苏省领导首次公开反思‘苏南模式’”。而理论界的评说更为刺耳——“苏南模式”已历史终结。

“温州模式”大红大紫,带来的是 20 世纪 90 年代后半期至 21 世纪初江苏对浙江的虚心学习。

高潮出现在 2004 年。当年 1 月,江苏省委、省政府在南京召开“学习浙江经验报告会”，邀请了浙江温州、台州两位市委书记，以及万向集团董事局主席鲁冠球、正泰集团董事长南存辉、波导股份有限公司董事长徐立华等著名浙商分别做宣讲。《新华日报》称赞说：“他们独到的理念和崭新的思路，给与会同志上了生动的一课。”江苏省委主要领导在报告会上表示：“浙江的发展对江苏是极大的激励，浙江的经验对江苏有重大借鉴意义。”全省上下要认真学习浙江经验，推动新一轮思想大解放，取浙江之长，补江苏之短，取浙江之经，创江苏之新，努力实现民营经济发展的新突破。

2004 年 1 月，江苏“学习浙江经验报告会”会场

这样的规格、这样的姿态，在改革开放史上绝无仅有。

然而出乎意料的是，高潮之后便是低谷。冷暖进退间，浙江备感唏嘘。

江浙之争，浙江是否真的大比分落后了？仅仅是 GDP 总量与人均 GDP 的简单比较肯定不能让浙江学界与政商界服气。代表性的“反击”观点有二：

——“不比 GDP，要比 GNP”。所谓 GNP(Gross National Product)即国民生产总值，是指一个国家(或地区)所有国民在一定时期内新生产的产品和服务价值的总和。GDP 和 GNP 均为国际通行的用来衡量国家(或地区)经济发展、财富积累的权威指标，差异在于，GDP 统计的范围仅限于属地原则，GNP 统计的则是某一区域人群在区域内外创造的财富总量。据浙江省委政研室、浙江省政府经济合作交流办公室发布的一份调查报告显示，截至 2008 年，游走于省外境内的浙商约 640 万人，在全国各地投资总额 3.89 万亿元，创办企业 26.4 万家，2008 年销售规模 1.767 万亿元，相当于浙江 GDP 八成以上。这还没有包括在海外的 150 万浙商及其投资。如果以“浙江人经济”作为评估基点，浙江的 GNP 必定在江苏之上，甚至有能力挑战全国总冠军广东。

第十四章

——江苏“赢”浙江,相当程度上托了“国进民退”之福。有学者认为,如果从市场经济的角度分析,浙江是自下而上产权极为清晰的充分型市场经济,江苏是从“非驴非马”的乡镇集体经济出发、从腰部尴尬发力的半市场经济。虽然 20 世纪 90 年代末期江苏开始转身学习浙江经验,启动了乡镇集体企业产权个人量化的改制,但改革并不彻底,同时江苏把更大的希望寄托于以苏州工业园区及“昆山之路”为典型代表的对外开放,事实上也享有了巨大的开放红利。“这两种制度安排在不同时期评价不一、表现也会不一。某个时期市场经济色彩更浓时,浙江占优;某个时期计划经济有所反弹时,拥有更多大型国有企业和更容易获得国家资源的重化工业等产业的江苏就占优。”与此关联有两个重要时间节点:浙江经济增速高于江苏是在 2004 年之前,而新一轮的“国进民退”开始于 2003 年前后;为应对 2008 年国际金融危机,国家实施“四万亿计划”,江苏的人均 GDP 恰在 2009 年超过了浙江。“而由政府主导配置资源,显然与中国改革的方向相违背”。

在“挺浙派”反击者中,时任浙江省政策研究室副主任应雄撰写的万字雄文《再论苏浙之争》最为详尽,影响最为广泛。《浙江日报》旗下“浙江新闻客户端”在 2014 年 5 月推送此文时称,作者近日看到一些关于苏浙模式之争的连续报道,感到简单以 GDP 论英雄的倾向十分明显,“一股冲动,连续熬夜,写下‘万言书’,对苏浙做了一次全面客观的盘点”。

应雄的结论是,“目前,苏浙之比的比分是 7∶13∶1,即江苏领先 7 个方面、浙江领先 13 个方面、现代化目标一致”。具体比分的横向比较如下——

江苏:比 GDP 增长,江苏快一点;比人均 GDP,江苏高一点;比工业经济,江苏强一点;比创新驱动,江苏优一点;比中心城市,江苏强一点;比开放经济,江苏快一点;比财政金融,江苏实一点。

浙江:比 GNP 贡献,浙江多一点;比人口增长,浙江快一点;比百姓收入,浙江富一点;比生态环境,浙江绿一点;比百姓消费,浙江高一点;比企业负担,浙江轻一点;比网络经济,浙江强一点;比市场带动,浙江强一点;比资源消耗,浙江低一点;比污染排放,浙江少一点;比社会保障,浙江好一点;比区域差距,浙江小一点;比首创精神,浙江猛一点。

在江苏比分领先浙江的 7 个方面中,除 GDP 总量、人均 GDP 外,论“开放经济”,江苏强在引进外资,浙商四海为家、纵横捭阖,可谓各有千秋。论财政金融,江苏省政府有实力,浙江藏富于民,属于路径选择差异,难分优劣。江苏真正令浙江不得不举首仰望的,一是“创新驱动力”,二是“中心城市聚合力”。

从“创新驱动力”比较,2013 年,江苏区域创新能力已连续 5 年居全国之冠,全省科技进步贡献率达 57.5%;浙江区域创新能力仅位居全国第五。同年,江苏高新技术产业产值逾 5 万亿元,占规模以上工业比重达 38.5%;浙江高新技术产业增加值 2993 亿元,占规模以上工业比重为 25.6%,两省差距不可谓不大。

拿“中心城市聚合力”比较,以城区人口计,2012 年人口超过 100 万的城市江苏有 11 个,浙江仅 5 个。据官方权威发布,2009 年全国城市竞争力 50 强,江苏苏州、无锡、南京、常州、南通、扬州 6 个市入列,而浙江仅杭州、宁波、温州 3 个市跻身其中。强大的县域经济以及与此对应的块状经济一直是浙江手中的一张“王牌”,最风光的一年,浙江竟然夺得全国“百强县”榜单的 29 席,傲视天下。为此,浙江曾经多年酝酿推动“强县扩权”与“省直管县”。但越来越多的事实证明,大都市才最有可能成为打造先进生产力的平台。

“创新驱动力”和“中心城市聚合力”的相对弱势,直接后果是浙江制造深陷“低小散弱”格局,产业升级异常艰难,长期停留于“工业大省”。反观江苏,制造业“高新大强”优势凸显,“工业强省”当之无愧。无可争辩,江苏、浙江经济最大的差距就在于制造业,亦决定了两省 GDP 总量及人均 GDP 的竞赛比分。

值得记录的是,2018 年 1 月,浙江、江苏两省人大《政府工作报告》披露的数据显示,2017 年浙江实现生产总值 5.18 万亿元,增长 7.8%;江苏年度生产总值 8.59 万亿元,增长 7.2%。梳理历年统计公报可以发现,这是自 2004 年以来,浙江的年度经济增长速度第一次快于江苏。研究者普遍认为,此番反超，是浙江在全国较早培育经济新动能，新旧动能协同发力、活力潜力持续释放的体现。但同时也要看到，江苏的基数大，增长的绝对值大得多。

江浙“赛马”，难言输赢。潮起潮落，路还很长，希望总在远方。

恰如应雄在2014年万字雄文《再论苏浙之争》最后的小结：古有吴越之争，史记勾践胜利。今有苏浙之比，数字有高有低。苏浙本是兄弟，对比不伤和气。江东子弟才俊，明日辉煌可期。团结向前超韩(国)，奋起直追德(国)意(大利)。

【浙江改革开放史档案】

吴英背后的“集资诈骗罪”女性死刑者

集资诈骗罪是指以非法占有为目的，违反有关金融法律、法规的规定，使用诈骗方法进行非法集资，扰乱国家正常金融秩序，侵犯公私财产所有权，且数额较大的行为。2015年8月29日，全国人大常委会表决通过了刑法修正案(九)，对我国现行刑法作出修改。根据修正案，集资诈骗罪死刑罪被取消。

吴英案前后，是浙江由非法民间借贷导致的“集资诈骗罪”高发期，其中女性犯罪占很大比例。司法界人士认为，“这与她们天然的亲和力与淡薄的法律意识有关”。根据媒体公开报道整理，浙江女性因“集资诈骗罪”被判处死刑者至少有以下5人——

杜益敏：缙云人杜益敏绰号“小姑娘”，与当地一些官员太太交往甚密，这成为其民间融资的重要资本。2008年3月，杜益敏因非法集资7.09亿元，被丽水市中级人民法院以集资诈骗罪一审判处死刑，2009年8月6日执行注射死刑。

高秋荷：2009年3月，乐清市“女会主”高秋荷引诱他人参加其非法组织的“经济互助会”，诈骗1亿多元，被一审判处死刑。其后，浙江省高级人民法院二审改判高秋荷死刑，缓期两年执行。

郑存芬：40多岁的郑存芬目不识丁，是高秋荷的乐清同乡。

2009 年 8 月,温州市中级人民法院以集资诈骗罪一审判处其死刑。郑存芬瘫倒在地,号啕大哭,并要求上诉。次年 4 月,浙江省高级人民法院二审改判郑存芬死刑,缓期两年执行。

王菊凤:被称作台州"吴英"的王菊凤是当地一位小有名气的商人,声称和某市领导是同学关系,与领导秘书关系很熟等等,一些企业家因此掉入圈套,非法集资的 4.7 亿余元,部分被她用于填补经营损失,甚至投入地下六合彩赌博。2010 年 2 月,王菊凤被台州市中级人民法院一审判处死刑。听到死刑判决几分钟后,王菊凤"咣当"一声昏倒在地。

陈少雅:乐清市柳市人陈少雅在当地是"很能干"的风云人物,拥有 10 多套房子就是她有实力的佐证。短短 5 年她非法高息集资 5 亿多元,其中 2.2 亿元无法偿还。2010 年 9 月,陈少雅以集资诈骗罪被一审判处死刑,缓期二年执行,剥夺政治权利终身。

【浙江改革开放史档案】

2000—2014年浙江、江苏与全国GDP比较

年份	浙江增速(%)	浙江总量(亿元)	江苏增速(%)	江苏总量(亿元)	全国增速(%)	全国总量(亿元)	浙江占全国比重(%)
2000	11.0	6030	10.6	8584.7	8.0	89404	6.74
2001	10.5	6700	10.2	9514.6	7.3	95933	6.98
2002	12.3	7670	11.6	10636.3	8.0	102398	7.45
2003	14.0	9200	13.5	12451.8	9.1	116694	7.88
2004	14.3	11243	14.9	15512.4	9.5	136515	8.24
2005	12.4	13365	14.5	18272.12	9.9	182321	7.33
2006	13.6	15649	14.9	21548.36	10.7	209407	7.47
2007	14.5	18638	14.8	25560.1	11.4	246619	7.56
2008	10.1	21487	12.7	30981.98	9.0	300670	7.15
2009	8.9	22832	12.4	34061.2	8.7	335353	6.81

续表

年份	浙江增速(%)	浙江总量(亿元)	江苏增速(%)	江苏总量(亿元)	全国增速(%)	全国总量(亿元)	浙江占全国比重(%)
2010	11.8	27227	12.6	40903.3	10.3	397983	6.84
2011	9.0	32000	11.0	48604.3	9.2	471564	6.79
2012	8.0	34606	10.1	54058.2	7.8	519322	6.66
2013	8.2	37568	9.6	59161.8	7.7	568845	6.60
2014	7.6	40154	8.7	65088.3	7.4	636463	6.30

(数据来源:浙江省、江苏省及国家统计局历年公报)

重燃梦想

第六部

2015—2018

从“温州1.0”到“大杭州2.0”

“后鲁冠球”时代

北浙江雄起

领跑浙商“第二程”

政府的二次革命

“一个人”与一座城

民企宁波海越为什么失败

大湾区憧憬

政府的二次革命

领跑浙商“第二程”

“北浙江”崛起

新经济“助产士”

“后鲁冠球”时代

民企宁波海越为什么失败

40年与“浙江精神”的5个记忆

第十五章

北浙江雄起

> 弄潮儿向涛头立，手把红旗旗不湿。
>
> ——（北宋）潘阆：《酒泉子·长忆观潮》

作为浙江的省会，杭州在漫长的历史岁月中，曾经有3次吸引了世界的目光：

——13世纪，意大利青年马可·波罗在中国之行后写就了《马可·波罗游记》。该书用大量文字描绘了杭州的繁华美丽，篇幅之大甚至超过当年元朝的京城。“这座城市的庄严和秀丽，堪为世界其他城市之冠。这里名胜古迹非常之多，使人们想象自己仿佛生活在天堂。”马可·波罗毫不吝啬地赞美这座有着美丽淡水湖和一条大河的城市是“世界最美丽华贵之天城”。于是，杭州一度成了西方人眼里遥远东方中国的代表。

——1972年2月，时任美国总统尼克松访华，到访杭州并游览西湖后揶揄称：“美丽的西湖，破烂的城市。”不少亲历者在回忆文章中驳斥，“尼克松绝对不可能说这样不礼貌的话”。无论信息真假，当年的杭州十分破烂肯定是真的。

——2015年11月,习近平主席在G20领导人土耳其安塔利亚峰会上介绍下届峰会举办城市杭州时说:“杭州是历史文化名城,也是创新活力之城,相信2016年峰会将给大家呈现一种历史和现实交汇的独特韵味。”[①]2016年9月,G20的杭州精彩绽放,令世界惊艳!

700年穿越,历史的荣光重新定格于“天堂之城”杭州。

而杭州的再度辉煌,也意味着浙江改革开放的指针走到了“北浙江”时刻。

从“温州1.0”到“大杭州2.0”

2016年5月,浙江省经济信息中心首次发布“浙江省县(市、区)经济竞争力、发展潜力和创新力三十强”。浙江是公认的县域经济最强省份,在全国历年“百强县”英雄榜上向来独占鳌头。而此次省内英雄榜最刺激的看点是,与以往强县如群星闪耀散布全省不同,此次榜单经济竞争力排名前十依次为:滨江区、萧山区、鄞州区、西湖区、余杭区、下城区、北仑区、上城区、江干区和柯桥区,分属杭州、宁波、绍兴三市,全部位于浙江北部区域,浙江南部无一入列。发展潜力和创新力排名亦惊人一致,前十强浙江南部均为空白,浙江北部大获全胜。

浙江东西、南北半径皆450公里左右,下辖11个地市。除地处东北角的舟山群岛外,其余十地市可大抵划分为浙北、浙南。浙北杭州、嘉兴、湖州属吴文化区;钱塘江以南的绍兴、宁波属越文化区。浙南同样五地市,核心为东南一隅的温州、台州,属瓯越或闽越文化区;其余三地市是深受温台影响与辐射的金华、衢州、丽水。

千年以降,多平原、丘陵的浙北尤其是杭(州)嘉(兴)湖(州)地区盛产茶桑,工商繁华,人文底蕴深厚,“天堂”美誉名不虚传,远非多深沟险壑、大山连

---

①《习近平:中国将把G20杭州峰会办成具有历史和现实交汇的独特韵味的峰会》,《人民日报》2015年11月16日。

绵的浙南可比。然而，改革开放伊始，换了人间、魔力四射的浙南神速崛起，成为浙江乃至中国市场经济的“麦加”——游走全国的640万浙商中，温州、台州、金华人至少占了一半；走遍千山万水、讲尽千言万语、想尽千方百计、历尽千辛万苦的所谓“四千精神”实质是“温州人精神”；从某种意义上不夸张地说，改革开放前20年的浙江就是放大与提升了的温州模式。

又过了20年，钟摆重回北浙江。

这一次，北浙江的强势归来并非四平八稳的地理均势，而是呈现极为清晰的以杭州为中心基点，以钱塘江左右为两翼的雁阵格局。

无疑，如果今天的北浙江是一盘大棋，那么杭州恰是决定胜负的棋眼。

但至少在千年以前，杭州并没有这么大的面子。

公元前5世纪春秋吴越争霸之时，吴王夫差定都吴(今苏州)，越王勾践定都会稽(今绍兴)，杭州只是夹在两国之间的无名之地。杭州第一次设县治是在秦统一六国后，始称钱唐，设于灵隐山麓，属会稽郡。《史记·秦始皇本纪》记载：“三十七年十月癸丑，始皇出游……过丹阳，至钱唐，临浙江，水波恶……”这是史籍最早出现“钱唐”之名，当时还是随江潮出没的滩涂，西湖尚未形成。

至五代十国，吴越王钱镠在钱塘(今杭州)凤凰山筑“子城”，广建宫殿，作为国治。吴越国三代、五帝共85年，杭州始现繁华。

杭州第一次真正的鼎盛期，是宋室被金人所迫南迁，绍兴八年(1138)迁都于此，来自北方大量的能工巧匠、文人墨客云集。南宋名臣范成大撰著的《吴郡志》也第一次有了“天上天堂，地下苏杭”的说法。

此后近千年，杭州始终被传唱的是白娘子，被赞美的是西子湖，被艳羡的是丰腴富庶，谈不上在全国有过多高的地位，恰如西湖般千年荡漾，波澜不惊。

1978年改革开放春风乍起，南浙江的温州人、台州人、义乌人疯掉了一样开厂子做生意热火朝天，贵为省会、喜欢玩点腔调的杭州人并不屑与“土豪们”为伍，继续慢悠悠地春品龙井，秋闻桂香。直到进入21世纪第一个10

年,杭州给出自己的城市定位依然是"上海的后花园"、中国"爱情之都"、"生活品质之城"。

终于有一天,杭州千年的发展轨迹被"一次盛会"——G20 杭州峰会,被"一个人"——马云彻底改变。

杭州与 G20 峰会相遇于 2016 年 9 月 4 日至 5 日。

几年前的 2014 年 11 月 15 日,国家主席习近平在澳大利亚布里斯班举行的二十国集团(G20)领导人第九次峰会上表示,作为 2016 年二十国集团领导人峰会主办国,中国愿意为推动世界经济作出更大贡献、发挥更大作用。[①]

2015 年 11 月 16 日,习近平主席在土耳其举办的 G20 安塔利亚峰会上,向世界发出了杭州之约。作为占全球 85%GDP、2/3 总人口的世界最重要经济体的年度大会,杭州峰会是第 11 次,但对中国来说是第一次,也是 2016 年中国最重要的主场外交,是近年来中国主办的级别最高、规模最大、影响最为深远的国际峰会。

2016 年 9 月 4 日,G20 杭州峰会开幕式

无论是丰硕的峰会成果,还是震撼上演的 G20 峰会之夜《最忆是杭州》,杭州不负众望。恰如时任联合国秘书长潘基文所赞叹:通过成功主办 G20 杭州峰会,"中国向世界展示出卓越领导力","G20 杭州宣言将为全球实现可持续发展目标画上浓墨重彩的一笔"。

在这个全球聚焦的舞台上,杭州顾盼生辉,展开了一场绝妙的城市营销秀。其间最出人预料的神来之笔,源于央视"中文国际"频道的一期特别直播

① 《习近平在二十国集团领导人第九次峰会第一阶段会议上的发言(全文)》,新华网 2014 年 11 月 15 日。

节目《聚焦 G20 杭州峰会》。

2016 年 9 月 4 日下午，在设于碧波荡漾、荷花环绕的杭州湖畔居茶楼央视演播室现场，出生于浙江义乌的 G20 研究智库学者、中国人民大学重阳金融研究院执行院长王文说，自己有幸参加过 2014 年 G20 布里斯班峰会和 2015 年安塔利亚峰会，但感觉此次杭州峰会的气势大大压倒了往届。王文的关键性评价语出惊人："我个人很羡慕杭州人，并且我认为杭州会因为这次峰会，一跃成为中国的一线城市！"

王文脱口而出的一句话，迅速广泛传播，实实在在地触碰到了一座城市的最敏感神经。

所谓"一线城市"是多年来国内最普遍认同的衡量城市地位的标尺，公认的中国"一线城市"依次为以下四个：北京、上海、广州、深圳。但"一线城市"既非官方也非严格学术范畴的经济概念，而是因被媒体与专家广泛引用逐步约定俗成的一种大众认知习惯。"一线城市"的划分并没有公开明确的标准，一般指城市发展水准、人均收入与生活水平、辐射带动能力、对人才的吸引力、国际知名度甚至房价高低等。

官方对城市地位的权威评价体系则有多种说法。

根据国务院对全国各城市总体规划的批复，有 5 座城市被赋予"全国性"的职能，分别是北京、上海、广州、深圳和重庆。其中，北京是"全国的政治中心、文化中心"，上海与深圳均为"全国性经济中心"，广州与重庆是"我国重要的中心城市"。而在住建部 2010 年 2 月发布的《全国城镇体系规划纲要(2010—2020 年)》中，上述 5 座城市都被定位为中国城镇体系最高能级的"国家中心城市"。

很明显，杭州至今并未进入国家级第一梯队城市行列。

杭州目前的城市定位，主要体现于 2016 年 1 月国务院下发的《关于杭州市城市总体规划的批复》——"浙江省省会和全省经济、文化、科教中心，长江三角洲中心城市之一"。这意味着，杭州仍是一座区域性中心城市。

而就在 G20 杭州峰会举办前夕的 2016 年 6 月，根据国家发改委公布的经国务院批准同意的《长江三角洲城市群发展规划》，在城市规模等级上，江苏省会南京被定位为长三角城市群唯一的“特大城市”,杭州与合肥、苏州被列为“Ⅰ型大城市”。其划分标准是城区常住人口:300 万—500 万人为Ⅰ型大城市,500 万—1000 万人为特大城市,1000 万人以上的上海等城市为超大城市。

不是“一线城市”的杭州的雄心显然不止于此。《浙江省新型城市化发展“十三五”规划》即清晰表述,“十三五”期间,杭州要充分利用举办 G20 峰会和亚运会的契机,扩大全球影响力,全力打造国际化门户中心和科技创新中心,“争取创建国家级中心城市”。

王文在央视 G20 访谈中一番掷地有声的感叹,让杭州突然“喜从天降”。

杭州如同“黑马”般横空杀将而出,绝非仅仅拜 G20 峰会所赐的偶然性幸运,而应该理解为其以智慧型互联网产业为主体的信息经济的超常规崛起。以 G20 杭州峰会举办的 2016 年上半年为例,权威数据显示,全市 GDP 为 5021.18 亿元,同比增长 10.8%,增速傲居副省级以上城市首位,分别高于全国、全省 4.1 和 3.1 个百分点。经济高速增长最强劲的引擎无疑是信息经济。当年上半年杭州信息经济实现增加值 1193.76 亿元,增长 26.2%,占 GDP 的 23.8%。其中,移动互联网、电子商务、数字内容产业、云计算与大数据、软件与信息服务业分别飙升 48.7%、48.3%、41.9%、35.4%和 31.4%,将全国绝大多数城市竞争者毫不客气地甩在了身后。

据不完全统计,全国 85%的网络零售额、70%的跨境电商贸易额与 60%的 B2B 交易额都是在杭州的电子商务平台上完成的,全国 1/3 的综合性电子商务平台和专业网站落户杭州。杭州已毫无争议地跃升中国乃至世界的“电商之都”。

而此前的 2015 年,全国首个跨境电子商务综合试验区及国家自主示范创新区的先后获批,更是令杭州互联网新经济如虎添翼。

在经历了 2008—2014 年颇为失落与痛苦的滑落后,互联网尤其是电子商务的勃兴给杭州带来了无上荣光,甚至成为“拯救”浙江经济的重大拐点。

1995 年,马云在杭州成立全国第一家互联网商业公司“中国黄页”;大约 2000 年前后,中国互联网产业进入创世纪,王志东的新浪、张朝阳的搜狐、马化腾的腾讯、丁磊的网易、李彦宏的百度相继降生，互联网江湖烽烟四起，战国厮杀。

2014年11月19—21日，第一届世界互联网大会在浙江北部乌镇举办。这个由中国互联网信息办公室及浙江省人民政府共同主办的世界性互联网盛会立意高远，旨在搭建中国与世界互联互通的国际平台和国际互联网共享共治的中国平台，国家主席习近平在开幕式上发表视频讲话。

习近平主席在第二届世界互联网大会开幕式上发表主旨演讲

乌镇被确定为世界互联网大会的永久会址，2015年12月16日至18日、2016年11月16日至18日、2017年12月3日至5日，又连续成功举办了第二届、第三届与第四届大会。在国家战略的加持下，浙江握定了中国互联网产业更强势的话语权。小桥流水的古镇更适合坐而论道，乌镇西南约100公里的杭州凭借其强大的产业基础，顺理成章地接过了浙江互联网新经济代言人的角色。

如果因此认为浙江互联网经济即等于一次重量级大会，那就过于思维简单和狭隘了。放眼四望，浙江不仅有阿里巴巴等世界级产业巨头，更为关键的是拥有生长互联网经济丰厚而肥沃的天然土壤。

在此前章节我们已多次描述过，浙江经济是“卖”出来的，浙商强于制造，更精于营销，这与浙商受本土资源小省客观环境的挤压，必须游走四方求生机有密切关联。浙江互联网经济的引爆点是阿里巴巴电子商务，正如马云在创业早年所言，其实就是“互联网版的义乌小商品市场”，这已经点明了浙江电子商务互联网化营销的历史渊源与水到渠成。

互联网思维是近年甚嚣尘上的热词，玄而又玄概念背后的本质，是“互联互通”。我们不妨以温州为例。改革开放初期,户籍人口不足700万人,竟有100多万人在外经商,散布全国每一个角落的温州人依托极为紧密的地缘、血缘纽带,跨越千万里彼此信息互通、资金共筹、商机共享,这何尝不是温州式的“互联网思维”?

马云不是石缝里兀然蹦出的“孙猴子”,互联网更不是侥幸从天上掉下来的浙江救星,而是浙江在特定经济土壤、人文习性、商业逻辑条件下发展到一定阶段再次抢抓机遇的必然结果。否则,你就完全无法理解浙江领跑中国互联网新经济表象背后深刻的“为什么”。

20世纪80年代的温州模式—20世纪90年代的义乌经验—21世纪的杭州现象,这一时间轴由南至北,清晰贯穿了浙江40年改革开放史。从“温州1.0”到“大杭州2.0”,既是南浙江时代走向北浙江时代的地理转换,是传统制造业致敬现代新兴产业的华丽升级,同样是乡村浙江嬗变为都市化浙江的强烈信号。

长期以来,浙江城市经济的拉动及辐射力偏弱,改革发展呈现的是“村村点火、户户冒烟”的草根崛起,南浙江尤其如此。数十年间积淀而成,在如繁星般撒落全省的特色块状经济基础上发展起来的县域经济,被视为全国标杆。用一个不算恰当的比喻,县域经济就像某种意义上的“农妇经济”,脸长得并不漂亮,肤色黝黑,但腰板结实,两腿粗壮,在春意盎然的乡野健步如飞。县域经济的一大特征是下半身扎实,活力张扬,但明显缺乏大城市观念开放、人才资金技术信息汇聚的比较优势,而后者恰是产业创新升级的必备条件。

在多年推进“强县扩权”甚至是“省直管县”的尝试后,浙江省政府决策层近年逐渐倾向于坚信,城市化尤其是以大城市为内核的都市化,才是浙江经济未来的希望所在。2011年3月,《浙江省城镇体系规划(2011—2020年)》发布,除历来公认的“铁三角”杭州、宁波、温州外,一直颇受争议的浙江都市第四级正式宣告花落金华—义乌。至此,全省都市经济骨架显山露水:北部的杭州,东部的宁波,南部的温州,腰部的金华—义乌。

无疑,北部的省会杭州是浙江都市经济的“长子”和重中之重。2014年

10 月，浙江省委常委会议专题研究杭州工作时即确立了"杭州兴则全省兴，杭州强则全省强"的清晰定位。

以此为指针，建设进程加速，大杭州呼之欲出。继 2015 年 1 月杭州出台《关于进一步加快萧山区余杭区与主城区一体化发展的若干意见》，2015 年 2 月，富阳举行撤市设区授牌仪式，成为杭州的第九区；2017 年 8 月，经国务院同意，浙江省政府宣布撤销县级临安市，设立杭州第十区"临安区"。第十区的入列，使杭州市区面积扩大至 8002.8 平方公里，超越上海、南京，成为长三角陆域面积最大的城市，同时人口亦猛增至近 800 万，达到了"特大城市"的规模等级。

作为营造先进生产力的最佳物理平台，大杭州时代的来临，给浙江经济打开了无限的想象空间。

以杭州为轴心，21 世纪的北浙江泛杭州湾经济圈至少还包括 4 个支点型城市：嘉兴、湖州、宁波、绍兴。作为浙江全面接轨上海示范区的嘉兴，其城市地位意味深长；湖州是连接浙江、江苏血脉宁杭线上不可或缺的中枢；宁波北望上海，傲立东海之滨，气势足以挑战杭州；绍兴在杭州与宁波之间左依右靠，并凭借一路北上的杭州湾绍兴大桥，与另一端的大上海眉来眼去。

其间，最值得观察的是宁波。

宁波的家底不输杭州：明清十大商帮"甬商"的发源地；1840 年第一次鸦片战争后，成为被迫开放的中国沿海"五口通商"口岸之一；1984 年，被列为首批 14 个沿海开放城市之一，邓小平号召"把全世界的'宁波帮'都动员起来，建设宁波"；1985 年 11 月，国务院发文成立"宁波经济开发协调小组"，分管沿海开放工作的时任中共中央书记处书记、国务委员谷牧任组长，城市开发地位之高绝无仅有。20 世纪 80—90 年代，宁波改革开放时时传来激动人心的消息，势头甚至盖过了杭州，经济总量也与占据省会之利的杭州不相上下，二者并称为勇挑浙江经济重担的"杭甬兄弟帮"。2007 年 6 月贯通的以宁波为南端的杭州湾跨海大桥，使历史渊源深厚的宁波与上海一桥相连，不再绕道杭州后的直线距离缩短了 120 公里。杭州作为浙江陆上交通中心的优势大为弱化,于是有媒体据此大胆预测,宁波将有望赶超杭州,成为浙江真正的经济中心。

后来的结果让宁波人失望了。2017 年,宁波 GDP 总量为 9847 亿元,而杭州已高达 12556 亿元,差距从 10 年前的数百亿元扩大到了 2709 亿元。更令人沮丧的是,与如今亮点纷呈、言必称之的杭州相比,宁波多少显得有些落寞。

2015 年 5 月 30 日,人民网宁波视窗人民直通车微信公号推送了署名楚老宋的文章——《宁波被"抛弃"了吗》,在宁波民间及官场引发强烈共鸣。文章认为,宁波近年来发展相对缓慢的事实坚硬如铁。"宁波落后了"源于宁波前些年的发展更多是得益于国家对沿海地区的政策倾斜和优惠,而今天,穷则思变、重商立业的"宁波帮"精神红利消失殆尽,封闭保守、安逸享受却大行其道。这直接导致了宁波的摇摆,始终没有确立一个清晰的城市发展战略,企业在高新科技领域无奈"落败",创新力贫血。文章最后呼吁:这座城市已经错过了很多的机会,宁波不能再错过了!

一个多月后,宁波市委召开十二届九次全体(扩大)会议,响亮提出要把"跻身进入全国大城市第一方队"作为"宁波坐标"。旋即,宁波市委机关报《宁波日报》以"论学习贯彻市委十二届九次全会精神"为主题,连续半个月刊发了 5 篇评论与 9 篇特别报道。署名"本报编辑部"的收官评论《为跻身第一方队凝心聚力》中写道:若再不在宁波人的后背上"猛击一掌",宁波可能"难逃'被抛弃'的命运"——"不是被时代和别人抛弃,而是被我们自己抛弃"。

改革从来不进则退,忧患意识是最好的警醒。

2016 年 8 月,国家工信部在北京新闻发布会上宣布,宁波成为全国第一个"中国制造 2025 试点示范城市"。

同年,宁波—舟山港在全球港口中成为首个年吞吐量突破 9 亿吨的港口,已连续 8 年稳居世界第一大港,集装箱吞吐量跻身全球港口前三甲。

宁波手里仍有大把的好牌:重商的传统,坚实的制造业底气,绝佳的大物流区位优势。在看得见的未来,宁波将与杭州错位竞争,琴瑟和鸣,成为名副其实的勇挑浙江经济重担的"杭甬兄弟帮"。

领跑浙商“第二程”

2014年10月22日，以“凝聚杭商力量、共促杭州发展”为主题的首届世界杭商大会在杭州国际会议中心隆重开幕。

作为区域性知名商帮，杭商浮出水面可谓姗姗来迟：2011年10月22日，首届世界浙商大会召开；2012年2月1日，首届世界温商大会召开；2012年4月14日，首届世界“宁波帮”大会召开。

一位长期观察浙江商帮演变史的学者评点认为：“首届世界杭商大会最有意思的看点是，浙商过去穿‘草鞋’，今天终于穿上了‘皮鞋’。”他进一步解释说，体现于杭商的这一悄然变化的背后是文化回归。

从基本竞争力的角度分析，改革开放以降，中国各地区域经济大抵将会经历三个阶段：

一是政策竞争力阶段。善于和勇于主动抢抓改革先机或优先得到国家特定政策者胜出。改革初期，这一特征尤为明显。

二是资源竞争力阶段。这里所谓的资源既包括市场机制发育水平、群体观念的开放程度、劳动力素质等软资源，也包括土地、矿产、能源等硬资源，以及对各种资源的整合能力。改革中期至今，正处于该阶段。

三是文化竞争力阶段。这是区域经济竞争的高级形态，其带来的效应将是长远的、可持续的，决定的是未来。

北浙江再度闪亮的重要支撑点恰恰是相对于南浙江更为强大的文化竞争力。

在许多人的印象中，浙江乃江南秀丽之地，人文荟萃，文化名人辈出。但现实的数据却让人大跌眼镜。

浙江省统计局2011年5月公布的“第六次全国人口普查”结果显示，浙江人口受教育程度偏低，居全国各省市区中下水平。全省5442.69万常住人口中的文盲率(15岁及以上不识字人口占总人口比重)达5.62%，虽然比10

年前的7.06%下降了1.44个百分点,但仍比全国平均水平高1.54个百分点,仅仅好于云南、宁夏、安徽、甘肃、贵州、青海和西藏。

2014年5月,浙江省社科联发布的一项抽样调查结果再次印证了这一苦涩的现实:全省“公众人文社科素养达标率”仅为10.8%,即每千人中只有108人具备了基本人文社会科学素养。这一数据比10年前的同题调查比率有所上升,但增幅远远滞后于当地经济总量、城乡居民收入的增长率。

令浙江人颇为尴尬的数据背后,一是由于改革开放后浙江农村工业化创业起点太低,中小企业众多,产业层次低端,相应流入了大约1000多万文化水平相对较低的外来务工人员;二是南浙江千百年来山高地薄,吃不饱饭必定读不起书,从而拉低了全省平均文化水平。

地理上浙江南高北低,文化上浙江则是北高南低。

通过考试选拔官吏的科举制,始于隋大业元年(605),至清光绪三十一年(1905)止,历时1300年。其间,已知姓或姓名的682名文状元中,浙江计68名,占总数的10%。浙江68名文状元按朝代分:唐3人,宋23人(其中北宋3人,南宋20人),元2人,明清各20人。按地域分:浙北杭州、嘉兴、湖州、宁波、绍兴共50人,浙南温州、台州、金华、衢州、丽水合计17人(另有一人籍贯不详),强弱不言自明。

这一格局延续至今。

作为中国最高教育水准的“211”及“985”高等院校,浙江仅有位于省会杭州的浙江大学一所,南浙江空白。另据权威机构统计表明,2016年,在全国人才净流入占比排名TOP20的城市中,杭州以8.9%的占比遥遥居首,占比竟高于第二位城市一倍,力压北京、上海、广州、深圳等人才流入的传统强劲对手。而南浙江城市最担心的,也恰恰是以杭州为代表的北浙江城市群对本土优秀人才的虹吸效应。

在对浙江40年改革开放历程的长期追踪观察中,我一直认为,至少在前20年,浙江最大的遗憾是没有实现“有钱人”与“有文化的人”的统一,这一规律在南浙江尤为明显。媒体也曾无数次提及浙江数以百万计的“1代”与“1.5代”中小企业主队列中所谓的“二八现象”,即80%出身农民、80%为初中以下文化。就文化教育程度具体而言，50％小学、30％初中、10％高中、大学几乎为零，还有少数为文盲。这一“二八现象”在南浙江更为明显。

《现代汉语词典》对“文化”一词有清晰的解释：人类在社会历史发展过程中所创造的精神财富的总和。但何谓“精神财富”、具体内涵是什么？却有不同的多元化解读。南浙江颇为厚重的商帮文化从本质上是指其绵延千年的商业传统，比如，义乌的鸡毛换糖、温州的皮鞋佬、永康的补锅钉秤、永嘉的弹棉郎、东阳的木雕师傅等，更准确地可称之为以特定人群共同或类似的商业行为方式及商业价值观为主体的“文化遗传基因”，具体体现为群体性旺盛的经商意识、善于抱团协作、流动迁徙偏好等。而与此“文化”概念相区别的，则是指建立在现代教育基础之上，以科学知识、技术智能等为核心内涵的人类文明结晶。很显然，由于长期的大山阻隔以及相对贫穷，从后一种意义的“文化竞争力”角度而言，南浙江有一定的劣势。

以南浙江最具代表性的温州为例，由于改革开放风云跌宕间，温州人书写了太多让人扼腕赞叹的商业神话，许多学者曾热切地将温州人与犹太人相提并论。诚然，两者有着太多的共同点：四海为家、精于经商理财，对把玩货币皆有近乎潜意识的极到位的感觉。但显著的差别是，和绝大多数出自中国社会底层、缺乏良好教育的温州人相比，犹太人的底蕴更为深厚，从马克思、爱因斯坦到弗洛伊德，他们在世界范围的哲学、科技、金融、法律领域都有无与伦比的表现。至少到今天，温州人并不真的具备与犹太人同等的力量。导致彼此明显差别的关键，无疑在于文化的积淀——科学文化水准的落差及在此基础上形成的新型商业文化的落差。

一个人脱贫致富不易，要想成为能够驾驭财富的“有文化的富人”则更难。现代文化土壤的贫瘠，其结果便是“土豪”遍地。

数据称，中国已经成为宝马轿车全球销量增长最快的市场。而若以县级市论，拥有量最多的肯定是南浙江的“世界超市”义乌。当地交警部门统计，早在 2011 年，全市即有宝马 5000 多辆，另有奔驰 3000 多辆，劳斯莱斯、兰博基尼、宾利、迈巴赫，凡是你想象得到的任何顶级豪车随时都会在义乌市区呼啸而过，其人均拥有量远超北京、上海。

还有比豪车更吓人的。

2013年11月,有媒体报道了义乌一位做建筑生意的黄姓老板儿子定亲的夸张画面:打头的是一辆玛莎拉蒂,后面清一色奔驰S级轿车。但在定亲队列中豪车都是浮云,主角是车队前方挑着担子的18个壮汉。18担是义乌定亲风俗的最高规格,和以往不同的是,这次18担竹匾里除了必备的好酒、首饰外,装满的全是整整齐齐崭新的人民币,一共8888888元。据测算,崭新的百元人民币每张大约1.15克,一万元就是115克,撇掉8888元零头,仅888万的现金就重102.12公斤!

可惜,这个纪录只是昙花一现。几天后,隔壁东阳市一位服饰公司老板同样是儿子定亲,动用9辆劳斯莱斯,聘礼是现金1080万元,外加价值300多万元的黄金首饰和一辆300万元的路虎揽胜!

改革开放伊始,当多读了点书的浙北人张皇左右之时,穷得只剩下裤衩的南部山区农民早已义无反顾地杀将而出,无知者无畏、无产者无畏,他们赢在不怕失败的大胆以及不怕吃苦的“四千精神”。然而进入21世纪,粗放与狂野渐渐优势无存,在更为规范理性的新市场环境下,知识与文化成了很管用的通行证。于是,我们看见的场景是,“穿草鞋”的起早出发抢抓了先机,“穿皮鞋”的步履优雅而稳健,但后发制人者笃力绵长,往往能够走得更远。

如果要继续追寻北浙江活力二次绽放的缘由,文化要素之外,必是更为彻底的“开放”。

所谓“开放”,即为包容而不排外的理念与格局,是广义范畴的一种文化状态。15世纪“大航海时代”以降,凡开放者得天下,无论中西莫不如此。

市场经济的本质特征有二:开放与公平。作为中国市场经济的先行者,自20世纪80年代始,数百万南浙江商人勇闯天涯,正是凭借自身的大开放实现了对封闭僵化的计划体制的突围。但我更倾向于认为南浙江的这一开放是并不成熟的半市场经济的特征。

再以温州为例。温州商帮的基本定义是“温州籍在温州或外地(国外)创业的企业家群体”,毫无疑问,籍贯是其十分明确的界定标准。温州话曾经被普遍吐槽为“全中国最难懂的方言”，温州人却将之视作彼此相亲相爱再好不过的天然纽带。有人形容说，温商开大会就像“一片鸟叫”，外人根本插不上话，因为根本就听不懂。

强烈的语言、血缘甚至宗族化的本土认同感，决定了温州商人群体身上沉重的地域性、封闭性、传统性的“三重门”，与之相对应，则是与世界性、开放性和现代性的背离。世界向温州开放，但温州人并不向世界开放，呈现的即是“单向开放”语境下的半市场经济。

从温州一路向北，杭州及杭州商人给你留下的则是迥然不同的印象。

2014 年 10 月首届世界杭商大会对什么是“杭商”明确给出了三类群体的官方权威定义：杭州籍在杭州创业、杭州籍在外地创业、外地籍在杭州创业。很显然，“杭商”与“温商”定义的差别，是将在杭州创业的外乡人包容其中，而不再把籍贯作为唯一的标尺。此次大会隆重表彰的 12 位“杰出杭商”中，即有 4 位是货真价实的外乡人：浙江银泰百货有限公司董事长沈国军（宁波奉化人）、康恩贝集团有限公司董事长胡季强（金华兰溪人）、正泰集团董事长南存辉（温州乐清人）、复星集团董事长郭广昌（金华东阳人）。

在世界杭商大会上，你听到最主流的声音也不再是南腔北调各自抱团扎堆的方言，而是“杭普话”——虽然很不标准，但无论你来自何方都基本听得明白的杭州普通话。

杭州的“开放”元素可以说无所不在：2002 年 1 月召开的中共杭州市第九次代表大会将“精致和谐、大气开放”确立为杭州的城市精神。同年 10 月，杭州西湖景区从国庆假期开始全面免除门票，将一个没有围墙的西湖还给每一个人，“免费西湖”的杭州模式让我们对开放与自由的天空心存遐想。

杭州的“开放”因何而起，由何而来？可以考证的是，正如我们在此前章节所描述，12 世纪初宋室的南迁与定都从根子上催化了杭州的第一次鼎盛，被北方强敌所迫的大时代背景，决定了与杭州的这一鼎盛期相伴随的是迁徙、流动、碰撞和交融。而南宋 138 年建都史，足以将杭州的被动式开放积淀为深入骨髓的文化 DNA。

比如杭州话。作为吴方言的组成部分，其具有吴语的一般特征，完整保留了中古全浊声母和入声,以及较多的古汉语字词。但杭州话与周边湖州、嘉兴、苏州乃至嫡传吴方言的上海话大不同,在传统吴语的基础上,夹杂了大量随北方移民而来的儿化音。杭州话又被称作江南官话,是吴越地区最好懂的一种地方话。杭州话之所以好懂,就因为它曾经是一种官方语言,是唐宋官话与吴方言开放融合的产物。

地理环境对杭州的"开放"基因同样有着潜移默化的重要影响。杭州没有什么高山,却有不容忽视的"一湖一江一河"——西湖、钱塘江、大运河。大运河之于杭州的意义仅仅是连接北方中央政权的一根脐带,而西湖决定了什么才是杭州人:波澜不惊,小桥流水,有一点闲暇与慵懒。但如果你认为这即是杭州的全部那就错了。杭州城南便是宽阔的钱塘江,作为浙江的母亲河,一路向东,奔腾入海,每年农历八月十八的海宁盐官大潮,让你足以想象钱塘江的磅礴。杭州人一直有"杭铁头"的民间自谓,意指刚烈如铁。那么喝西湖水长大、与白娘子千年厮守,纤弱而只解欢娱的杭州人,他的硬气凭什么?钱塘潮的拍岸惊涛会给你答案。

对流淌于历史深处的城市血脉及走向,政府决策层心领神会。21 世纪初编制完成的《杭州市城市总体规划(2001—2020)》第一次提出了杭州要拥抱大开放,从"西湖时代"走向"钱塘江时代"。2017 年 6 月,杭州市委城市工作会议更是进一步明确"拥江发展"战略,要将钱塘江拥江入怀,让"一江春水穿城过",跨江发展杭州,建设世界名城。

一片开放而自由的天地自然会讨得外来者的喜欢。

因为毛泽东的名篇《别了,司徒雷登》而被国人所熟知的民国最后一任美国驻华大使司徒雷登,1876 年出生于杭州下城区耶稣堂弄,1904 年在美国弗吉尼亚州念完书后重返杭州,继承父业成为第二代美南长老会传教士并参与建立杭州育英书院(之江大学前身),1946 年国民政府授予其"杭州市荣誉市民"称号。司徒雷登的父母和一个兄弟死后埋葬在杭州九里松的外国坟山,2008 年 11 月,20 世纪 60 年代在华盛顿病逝的司徒雷登的骨灰安放于杭州半山安贤园。

作为湖南农民的儿子,杭州也可能是毛泽东除了家乡之外最喜欢的地方了。据统计,1952 年至 1975 年的 23 年里,毛泽东来过杭州 40 次,几乎平均每年两次。

杭州知名作家李杭育撰写过一篇精准评价杭州城市灵魂的文章《杭州是天下人的杭州》。李杭育说,在杭州这地方,一向最风光最有"出息"的方方面面的头面人物,十有八九不是杭州人,杭州的外乡人普遍比杭州本地人富有,"我恰恰以为这是杭州的光荣"。

出生于杭州、安息于杭州的"杭州市荣誉市民"司徒雷登

八面来风、兼容并蓄的杭州呈现的是有别于温州全面而深刻的"双向开放"。浙江和广东发展路径不尽相同,但却是中国市场经济发育最为成熟的"双子星"。没有开放就没有市场经济,身为市场大省浙江的省会,杭州海纳百川的开放型文化底蕴,将"开放"推向了全新境界。

"天下人的杭州"成就了天下人,最终也必定会成就杭州自己。

当时间来到全球化与互联网新经济的交叉点,杭州的开放优势被彻底激活。

于是,以杭州为原点的北浙江领跑浙商"第二程",也就不是什么奇怪的事了。

"一个人"与一座城

从来没有一座城市如同杭州这样,与一家企业的成长以及这家企业背后的一位企业家如此水乳交融、唇齿相依、荣辱与共:

——阿里巴巴 B2B、淘宝、天猫、蚂蚁金服、阿里云、菜鸟网络等阿里系几大巨头的总部分别坐落于杭州城南与城西，超过 100 万杭州人靠淘宝网吃饭。

——2013 年 12 月，阿里巴巴集团与杭州市人民政府签署战略合作协议，一家本土民营企业和政府签订战略合作，在杭州既属首次亦是唯一。媒体将这一协议的签署称为“拜堂成亲”，马云给出的比喻更为形象：“未来的 88 年，我们和杭州市政府会像小夫妻一样，相依相存。”

——在很长时间，杭州境外推介的自我介绍都是“临近上海的一座城市”。今天，杭州会大声说，“就是诞生了马云和阿里巴巴的地方”。更准确的官方定义是，“阿里巴巴是杭州的一艘旗舰、一面旗帜、一个标杆、一张名片”。

——2017 年，阿里巴巴集团与蚂蚁金服集团税收达 366 亿元人民币，相当于每天缴税 1 亿元。同年，杭州财政总收入为 2921 亿元。

——2017 年 7 月，马云在微博上透露，肯尼亚政府授予其一头将被用于保护和研究用途的非洲大象的命名权。马云决定将这份殊荣献给故乡，他将这头大象命名为“杭州”。而肯尼亚政府方面确认，在非洲大象保护领域，这将是全球范围内首次被获准以城市命名。

对杭州来说，阿里巴巴和马云真的太重要，浙江 40 年改革开放史上所谓 21 世纪的“杭州现象”，某种意义上正是“阿里巴巴现象”和“马云现象”。但马云从来不是一个人在战斗。据 2014 年 11 月召开的阿里巴巴离职员工大会——阿里同事间互称“同学”，员工离职称“毕业”，所以这场大会又叫“阿里校友会”——透露，彼时阿里巴巴在职员工人数为 3 万，而 1999 年成立以来累计有 5 万员工离职。离职再创业员工遍布全国甚至世界各地，但杭州肯定是他们的首选之地，这里是他们的根，有熟悉的味道。“2015 阿里校友创业琅琊榜”显示，扎根阿里巴巴大本营杭州再创业的项目占四成以上。比如，全国最大的垂直母婴电商平台贝贝网、国内第一家个人记账理财平台挖财网、拥有超过 1 亿女性用户的移动社交电商平台蘑菇街等杭州著名互联网企业的创始人均为阿里巴巴离职员工。

周星驰曾经说，自己在导演票房大卖的古装神话电影《西游 · 降魔篇》

时，认真考虑过打算请马云出演孙悟空，但被马云以“档期太满”为由拒绝了。而对杭州这座城市来说，马云恰恰就是那位手舞如意金箍棒变幻无穷神奇的孙悟空，不仅如此，他还时时拔一把毛散出成群有着浓浓阿里基因的小孙悟空，如精灵般翻腾于杭州的整个天空。

那么，杭州为什么会产生马云？阿里巴巴为什么会落户杭州？

一个最简单的答案：马云是杭州人。2016 年 8 月，G20 杭州峰会前夕，马云在海外社交媒体上发布了一段 5 分钟全程英文的视频，为 G20、为杭州代言：“这是一个无论我走到世界的哪个角落，我都会想念的城市。如果我出去了 10 多天，我就会想回家。”

在早前，马云曾发微博说，他“出生在杭州，念书在杭州，工作在杭州，家人朋友在杭州，到现在还是杭州户口”，自己就是一个彻头彻尾的“杭州佬”。

马云祖籍是越剧故乡浙江绍兴嵊州市谷来镇，1964 年 9 月 10 日出生于杭州的一个普通人家。马云母亲崔文彩在当地一家工厂做工，父亲马来法的履历则有点意思：起初是杭州摄影图片社的摄影师，因为热爱曲艺创作及表演，后来调入省文联，担任过浙江省曲艺家协会第四届、第五届主席。20 世纪 80 年代，陈云每年都会来杭州听几场评弹，作为曲协领导的马来法自然在陪同之列。关于他的最新消息是，2017 年 5 月，浙江省文化厅授予马来法“浙江省非物质文化遗产保护(曲艺)专家特别贡献奖”。由于父亲的缘故，马云小时候经常穿梭流连于茶馆书场聆听杭州评话、苏州评弹。马云承认：“现在我讲故事的水平比很多人好，有茶馆的功劳。”

没错，马云是杭州人，但这依然没法完全解释“企业家马云”的杭州缘分。而流传甚广的“上海为什么留不住马云”的感慨，恰恰可以从另一个角度对此给出回答。

“我特地来看看，马云到底是怎样的一个人，阿里巴巴到底是一个什么样的公司。”2008 年 2 月 20 日上午，由时任中共中央政治局委员、广东省委书记汪洋带队的广东省党政代表团一行抵达地处杭州市华星路的阿里巴巴总部大楼。一进门，汪洋便开门见山地对马云如是说。

据披露此事的《第一财经日报》报道，该代表团阵容强大，广东省省长、深圳市委书记以及省委秘书长、省委宣传部部长、三位副省长、三位省人大常委会副主任均在其列，共 70 多人，“代表团规格之高、规模之大，为近年来广东省赴兄弟省市学习考察之最”。

此日上午的“汪马会”，源于时任中共中央政治局委员、上海市委书记俞正声的一番肺腑之言。

汪洋说，几天前广东代表团在上海考察时，俞正声向他特别提到了马云，并感慨上海为什么留不住马云、生长不了马云。两人随后就马云的话题进行了探讨，“俞正声的话让我震动很大”。

其实，早在 2008 年 1 月 27 日举行的上海市政协十一届一次会议上，俞正声面对政协委员，就曾公开对“上海为什么出不了马云”进行了反思。他说，阿里巴巴创始人马云给了自己一个“刺激”：“有一天我见了阿里巴巴的老板马云。马云跟我讲，阿里巴巴一开始是在上海，后来回到了杭州”，“我为失去这样一个由小企业发展而成的巨型企业感到相当遗憾”。

由此，汪洋产生了“一定要到阿里巴巴来看看”的念头。

那天上午，马云匆匆从家里赶回公司迎接汪洋。汪洋手指穿着普通的马云，对在场的浙江官员笑称：“这是浙江的一个宝啊！”

汪洋谈兴甚浓，他与马云就互联网发展趋势及阿里巴巴的业务运转进行了细致交流，并直接制止了工作人员要求马云尽量简短发言的示意，“放开讲，有多少事就讲多少时间”。

“阿里巴巴的商业模式与广东中小企业的发展思路非常契合。”汪洋表示他本人非常希望马云过些天去广东走走，并称期待和马云的合作。

对于汪洋的“力邀”，陪同的浙江官员笑着要求“汪书记要手下留情”。汪洋“安慰”说，他不会挖浙江的“墙脚”，但希望广东也能借力阿里巴巴这个巨大平台，携手双赢。

12 时 15 分，汪洋意犹未尽地握别马云。这比原定行程推迟了 20 分钟。

俞正声的感慨透露了一个简单的事实，阿里巴巴的总部一开始是在上海,后来才回到了杭州。

马云是"有野心"的企业家,而且从不掩饰自己的野心。1996年,他一手催生的中国第一家互联网商业公司"中国黄页"被杭州电信收购,失去了公司控制权。喜欢驾驭而不是被驾驭的马云决定"要去看看那么大的世界"。他去了北京,去了国家外经贸部,并为国家外经贸部打造了官方网站以及网上中国商品交易市场、网上中国技术出口交易会、中国招商、网上广交会等一大堆国家级电商网站,也因此有机会见到时任国家外经贸部部长石广生、国务委员吴仪、国务院副总理李岚清,更重要的是结识了雅虎创始人、当时的全球互联网之王杨致远。

1999年春,希望摆脱体制束缚的马云重回杭州,在他位于城西湖畔花园的家里创办了阿里巴巴。然而,仅仅过了大半年,在获得美国高盛集团领投的第一笔500万美元的天使基金后,马云的"野心"再次膨胀。正如俞正声书记所说,马云将阿里巴巴中国总部搬到了上海。

但上海成了马云的伤心之地。

在后来的一次演讲中,马云详细解释了自己为什么无奈离开上海:"以前,我把总部放在上海,在淮海路租了一个很大的办公室,装扮得漂漂亮亮的,结果一年时间特别累心,招人也招不到。他们说阿里巴巴是哪儿的公司?几乎没有人理我们。最后,我们决定从上海撤离,觉得还是回杭州好。"

马云挥之不去的深刻记忆是,在上海人眼里"我们都是乡下人","因为上海比较喜欢跨国公司,上海喜欢世界500强,只要是世界500强就有机会发展。但如果是民营企业刚刚开始创业,最好别来上海"。

与上海不同,马云在杭州感受到的是家的气息。

据《阿里巴巴:天下没有难做的生意》一书作者郑作时回忆,1999年9月,马云还没有拿到高盛集团领投的500万美元天使基金,那时的阿里巴巴只有18名创始员工以及18名员工用全部积蓄凑起来的50万元资产,公司弱小到可以忽略不计。

但是,时任浙江省委书记张德江前来探望了,走进开设在位于杭州城西湖畔花园小区马云家中的阿里巴巴。听完马云的简要汇报之后,张德江问马云:“你希望这个公司将来做到多大?”

马云脱口而出:“我希望它会是一家市值5亿到50亿美元的公司。”

这样的数字与阿里巴巴的现状委实相距过于遥远,陪同探望的时任杭州市委书记王国平解释说:“张书记,小马可能说的是他要把公司做成5亿到50亿元人民币的公司。”

但马云停顿了一下,还是坚定地补充道:“不,我说的是5亿到50亿美元的公司。”

后来马云也回忆过这个细节,他说当时在场很多人听了都很惊讶,脸上呈现了想笑又忍住的神色。但他看到王国平书记赞许地点了下头。

2009年9月11日,在2009 APEC中小企业杭州峰会期间举办的第六届网商大会颁奖典礼上,时任杭州市委书记王国平回顾了那段往事。他说,10年前,自己和张德江书记去看望马云,当时马云有一个梦想,就是要让阿里巴巴成为市值50亿美元的大企业。那时极少有人相信他,但浙江和杭州相信了他。“马云有梦想。只有一个有梦想的城市,才会出马云。”

很显然,资本无国界,心存高远的杭州人马云与杭州含情脉脉并不仅仅因为自己是杭州人。正如他在2016年8月G20杭州峰会前夕那段5分钟的视频中所说:“阿里总部落户杭州,是因为杭州拥有创业精神,包容民营企业的发展,更聚集了大量的优秀人才。”

浙江地方主官对中小企业的情真意切源于他们清楚地知晓,这片土地的活力来自底层与草根,浙江经济的“腰”就是中小企业。他们如同园丁一般,勤于耕耘、小心呵护,营造更加适宜的气候,期待更多优良的种子生根开花,假以时日终成参天大树。

阿里巴巴曾经是名副其实的小企业,其立志成为世界上最大电子商务公司的使命,决定了它必须与中小企业共同成长。

2014年9月,就在阿里巴巴美国IPO路演现场,“让天下没有难做的生意”的中文广告语赫然在目。这应该是马云最著名的语录,也是阿里巴巴的理念与信条。那么,这个世界上谁的生意难做?阿里巴巴将要服务于谁?答案很明确:中小微企业。如果接着追问:中小微企业与浙江又有什么关联?

阿里巴巴在美国纽交所上市，但马云说“杭州永远是阿里巴巴的总部”

请屏住呼吸，记住以下这一串让人叹为观止的数据：截至 2016 年底，浙江在册企业共计 168.4 万家，工商户 360.2 万户，浙江工商部门将之合称“市场主体”，其中 99% 为民营，99% 是中小微企业。工商户每户一位投资人，民营企业则每家有一位或多位投资人，两者相加，以最低标准计，浙江本土至少有 550 万以上的市场主体投资人或俗称“老板”。这还不算，我们在此前章节多次提及，浙江目前大约有 640 万人游走于省外境内的天南海北经商办厂，他们与家乡血脉相连，唇齿相依。省内加省外（不包含海外），被纳入中小微企业主范畴的浙江人大数为 1200 万。浙江户籍人口目前约 4800 万，即每 4 位浙江人有一位“老板”。这一比例与密度，中国第一，世界第一。于是，也就有了浙江民营企业是“老百姓经济”，以及滴水成河、聚沙成塔、蚂蚁雄兵等形象比喻。蔚为大观的浙江中小微企业积淀成为最深厚的土壤，生长了全世界最大的义乌小商品市场，也生长了互联网版的义乌小商品市场——阿里巴巴。虽然，义乌小商品市场充满泥土芬芳的基因在阿里巴巴肌体里早已发生颠覆性的革命与嬗变。义乌小商品市场与阿里巴巴，带来的是产供销交易成本的最小化，这正是浙江中小微企业起飞最强劲的一双翅膀。

从杭州到北京到上海，再回到杭州，我更愿意将马云的创业追梦之旅解读为游子还乡——回到中小微企业的故乡。故乡需要马云，马云亦只有根植故乡才能抽枝发芽，进而从故乡出发，走向中国，拥抱世界，花香四野。这是一对有趣的双向逻辑关系：今天的杭州和浙江无疑必须感谢马云，他让浙江人在传统产业的泥淖中得以仰望新智慧经济的灿烂星空，再度迈步出发。其实，马云同样应该感谢杭州，感谢浙江。没有这片丰腴的土地，阿里巴巴这个世界级的伟大公司也许将无所归依，难言未来。

马云在很多场合不止一次地强调:“杭州永远是阿里巴巴的总部!”

关于马云、阿里巴巴+杭州的精彩故事肯定只是序章。

但也不是没有烦恼。中国电子商务研究中心主任曹磊在接受《21世纪经济报道》记者采访时就曾经分析说,杭州的互联网产业和企业结构与这座城市的高等院校结构一样,都是一强独大,“主要的政府资源、社会资源、媒体资源都往阿里那里集聚。离开了阿里巴巴,杭州还有哪些真正大牌的电商企业?这对整体行业来说是不健康的,还是需要有更多竞争型的平台企业的出现”。

由于马云和阿里巴巴的无比强大,有越来越强烈的声音认为杭州将有望被打造成为中国的“硅谷”。

但是显而易见的差别在于,硅谷已经拥有谷歌、Facebook、惠普、英特尔、苹果、思科、甲骨文、特斯拉等超级高科技巨头,璨若星河。而至少到目前,杭州只有马云和阿里巴巴。

“大湾区”憧憬

2017年7月10日至13日,在履新两个半月后,浙江省委书记车俊首次开启赴外省的“学习考察之旅”,目的地选择在了与浙江渊源深厚的长三角地区。

长三角省市最高决策层的互访机制始于21世纪初,与以往惯常行程安排不同,浙江省委书记、省人大常委会主任车俊和省委副书记、省长袁家军率领的浙江党政代表团此次首访安徽,随后前往江苏、上海。

但引发媒体广泛关注的高潮依然在上海。

7月12日,时任中共中央政治局委员、上海市委书记韩正,市委副书记、市长应勇与来访的浙江党政代表团举行两地经济社会发展座谈会。韩正表示,上海将全面积极响应浙江省委、省政府提出的共同谋划推进环杭州湾大湾区建设等领域的建议,不断拓展两地合作交流新空间。

韩正此番表态是对车俊“浙江要更加主动地接轨上海、拥抱上海，不断加强浙沪合作交流，共同谋划推进环杭州湾大湾区建设”呼吁的回应。这也是见诸公开报道首次披露的两省市最高层关于“环杭州湾大湾区”建设达成的共识。

“大湾区”作为一个热词陡然升温，源于 2017 年全国“两会”。

3 月 5 日，第十二届全国人大第五次会议开幕。国务院总理李克强在《政府工作报告》中提出，“要推动内地与港澳深化合作，研究制定粤港澳大湾区城市群发展规划，提升在国家经济发展和对外开放中的地位与功能”。粤港澳大湾区指的是由广州、深圳、珠海、佛山、惠州、东莞、中山、江门、肇庆 9 市和香港、澳门两个特别行政区形成的超级城市群。这意味着“大湾区”概念第一次正式提升至国家战略。

粤港澳方面旋即动作频频，可谓快马加鞭：

6 月 20 日，首届粤港澳大湾区论坛在香港特别行政区举办；

6 月 29 日，粤港澳大湾区研究院在广州揭牌，广东省发改委负责人同时透露，《粤港澳大湾区城市群发展规划》已报送国家发改委；

7 月 1 日，香港回归 20 周年之际，香港特别行政区行政长官林郑月娥、澳门特别行政区行政长官崔世安、国家发改委主任何立峰、广东省省长马兴瑞在香港正式签署《深化粤港澳合作推进大湾区建设框架协议》，宣告粤港澳大湾区合作的顶层制度框架初步搭建并正式启动。

所谓湾区经济是一种区域经济的高级发展形态，兴起于第二次世界大战之后，20 世纪 80 年代开始引发经济界瞩目。具体而言，湾区指由一个海湾或相连的若干个海湾、港湾及邻近岛屿共同组成的区域。在国际上，“湾区”一词多用于描述围绕沿海口岸分布的众多海港和城镇所构成的港口群和城镇群，由此衍生的经济效应则被称为“湾区经济”。“湾区经济”一般从一个或若干个增长极启动，从“点”到“带”进而成“片”。现代经济成败的关键在于能否实现创业者、企业家、投资家、科学家以及优秀技术工人的集聚，而这类群体集聚于某一平台的先决条件是：资源要素便捷流动，良好的教育、医疗、文化环境,以及气候宜人、景色优美的宜居性,同时具备这些条件的地方,非湾区莫属。

世界银行的数据显示,全球 60%的经济总量集中在全球各地的湾区部分。但"分布于湾区的经济"并不必然等于湾区经济,而必须经过有机整合与提升。湾区经济具有以下突出特点:更开放的经济结构、更高效的资源配置能力、更强大的集聚外溢功能、更发达的国际交往网络,从而成为带动区域经济成长的主要增长极和引领技术变革的领头羊。

纽约湾区、旧金山湾区和东京湾区是公认的三大世界级湾区,发展轨迹类似又各有特色。美国东海岸的纽约湾区居世界湾区之首,作为美国第一大港口城市和以华尔街为代表的世界金融心脏,现代服务业占据主导地位;美国加州北部的旧金山湾区尤其是南湾被称作硅谷的圣塔克拉拉谷地区,聚集了全球最多、最强大的科技创新型企业巨头;地处日本本州岛关东平原南端的东京湾区,包括东京、横滨、千叶等特大城市以及川崎、船桥等工业重镇,经济总量占日本的 1/3,以先进制造业著称。

中国由南向北,具备典型湾区地理形态的区域主要有北部湾、珠江口湾区、杭州湾、胶州湾、环渤海湾等。其中,倚靠珠江口湾区、沿海三大经济引擎之一的珠三角最早萌动"大湾区经济"梦想。2013 年末召开的中共深圳市五届十八次全会第一次明确提出"发展湾区经济,促进经济全面提质增效升级"。旋即,在次年 1 月深圳市第五届人大第六次会议上,布局"湾区经济"又被第一次写入《政府工作报告》。

仅仅时隔三年,从深圳起航的雄心勃勃的构想即得到了国家层面首肯,宣示着粤港澳大湾区有望跃升为世界第四大湾区。2017 年 7 月到访广州的诺贝尔经济学奖获得者、纽约大学教授托马斯·萨金特评价称,今天的粤港澳大湾区比他曾任教过的旧金山湾区"更大、更具朝气,而且这里的人们更加渴望进步与新发明"。

浙江正式全面吹响湾区经济的号角,是在 2017 年 6 月召开的省第十四次党代会。在这一每 5 年一届的重要会议上,浙江官方明确提出,加快建设环杭州湾城市群，谋划实施“大湾区”建设行动纲要，重点建设杭州湾经济区，加强全省重点湾区互联互通，推进沿海大平台深度开发，大力发展湾区经济。显然，浙江已把湾区经济作为今后5年工作的重中之重。

5个月后的11月29日，第四届世界浙商大会开幕当天，浙江省发改委举行浙江大湾区建设重大项目推介会，首次发布了全省大湾区建设路径，以及总投资约1.5万亿元的120个大湾区建设项目。

事实上，最早可以追溯至2003年，浙江省人民政府就印发了《浙江省环杭州湾产业带发展规划》。但彼时，“环杭州湾”仍然只是作为产业布局的一个地理概念及范畴，并未上升到真正湾区经济意义的高度。

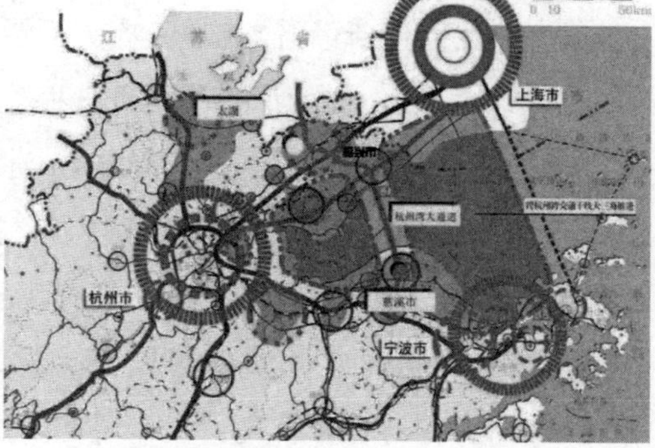

环杭州湾大湾区规划彰显浙江未来发展雄心

浙江湾区经济的急先锋无疑是东南沿海与温州相邻的台州市。台州大陆海岸线达630公里，占全省海岸线总长约28%；有海岛928个，占全省海岛总数的21%；在浙江省六大重点湾区中，台州占据半壁江山，并紧随深圳之后在全省第一个高擎起湾区经济大旗。基于台州的资源优势与领跑姿态，浙江省第十四次党代会的报告中特别强调，“支持台州湾区经济发展试验区建设”。

从湾区经济未来成长性评估，台州很重要，但肯定不是全省最重要的。

浙江海岸线总长6486公里，面积500平方米以上的岛屿3061个，均傲立全国之最，拥有发展湾区经济最佳的地理平台。全省共有六大重点湾区，分别是：杭州湾、象山港、三门湾、台州湾、乐清湾和瓯江口。其中，地处北浙江的杭州湾是毫无悬念的NO.1。

请看数据：以杭州为黄金交叉点，环杭州湾左右两翼分列嘉兴、绍兴、宁波及舟山共5地市。2016年GDP29290.4亿元，占全省总量的63%，集聚了全省 8 个国家级高新区中的 6 个,高新技术产业产值独占全省总值的 75%。同时,拥有全球吞吐量第一的大港宁波—舟山港,若加上杭州、嘉兴等港区,杭州湾集装箱年吞吐量高达 2377 万标箱,是居世界三大湾区首位的东京湾区集装箱年吞吐量的 3 倍。

某种意义上,湾区经济是三角洲经济的升级版。既然是升级,必然有更高的要求。综观国际湾区的发展历程,大致经历了港口经济、工业经济、服务经济、创新经济四个发展阶段。以杭州湾为例,目前大致处于工业经济中后期与服务经济、创新经济起步期,势头不错,问题也不少。

2016 年,浙江省政协的一份调研报告对现有的杭州湾产业结构做出了中肯评价:“产业同质化、产业布局雷同,存在低小散弱不可持续的问题,以资源开发和初级产品生产为主。”各自为政、摊大饼式的发展格局,凸显区域经济集聚优化能力的不足,其背后则是行政藩篱、以邻为壑的老毛病。

著名中国问题专家、新加坡国立大学东亚研究所所长郑永年在接受《南方周末》记者专访时分析说:“我们现在要建立的大湾区不仅是一个地理上的湾区,还要建立一个制度上的大湾区。”所谓“制度”的内涵,应该包括城市规划、劳动力市场、金融自由流动等诸多领域。而制度层面的融合与突破,将最终决定“创新驱动”能否实现。

“创新驱动”是由“竞争战略之父”、曾经于 20 世纪 80 年代担任里根总统时期美国产业竞争委员会主席的哈佛大学著名教授迈克尔·波特提出的革命性理念。波特认为,国家竞争与区域经济竞争的核心动力依次为:生产要素驱动、投资驱动、财富驱动和创新驱动,“创新驱动”是最高能级状态。

对标世界级湾区,杭州湾如何实现“创新驱动”的跨越仍有漫长的路要走,但差距之大也同样意味着成长的空间之大。

还有一个棘手的问题:依杭州湾而孕育的大湾区范围究竟有多大?其格局如何定位?

2017 年 7 月 12 日沪浙党政高层会面达成的共识很明确——“环杭州湾大湾区”。“环杭州湾大湾区”强调的是湾区所在的地理空间,并未刻意凸显主导者或行为主体。

坐拥杭州湾的浙江尤其是北浙江杭州，无疑天时地利优势毕现，手握最大的话语权。

但上海同样有毋庸置疑的科技中心、金融中心龙头地位以及全球影响力。事实上，上海在湾区建设方面早有探索。新华社消息，上海杨浦区借鉴硅谷的成功经验，意欲打造上海首个“湾区”。在 2014 年 4 月 20 日举办的首届中国财智(上海)湾区论坛上，时任上海市杨浦区区委书记陈寅表示：“我们与美国旧金山湾区委员会有多年的合作。”

另外，作为长三角的重要组成部分，江苏在未来的湾区建设中又将是何种角色？

公开资料显示，江苏地方政府尚未明确提及“湾区经济”，但据《新华日报》报道，2016 年 10 月 17 日，在全省推动长江经济带建设工作座谈会上，时任江苏省委书记李强指出，正在谋划把长江沿江城市作为一个大的板块，打造“扬子江城市群”，促进沿江地区发展能级的整体提升。

由于沿海地区多平原洼地，江苏没有类似杭州湾的经典型海湾，然而如果以浙江六大重点湾区之一温州“瓯江口”为比照，江苏则怀抱具有中国地标意义的与上海共享的长江口及沿江腹地。更重要的是，江苏的苏南板块有着强大的先进制造业底蕴，与上海的金融、科创优势以及浙江北部活力四射的互联网新经济彼此依存、互为补充，江苏不可能“缺席”大湾区。上海社会科学院城市与人口发展研究所所长郁鸿胜据此认为，无论这个湾区如何定位，都一定是包括浙江、上海和江苏的长三角的大湾区。

我们可以预见的是，湾区未来发展的生命力本质上仍然取决于能否打破门户，实现生产力要素无障碍的大流动、大组合、大集聚，这也是起始于 20 世纪 80 年代的长三角一体化的使命所在。

行动早已悄然展开。

2017 年 3 月 29 日，浙江省人民政府办公厅颁布《关于同意设立浙江省全面接轨上海示范区的复函》，决定将浙江北部与上海山水相连的嘉兴设立为全面无缝接轨上海的示范区。该复函要求，“着力将嘉兴市打造成为浙江省与上海创新政策率先接轨地、高端产业协同发展地、科创资源重点辐射地、一体化交通体系枢纽地、公共服务融合共享地,为浙江省全面接轨上海提供示范”。5月31日,上海即宣布接纳嘉兴全市可共同使用021区号。一石激起千层浪。

与20世纪90年代修建连接上海与浙江的沪杭高速公路时期的狐疑与小心翼翼相比,20多年后的大湾区建设竞赛场上,浙江彰显了积极拼抢的勇气。这一变化折射出的,是浙江积40年改革开放成就的发展自信,以及如钱塘潮般奔涌向前的发展雄心。

【浙江改革开放史档案】

习近平主席G20峰会期间点赞杭州

2015年11月16日,国家主席习近平在G20安塔利亚峰会上第一次向世界介绍杭州:“杭州是历史文化名城,也是创新活力之城,相信2016年峰会将给大家呈现一种历史和现实交汇的独特韵味。”在次年9月的G20杭州峰会期间,习近平主席又多次提及杭州,赞美杭州,并引用了不少与杭州有关的古诗词。摘录如下:

杭州是中国的一个历史文化重镇和商贸中心。千百年来,从白居易到苏东坡,从西湖到大运河,杭州的悠久历史和文化传说引人入胜。杭州是创新活力之城,电子商务蓬勃发展,在杭州点击鼠标,联通的是整个世界。杭州也是生态文明之都,山明水秀,晴好雨奇,浸透着江南韵味,凝结着世代匠心。

我曾在浙江工作了6个年头,熟悉这里的山水草木、风土人情,参与和见证了这里的发展。在中国,像杭州这样的城市有很多,在过去几十年经历了大发展、大变化,许许多多普通家庭用勤劳的双手改变了自己的生活。这一点一滴的变化,集合起来就是磅礴的力量,推动着中国发展进步,折射出中国改革开放的伟大进程。

……

这几天，正值钱塘江大潮，“弄潮儿向涛头立，手把红旗旗不湿。”我同各位一样，期待着二十国集团勇做世界经济的弄潮儿。

（摘自习近平主席2016年9月3日在G20工商峰会开幕式上的主旨演讲，新华社2016年9月3日）

去年11月，我在安塔利亚向大家介绍，上有天堂，下有苏杭，相信杭州峰会将给大家呈现一种历史和现实交汇的独特韵味。今天，当时的邀请已经变成现实。在座的有老朋友，也有新朋友，大家齐聚杭州，共商世界经济发展大计。

……

让我们以杭州为新起点，引领世界经济的航船，从钱塘江畔再次扬帆启航，驶向更加广阔的大海！

（摘自习近平主席2016年9月4日在G20杭州峰会上的开幕辞，新华社2016年9月4日）

杭州素有“人间天堂”美誉，湖光山色、人文美景俯拾皆是。西湖十景或近观、或远眺，引人无限遐思，流连忘返。联通这些美景的是一座座历史悠久、造型优美的桥，本届峰会会标的设计灵感就来源于此。

二十国集团就宛若一座桥，让大家从四面八方走到了一起。这是一座友谊之桥，通过这里我们把友谊的种子播向全球，增进互信、互爱，让彼此的距离不再遥远；这是一座合作之桥，通过这里我们共商大计、加强协调、深化合作、谋求共赢；这是一座未来之桥，通过这里我们同命运、共患难，携手前行，共同迎接更加美好的明天。

杭州与在座各位的国家有着密切的联系，我在这里举几个例子：

400多年前，1583年，意大利人利玛窦来到中国，他于1599年记述了“上有天堂，下有苏杭”的说法，据说这是首个记录、传播这句话的西方人。

也是400年前,德国的克雷菲尔德市就同杭州开始了丝绸贸易。

140年前,1876年的6月,曾经当过美国驻华大使的司徒雷登先生出生于杭州,在中国生活了50多年,他的骨灰就安放在杭州半山安贤园。

90多年前,1924年4月,印度诗人泰戈尔先生游览了西湖,特别喜欢并写下了不少诗,其中一首写得很好:"山站在那,高入云中,水在他的脚下,随风飘荡,好像请求他似的,但他高傲地不动。"他还表示想在西湖边买个小屋,住上几天。

20多年前,1992年10月,南非前总统曼德拉先生来到杭州,游览了西湖后表示:"愿意在这里住上一辈子。"

此时此刻,我们汇聚杭州,承载着各国人民的厚望和期待。

(摘自习近平主席在为G20杭州峰会的外方代表团团长及所有嘉宾举行的欢迎宴会上的讲话,《人民日报》海外版2017年12月7日)

第十六章

政府的二次革命

> 我们需要一个有活力的、强大的和非常活跃的政府。但是我们面临着选择：选择一个庞大却软弱无力的政府，还是选择把自己局限于决策和指导从而把“实干”让给他人去做的强有力的政府，能够治理和实行治理的政府？这不是一个“实干”的政府，不是一个“执行”的政府，这是一个“治理”的政府。
>
> ——[美]彼得·德鲁克:《不连续的时代》

在很多人印象中，浙江的美好在于风调雨顺。而经济活动是否能够“风调雨顺”，关键要看政府行为。

改革开放40年，浙江备受称赞的是催生了相对成熟、良性的“小政府、大市场”的政经生态系统，这是解读“活力且有序”的浙江现象必需的一把钥匙。

这一政经生态系统的构建并不是精心规划的结果。从20世纪80年代政府官员的“无为而治”，到20世纪90年代的“适度有为”，一路坎坷，尝试摸索，有过不知所措的茫然，也有过进退两难的尴尬，但以有利于生产力成长最大化为衡量标准的理念从未动摇。

党的十八大报告明确指出,经济体制改革的核心问题是处理好政府和市场的关系,"必须更加尊重市场规律,更好发挥政府作用"。进入21世纪的第二个10年,在"政府怎么办"的中国式改革挑战面前,浙江再度展现领跑者风采。这一次,他们的方向更清晰——打造"有限有为有效"的服务型政府:"有限"就是尊重市场、尊重规律;"有为"就是服务到位、监管到位;"有效"就是严格依法行政、规范高效。而且,拿捏更精准,操作更娴熟,姿态也更为主动。

从"店小二"精神到"最多跑一次"

2016年3月4日晚,义乌市十四届人大五次会议举行人大代表"问政面对面"活动。来自企业界的市人大代表们就提升传统产业、优化投资发展环境、精准服务企业等方面的问题,向现场的18个政府部门频频发问。

这18个政府部门中,尤为显眼的是年初刚刚成立的、在浙江乃至全国都独一无二的新部门——"店小二"办。

"店小二"办的办公室主任洪信强向媒体解释称,该部门今后将作为义乌市政府的常设机构,以帮助企业解决问题为主要导向,为政企交流搭建桥梁。而作为"店小二"办的总负责人,时任义乌市代市长林毅则在此次"问政面对面"活动中表示,政府的服务能力也是一个地方的竞争力,义乌的政府部门一定要用真心、真情努力当好服务企业的"店小二"。

"店小二"成为浙江官方话语体系中出现频率颇高的一个特色词汇始于2013年。彼时,时任浙江省委书记夏宝龙多次强调,政府部门、机关干部要努力成为经济社会发展中的"小二"。他形象地把企业、基层比作"客人",要求政府部门、机关干部当好服务企业、服务基层的"店小二"。

2014年底,在杭州市与阿里巴巴集团召开的一次战略合作联席会议上,时任省委常委、杭州市委书记龚正说:阿里巴巴要让中小微企业没有难做的生意,要为中小微企业当好"店小二",我们政府也要给阿里巴巴这样优秀的企业当好"店小二"。

浙江省委机关刊物《今日浙江》2016年3月刊发的一篇题为《浙江有群

"店小二"》的报道，对什么是"店小二"精神有过十分明确的描述：干部争当"店小二"已在全省形成共识，带头服务企业、服务项目，一站式审批、全程式代管、跟踪式联系、保姆式服务……浙江上下人人争当"店小二"，沉下身子精准服务，以干部服务的"加法"做起了项目引进的"乘法"，一大批"大好高精尖"项目纷纷落户浙江。

"店小二"的称谓最早出现于宋元时期的戏曲和话本小说，一般意指驿站、茶馆、酒肆、客栈负责侍应的伙计。这一概念从未登上过官方正史的大雅之堂。

21 世纪初，"店小二"在以阿里巴巴淘宝网为代表的电子商务平台上又重新活跃。马云痴迷金庸的武侠小说人所共知，阿里巴巴公司文化价值观被精炼成"六脉神剑"，即来自金庸名著《天龙八部》。阿里员工的"花名"也大多借用了金庸小说中的人物，如马云自己是"风清扬"、阿里 CEO 张勇是"逍遥子"等。马云曾经回忆说，第一次在香港经朋友介绍认识金庸，"我是激动了几天，上街买了他的书，兴冲冲地期待着见面和签字"。见面当然很开心，天马行空聊了 3 小时。临别，马云拿出书求签字，老先生一看连连摇头："全是盗版，不能签！"结果他在一张餐巾纸上书赠马云 8 个字——"相见恨晚，一见如故"。

这肯定不是金庸给阿里题词的唯一一次。淘宝网上线第二年的 2004 年，金庸即为淘宝网手书"宝可不淘，信不可弃"。而淘宝客服员工则由此被统称为武侠小说里经常出现的角色"店小二"——马云认为这体现了淘宝的定位，就是诚信至上、做好服务："我们在电视、电影里看到，以前茶馆、饭庄的小二，看到客人老远就打招呼，鞍前马后地照顾得非常殷勤。"

浙江政府版"店小二"精神的本质是真诚服务、用心服务，政府服务的水平很重要，但更重要的是发乎于心的服务姿态——居高临下的"俯视"，还是放下身段的"仰视"，姿态不同，境界两重天。

显然，被浙江官方大力倡导的"店小二"精神有阿里巴巴的渊源，其最经典的故事亦因马云而起。

2012 年 12 月 26 日，"2012 中国民营企业峰会"在地处杭州环城西路的省人民大会堂召开。峰会原本上午 9 时开始,浙江省委书记、省长 8 点 50 分就到了,但最终开幕推迟了,因为马云迟到了。几分钟后,他才匆匆赶到。

“能告诉我为什么迟到吗?今天让书记、省长等你。”峰会主持人董倩不依不饶地追问马云。

“真是车堵,但迟到就是迟到,所以要道歉。”马云说,从余杭区到杭州主城区正常情况下车程约半小时,没想到今天整整堵了 1 小时 20 分钟。马云家住杭州城西余杭的绿城桃花源别墅区,驱车前往省人民大会堂需经过天目山路、环城西路等市区主干道,而且恰逢早高峰。

企业家马云因迟到而道歉理所应当,意料之外的是时任浙江省委书记夏宝龙同时向马云道了歉。

夏宝龙在登台讲话时再次提到此事:“我刚在马云耳边讲,我向你道歉,交通堵塞不是你的问题,是我的问题。”夏宝龙承诺,要在 5 年内治理浙江全省交通拥堵,时任浙江省副省长王建满连续召集各职能部门进行研究,现在已经有了一个初步想法。

提升改善对企业与民众的服务显然不仅仅是疏解交通这么简单。“从交通问题我就想到刚才各位企业家谈到的另一件事,就是政府还需全力改善发展经济的‘交通’。”夏宝龙在峰会上进一步表示,时任浙江省省长李强对此决心很大,要加大政府环境改革的力度,“经过几年的努力,我们在发展经济的‘交通’上也一定会有很大的改善”。

有为且有效的服务型政府的打造与服务者的姿态有关,同时也与对服务者——往往是权力拥有者——手中权力的制度化约束有关。

17 世纪的英国哲学家托马斯·霍布斯曾告诫:“全人类共同的爱好,便是对权力永恒的和无止境的追求,这种追求至死方休。”包括政府在内,权力具有天然的扩张性。很大程度上,有效约束政府的扩张性权力,将直接决定所谓服务型政府能否真正有效,甚至比服务供给本身更为重要。

2015 年 5 月 6 日,在讨论确定进一步简政放权、取消非行政许可审批类别的国务院常务会议上,李克强总理讲了一个故事:

“我看到有家媒体报道，一个公民要出国旅游，需要填写‘紧急联系人’，他写了他母亲的名字。结果有关部门要求他提供材料，证明‘你妈是你妈’！”总理的话音刚落，会场顿时笑声一片。

“这怎么证明？简直是天大的笑话！人家本来是想出去旅游，放松放松，结果呢？”李克强说，“这些办事机构到底是出于对老百姓负责的服务态度，还是在故意给老百姓设置障碍？”

痛斥“你妈是你妈”奇葩证明的背后，是国务院为期数年强力推动“刀刃向内，政府权力自我革命”的“放管服”改革。

“把权力关进制度的笼子里”的浙江实践无疑走在了全国的前列。始于2013年的浙江“四张清单一张网”的改革经验，得到了国务院及有关部委的充分肯定，李克强总理对此作出重要批示，要求总结浙江的经验和做法，“以扎实有效的举措推动简政放权，进一步取消下放行政审批事项，推进政务公开，为经济发展添活力、增动力”。浙江政务服务网还被国务院办公厅作为全国政府网站的范例予以推介，中国社科院等权威机构将其评为2014年中国政府网站“最佳政务平台实践奖”并名列榜首。

所谓“四张清单”，即行政权力清单、政府责任清单、投资负面清单、财政专项资金管理清单；“一张网”，即浙江政务服务网。这一浙江独创的改革路线图的指向是推进政府治理体系和治理能力的现代化，从限制政府权力、赋予市场自由、减少微观干预、打造阳光政务、强化政府责任5个维度，搭建政府履职的架构脉络，在法治与制度的基石上扩展社会经济的自治空间：

——行政权力清单。用时任浙江省省长李强的话概括，就是要用政府权力的“减法”，换取市场与民间活力的“加法”。清单之外无权力，政府再也不能“想出手时就出手”了。这项工作包括三个环节：一是清权。对部门职权进行大梳理。二是减权。削减也要讲规矩，权力的设立依据是什么，程序环节有哪些？逐一进行审查。三是制权。对确定保留的权力事项，必须优化流程、强化监督。2015年1月，浙江省第十二届人大第三次会议审议通过的《政府工作报告》显示，浙江省级部门行政权力已由原先的1.23万项缩减至4236

项,减少了2/3。

——政府责任清单。如果说权力清单遵循“法无授权不可为”的天条,责任清单则强化“法定职责必须为”的意识。责任清单涉及四个方面:一是主要职责。在机构“三定”基础上依据有关法律、法规再作梳理,并将职责进一步细化为具体事项。二是职责边界。尤其是在部门职责交叉、应由多部门管理或配合的领域,必须泾渭分明地厘清楚河、汉界。三是事中事后监管制度。以“宽进严管”为原则,强化政府责任的持续性。四是公共服务事项。除法定职责之外的许多服务类、便民类事项,政府当仁不让要做。

——投资负面清单。核心是让作为独立法人的企业享有更充分的投资自主权。负面清单管理涉及两个维度的探索:一是准入前管少一点,明确告知投资者哪些项目需要核准,除此之外的其他行业、领域都可自行做主。二是准入后管好一点,推行企业依法承诺制、备案制,变“先批后建”为“先建后验”,变事前审批为事中事后监管。

——财政专项资金管理清单。专项资金即指那些在政府预算内年度分配的具有指定用途的资金,对这些钱,过去往往重拨付、轻管理,有些项目的设置也不够合理。实行清单式管理,目的是进一步让钱用得其所。经过清理,浙江省级财政专项资金减少了181项。吐钱的“水龙头”少了,体现公共财政意图的“水池”则变大了。这项工作是浙江的原创,自然也是全国范围的首创。

——浙江政务服务网。其内涵是优化政务生态新思维之下“互联网+政务”的全方位实践,由时任省长李强提出构想并提炼定名。依托这张网,省政府要求实现“四个集中”:权力事项集中进驻,网上服务集中提供,政务信息集中公开,数据资源集中共享。从前台来看,这一省市县所有政府部门大汇聚的服务门户初步开设了“2+3”板块:“2”即个人办事、法人办事2个主体板块;“3”即行政审批、便民服务、阳光政务3个专项板块。类似在淘宝网开店的网上政务大超市,因为一体化平台所积累的海量数据资源,将有力破除长期以来的“信息孤岛”,为推进政府治理现代化提供坚实基础。

作为“四张清单一张网”的设计师与主推者,李强是温州瑞安人,从1976

年老家的一名机电排灌站职工，直至离开浙江时的一省之长，在故乡工作了整整40年。其间两次出任浙中南地方主官，一次是在与义乌比邻的民营小五金之乡永康任市委书记，一次是在永远躁动而生机勃发的家乡温州任市委书记。对这片改革热土的长期浸润与熟稔，李强有理由更深切地体味到什么才是浙江最本质的活力之源。

"任省长以来，我思考最多的就是政府自身改革。浙江近年面临的问题是民间活力不如20年前了，能释放的红利在减少。在全面深化改革的背景下，推行政府自身改革是一场无法拖延的大考。"2014年5月，李强在接受《人民日报》记者专访谈及"四张清单一张网"改革初衷时说："浙江的发展活力在市场、在民间、在放手让市场主体去闯。全面深化改革，向改革要红利，就是进一步给市场松绑，进一步激发微观活力。要管好政府的'有形之手'，让闲不住的手收起来，让伸得过长的手收回来。"

浙江打造"审批事项最少、办事效率最高、政务环境最优"省份的目标，最终将落脚于群众和企业能否有最强的获得感。作为国务院"放管服"改革"升级版"以及浙江"四张清单一张网"建设"推进版"的"最多跑一次"改革，便是循着这一导向逻辑水到渠成。

2016年12月，时任浙江省委副书记、代省长车俊在省委经济工作会议上首次倡导提出，要以"最多跑一次"的理念和目标深化政府自身改革。他在一个月后召开的浙江省"两会"做《政府工作报告》时进一步明确：到当年年底，确保实现"最多跑一次"覆盖80%左右的行政事项，基本实现群众和企业到政府办事"最多跑一次是原则，跑多次是例外"的要求。

车俊："最多跑一次"一定要实现

2017年2月,车俊主持召开推进"最多跑一次"改革专题会议,并亲自担任推进"最多跑一次"深化"四张清单一张网"改革协调小组组长。浙江省政府很快出台了《加快推进"最多跑一次"改革实施方案》,明确思路、时间表和任务书。几个月后升任浙江省委书记的车俊表示,要"努力把这项改革打造成浙江全面深化改革的一块金字招牌"。

"最多跑一次"改革无疑是对政府服务的至高要求,甚至是对政府权力苛刻的"磨难"。2017年3月7日,全国"两会"浙江代表团开放日,香港《文汇报》记者尖锐发问:"'最多跑一次'真的能做到吗?"车俊的回应掷地有声:浙江推进"最多跑一次"改革,有前期行政审批制度改革打下的基础,有政务网和大数据的技术支撑,有严格的制度保障。通过流程再造,"浙江有条件实现、有能力实现,而且一定要实现"。全场掌声雷动。

"最多跑一次"改革首先围绕省市县行政服务中心这个群众与企业找政府办事的主要场所来展开。具体操作上一是"一窗受理",只需将材料提交给一个综合窗口,由行政服务中心进行全流程协调,按责转办;二是"集成服务",即各部门协同作战,开展并联审批、模拟审批、容缺预审、全程代办等。2017年4月,省政府在最早试点的衢州市召开"最多跑一次"改革座谈会,全面推广"一窗受理、集成服务"经验,并将其向乡镇、村延伸。

政府服务民众友好型前台界面的提升,倚靠的是后台政府内部流程优化、信息共享、力量整合的强大支撑。

"一窗"的背后是"一网"。浙江基于政务服务网推进流程再造,积极扩大政务电子化、互联网化应用。2017年,浙江连续出台《浙江省公共数据和电子政务管理办法》《省级公共数据共享清单》,杭州、宁波、温州又先后成立数据资源局等政府主管机构。站上大数据风口,让数据"多跑路",让民众"少跑腿",浙江如鱼得水,"最多跑一次"改革从激动人心的口号落到了踏实而温暖的行动细节上。

2018年1月23日,习近平总书记主持召开的中央全面深化改革领导小组第二次会议专门听取了《浙江省"最多跑一次"改革调研报告》,中央深改办建议向全国复制。2月,国家税务总局发布涉及5大类105个事项的《办税事项“最多跑一次”清单》,要求 4 月 1 日起在全国税务机关全面施行。3 月 5 日,十三届全国人大一次会议开幕,“最多跑一次”改革首次写入《政府工作报告》。

因歌曲《愚公移山》而成名的中国武警文工团歌手江涛,2017 年 7 月推出了浙江“最多跑一次”主题同名曲《最多跑一次》:

奔跑　为梦想而奔跑
成功　期盼一次就好
时间　珍惜每分每秒
复杂的事情简单点好
微笑　温暖一座城市
携手同行 最多跑一次
新时代　新方向
信息数据共分享
小改变　大成长
雨露化作圆梦的翅膀
……

从“店小二”精神、“四张清单一张网”到“最多跑一次”改革,其宗旨和本质与毛泽东的名篇《为人民服务》可谓一脉相承。差别在于,如今有了新的使命、新的思维、新的路径。因为,我们已经来到“为梦想而奔跑”的新时代。

寻找可游泳的河

每年的 6 月 5 日是“世界环境日”。2015 年的 6 月 5 日,坐拥“天下第一秀水”千岛湖的杭州市淳安县“五水共治”指挥部发布悬赏令:号召全县百姓寻找当地“不可游泳的河流”,以 3 个月为期,发现一条奖励 1 万元。9 月 6

日,媒体记者从指挥部获悉,截至活动结束,没有接到有关投诉、举报电话。

根据国家《地表水环境质量标准》,可游泳的河流须是三类水质以上,同时,pH 值、氨氮、菌落总数、总大肠菌群等指标达标。据了解,淳安县境内有 84 条主要河流,其中 79%达一类水质,21%为二类水质,全部可以游泳。

漂亮数据的背后是,淳安县 2014 年生态环保的投入为 11.2 亿元,占地方财政收入的 81%,2015 年将达 12.87 亿元。在 2015 年 3 月召开的全县党员干部大会上,曾任杭州市环保局局长的淳安县委书记朱党其表示:为严控新增污染源,当地对可能影响水质的项目一律禁批,“谁污染千岛湖就罚谁,罚得倾家荡产为止”。同时还提出要打造国内顶级污水处理的“千岛湖标准”,争做中国最佳“水源保护地”。

淳安悬赏寻找当地“不可游泳的河流”,缘于浙江的确曾深陷几乎找不到“可游泳河流”的危机。这一危机积淀已久,终于酿成延刮各地的“请环保局长下河游泳”的民间风暴。

风暴由一位温州企业家的微博瞬间引燃。

2013 年 2 月 16 日,温州瑞安市在外创业并因为收购了杭州百年老字号毛源昌眼镜公司而小有名气的金增敏发布了配上 4 张现场照片的微博:“这就是浙江省瑞安市仙降街道橡胶鞋厂基地,工业污染非常严重,污水直接排入河流,求关注。”紧跟着,他再发一条微博:“环保局长要是敢在河里游泳 20 分钟我拿出 20 万元。”

温州老板金增敏赌 20 万元“请环保局长下河游泳”的被严重污染的家乡小河

金增敏是仙降街道金光村人,照片是他回老家的时候拍的。这条河位于仙降街道的金光村与横街村交界处,污染的严重程度可谓“惨不忍睹”。就在发微博的前一天,他响应政府回乡投资的号召,带着几位甘肃、杭州等地的客商朋友来到金光村考察投资环境。“这么脏臭的河把大家吓坏了,谁还敢投资?活着都不容易!”

仙降街道金光工业区就在金光村,胶鞋产业发达。送走朋友后,金增敏到村里几家鞋厂调查摸底。鞋厂的人告诉他,一些胶鞋企业直接把没做任何处理的污水排入河道。受污染的不仅是河水,还有空气,生产胶鞋需要胶浆粘合,炼胶过程中会排出难以忍受的刺鼻气味。金光村是拥有约1000人口的小村庄,而上一年单单因癌症去世的人就有17个。

“我是河边长大的,小时候经常在河里与伙伴游泳,包括我母亲在内的很多村民还在河里洗衣洗菜。”金增敏回忆说,当时汽车很少见,河道是作为交通出入的主要通道的:“这条河流淌着我太多的童年记忆。”

金增敏的话音刚落,3天后,瑞安南面几十公里外的温州苍南网友CHUAN一庆在微博上发帖:“据苍南县龙港镇广大市民反映,龙港镇内所有河道都是污水横流,臭气熏天,龙港市民的健康大受威胁。今天本人路过龙港龙跃路随手拍了几张照片以供全国网民一睹为快。特此本人决定:悬赏30万元人民币盛情邀请时任苍南县环保局局长苏中杰抢先下河游泳30分钟。”

同日,温州乐清又有人在网络上发起了“5000个100元邀请乐清市环保局局长下河游泳”的募捐。截至当天17点,已经有106位网友分别乐捐100元。

从温州引发的风暴继续向全国扩散:广东深圳、东莞,河南新乡等地网民“请环保局长下河游泳”的悬赏令此起彼伏。围观与评论因为愤怒而无比尖酸:“看来今年的各地环保局长都可以赚外快了,不就游泳嘛,这值啊,比上班赚工资划算多了”,“请孙杨也就这个价儿了,局长们还不行动起来!”

请官员“下河游泳”的强烈呼声甚至引起了中共中央总书记习近平的关注。2013年3月8日全国“两会”期间,习近平参加了全国人大江苏代表团审议《政府工作报告》。时任苏州市委书记蒋宏坤结合《政府工作报告》,谈到苏州将完善和提升生态文明建设规划,争取用5至8年使所有湖泊水质都有根本改观时，习近平插话："现在网民检验湖泊水质的标准，是市长敢不敢跳下去游泳。"《苏州日报》在报道中说，总书记"风趣的话语引得代表们都笑了起来"。

但面对"请环保局长下河游泳"网络式上访的汹涌民意，官员们的笑声异常沉重。作为风暴中心的温州，危如累卵的环保欠债固然是低端制造业长期野蛮成长的代价，也同样暴露了政府缺位不作为触目惊心的后果。

时任浙江省委书记夏宝龙 2014 年 1 月 22 日在《人民日报》刊发署名文章，表示："决不能把'邀请环保局长下河游泳'当成茶余饭后的一个谈资，一笑了之、一谈了之！"

在此前后，还有一连串"水患"刺激着浙江官员的神经——

2013 年 10 月 7 日台风"菲特"肆虐，浙北经济重镇余姚 70%以上城区汪洋一片，城市几近瘫痪。11 日晚，宁波电视台记者报道余姚洪水已退，生活恢复正常。愤怒的民众称其粉饰灾情，随后围堵卫星转播车，并将护送记者的宁波特警警车砸坏。

自 2013 年 3 月起，有数百万人口的省会杭州许多市民发现家中的自来水发出类似于塑料、油漆或农药等异味。持续大半年，政府部门仍未给出权威解释。其间，先后破获了金帆达公司将 3.8 万余吨废液非法倾倒在城市窨井、农田、溪沟，以及上市公司新安化工将数万吨废液偷排于京杭大运河等特大污染环境案。虽然环保机构否认案件与自来水异味有关联，但市民们还是不放心，纷纷囤积瓶装水、抢购净水器。

治水，已经势在必行，退无可退。

2013 年 11 月，浙江省委十三届四次全会制定了治污水、防洪水、排涝水、保供水、抓节水"五水共治"的重大战略决策，随即召开的全省经济工作会议发出总动员令，欲以"重整山河"的雄心和"壮士断腕"的决心，打响铁腕治水攻坚战。

"五水共治"被比喻为人的五个手指，分工有别、和而不同，捏起来就形成一个拳头。其中治污水是最粗的大拇指，民众对污水感观最直接、深恶痛绝。治好了污水，老百姓就会把大拇指竖起来。

为此，浙江统筹兼顾，明确了“五水共治、治污先行”的路线图，以及“三五七”时间表，即以治污水为突破口带动全局，3 年(2014—2016 年)要解决突出问题，明显见效；5 年(2014—2018 年)要基本解决问题，全面改观；7 年(2014—2020 年)要基本不出问题，实现质变。

“五水共治”可谓是一石多鸟。首先是经济账：水环境污染表现在水里，问题在岸上，根子在产业，治水将倒逼过度依赖资源环境消耗、粗放增长的传统产业转型发展；其次是生态账、民生账：所谓浙江“缺水”，本质是污染造成的水质性缺水。“江南水乡没水喝”，老百姓不答应，治水就是要给民众一个明明白白的交代。

“五水共治”的第一枪，首先在浦江打响。

浦江县地处浙江中部，有 1800 多年建县史，作为钱塘江重要支流的浦阳江源出县境西部天灵岩南麓，自西向东蜿蜒而过。

因为山多地狭，土质又是肥效不高的黄红壤，浦江历史上谈不上富庶。改革春风乍起，和相邻的义乌一样，浦江人心思变得活络了，他们盯上了水晶产业。20 世纪 80 年代初，浦江山区乡村的家庭磨珠作坊开始星火燎原，由磨珠进而开发水晶灯具、水晶工艺品，生意十分红火。鼎盛时，全县共有 2.2 万家水晶企业，38.8 万本地人和 37 万外来民工中至少有 20 万人从事水晶生产。水晶产品占全国市场 70％以上，是名副其实的“中国水晶玻璃之都”。

浦江人富了，但带来富裕的晶莹剔透的水晶背后，却是水质浑浊不堪的沉重代价：每年水晶生产排放的废水量达 490 余万吨，500 万吨水晶固废遍布城乡。全县 85％以上的水体被污染，577 条大小溪河 90％沦为“牛奶河”、垃圾河和黑臭河，流淌过境的钱塘江支流浦阳江成为全省水质最差的河流。环境卫生评价满意度多年列全省倒数第一，被称为“浙江卫生环境最差县”。

2013 年 4 月，经时任省委书记夏宝龙亲自确定，浦阳江作为其联系的试点，决意要为全省治水“杀”开一条血路。他与当地干部击掌相约：“三年后，如果综合治理取得了效果，水质变好了，到时候我下浦阳江游泳！”面对颇令人尴尬的民间“悬赏”官员游泳声浪，夏宝龙应该是主动掷出坚定承诺的最高级别官员。

支撑承诺的是堪称“史上最严厉”的行动。

2013 年 7 月 17 日，浦江县检察院以污染环境罪对犯罪嫌疑人邓善飞批准逮捕，他成了浦江水晶业污染整治中第一个因污染承担法律责任的老板。这也是当年 6 月最高人民法院、最高人民检察院发布《关于办理环境污染刑事案件适用法律若干问题的解释》文件后，浙江省首例因环境污染而追究刑责的案件。

邓善飞的加工厂非法排放含重金属的污染物，超过国家排放标准 3 倍以上。他却一直心存侥幸，认为缴点罚款就完事。官方发布的数据称，在 2013 年上半年，浦江县共拘留相关污染企业主 130 多名。

18450 家水晶加工户被取缔，9.3 万台低劣水晶生产设备被淘汰，103 万平方米违建水晶加工场所被拆除。为了杜绝各起炉灶、散乱排污的痼疾，一个全国最现代化的水晶产业集聚园区开始兴建，全县所有水晶企业集体搬入园区，水晶固废将形成收集、运输、处置的完整体系。而对暂时还没有进园区的水晶加工户，据《南方周末》报道，则实行了颇具争议的“连坐”制度——存留的 113 户水晶加工户被分成 13 个水路，相互监管、责任共担，一家出事，同水路的企业全部断电。

几乎所有想的到的措施都用上了。除了水晶企业，为鼓励当地农民少用化肥，在浦阳江沿岸，市场采购价每吨 600 多元的有机肥，政府补助近半。而在饮用水源、备用水源等保护区，补助几乎达到 80%。

铁腕大治带来的是大变样：一年后，浦江县在浙江率先消灭“垃圾河”，实现了从水质全省末位到率先达标的“逆袭”，浦阳江地表水断面水质从过去的劣 V 类提升至 III 类。2015 年 11 月 2 日，因水污染停办了 5 年的第七届中国水晶玻璃产业博览会开幕。更为重要的是，“不能躺在垃圾堆上数钱，更不能躺在医院里花钱”开始成为浦江人的共识。

变化是多方面的。浦江历来都是令人头痛的全省信访管理重点县。2002 年，全县受理信访多达 10307 件人次。浦江一位县领导回忆说，他当时的办公室在 3 楼，一个星期至少有两三天，信访群众会从 2 楼一直排到 3 楼，要进出办公室，都要经过层层“包围”，以至 2003 年，全省推广领导下访接待群众制度，时任省委书记习近平把下访的第一站放在了号称“浙江信访第一大县”的浦江。

浦江的信访案件很多与环境污染和水晶小作坊违建有关，因治水而净化的还有民心。2014 年以后，浦江再没有出现过群访事件；2015 年，首次实现“初信初访全部办结归零”；2016 年，全县信访量从 2002 年的 10307 件下降至 640 件。

可以游泳的河终于回来了。

干部们亲自下水游泳，是检验水质最好的办法

“我与浦江的同志有过下浦阳江游泳的约定。现在看来，这个时间可以提前。”2014 年 1 月 23 日，时任浙江省委书记夏宝龙在与中央媒体驻浙机构负责人座谈时透露，鉴于浦阳江水质在加快变好，他打算提早践行承诺，当年六七月间就前去下水游泳。

7 月 10 日上午，浦江人还没等到夏书记，参与浦阳江治水的 140 多名当地干部，就齐齐跳进夏宝龙书记约定下河的浦阳江中段的翠湖畅游起来。

当日下河试水的浦江县水晶整治办主任徐利民心情舒畅：“水质真的很好，感觉不错。”

干部们下河游泳的第二天，浦江县人大常委会在全省首开纪录，将翠湖所在的浦阳江同乐段和另一条壶源江大洑段，一起正式确认为可游泳河段，作为天然游泳场免费对外开放。

浦江样本折射的是整个浙江“五水共治”的宏大画卷。

“哲学上讲纲举目张，治水就是浙江转型升级实现更有质量和效益、更具持续发展能力的'纲'。"时任浙江省委书记夏宝龙如此说。浙江省发改委数据显示,仅启动之年的2014年,全省就安排"五水共治"项目125个,拉动有效投资4680亿元,计划年度投资超过650亿元。截至2015年上半年,全省地表水控制断面III类以上水质断面比例达67.9%,同比提高了8.6个百分点;劣V类断面比例则同比下降8.1个百分点。浙江有近三成的用水、约四成的废水排放来自工业。治水强力倒逼着工业转型提升,全省工业废水排放量两年间累计下降了14.8%。地处钱塘江源头的开化县明代就有农家开始养"清水草鱼"。治水让水至清而鱼至鲜,开化"清水草鱼"的价格一斤飙到50元,还供不应求。

作为衡量"五水共治"成效的重要标杆,"寻找可游泳的河"在浙江各地屡屡爆出激动人心的消息。2014年2月,在最早被悬赏邀请环保局局长下河的瑞安市仙降街道,50名胶鞋厂老板跃入已经20年没人敢游泳的东河集体冬泳,而过去一年,仙降街道治水花掉了2000多万元。同年7月,兰溪市赤溪街道,80多位党员干部跳进刚刚经过治理、素有"兰溪第一塘"之称的常满塘游泳,他们游得卖力,蜂拥围观的村民也很兴奋。

2014年6月26日,浙江省人大常委会在全省范围内正式启动名为"检验'五水共治'成果、申报可游泳河段"的活动。在当天举行的申报工作视频会议上,时任省人大常委会党组书记茅临生说:"是否可以游泳,嘴上说了不算,要我们自己跳进河里,游给人民群众看,才能让人民群众信服。"

并不是每条河流都能申报"可游泳的河段"。按要求,申报的河流必须是"本辖区内不同河流通过'五水共治'水质有明显改善并根据水情、水文等情况能游泳的河段"。这意味着一些在上游山区偏僻之处、未曾受过污染的河流,首先被排除在外。

一场别开生面的竞赛拉开序幕。最终,除因报名河段太多而延迟申报的丽水外,其余10个地市一共上报了27条"可游泳河段"。

治水,最忌急于求成。为此,茅临生反复要求申报一定要实事求是,"不搞强行摊派,不搞指标分配,不搞弄虚作假,也不能人为拔高"。

地处河网下游、平均海拔全省最为低洼的嘉兴市,既有本地水污染,亦饱受输入性污染之害，异常艰难的治水重压下，嘉兴尚找不到一条可游泳的河段。但省人大领导出人意料又情理之中地对嘉兴进行了表扬，理由正是“实事求是”。

在《现代汉语词典》中，关于浙江的词条解释一为水名，即钱塘江；二为省名，简称浙，以境内钱塘江旧称浙江得名。中国以江河湖泊定名的省市区有 3 个，除了黑龙江、青海，便是浙江了。无疑，水是浙江的生命。

说到治水，必言大禹。大禹因“三过家门而不入”戮力治理黄河终流芳百世。治水功成后，大禹会诸侯于会稽。会稽今为何处？众说纷纭：主要有安徽蚌埠市之西的“涂山说”、河南“伊川说”、山西“平陆说”，更广为人知的就是在浙江绍兴亦名茅山的会稽山了。会稽山居绍兴城南 6 公里，传说是大禹娶妻、封禅之地，也是其归葬之地大禹陵的所在。

自 1995 年始，浙江恢复了每年一度隆重的大禹祭典。治水功在当代。水的变化，是浙江发展起落跌宕的缩影。“五水共治”就是力图让因水而名的浙江重新因水而兴、因水而美。2017 年 6 月召开的浙江省第十四次党代会进一步提出，要在“五水共治”、“三改一拆”、小城镇环境综合整治的基础之上，把浙江打造成为美丽中国生态文明建设最佳样本的“大花园”。

古往今来，治水从来都是政府行为。禹和他的父亲鲧受命于尧、舜二帝治理泛滥成灾的洪水。大禹 13 年治水成功的方法论在于，他汲取了鲧治水失败的教训，改变了无端盲目的“堵”，而是顺水势、通水道。

离开政府力量的强劲之手，治水只能沦为一句空话。但水环境是浩大且讲究科学的系统工程，政府治水将如何用足够的耐心遵循自然规律？“五水共治”的目标所指是以发力宏观从而倒逼企业微观，政府治水又将如何懂得进退遵循市场规律？

“寻找可游泳的河”只是美丽的序章，在市场的大河里不断摸索“找准政府行为的航道”，浙江依然在路上。

新经济“助产士”

互联网新经济呈现出的领跑者姿态，是浙江近年再度闪耀中国的最大亮点。点燃这一亮点的关键时刻，是世界互联网大会在浙江乌镇的召开。

事实上，乌镇被世界所瞩目不是因为乌镇互联网有多么发达，而是乌镇被互联网赋能。为乌镇赋能的，无疑是政府之手。

在已经召开的四届大会中，规格最高的是 2015 年 12 月 16—18 日的第二届：习近平主席亲自出席，2000 多位嘉宾包括巴基斯坦总统侯赛因、俄罗斯总理梅德韦杰夫、哈萨克斯坦总理马西莫夫等 7 国领导人以及近 50 个国家和地区的部长级官员。

“我曾在浙江工作多年，多次来过乌镇，我很喜欢这个地方。第二次乌镇改造时，我在这里帮助他们策划，支持他们古镇保护、旅游开发。今天再次来到这里，感到亲切熟悉，感到耳目一新”，习近平在开幕式主旨演讲中回忆道。①

习近平回忆的“第二次乌镇改造”之行是 2005 年 8 月 3 日。据《浙江日报》报道，那一天骄阳似火，时任浙江省委书记习近平来到乌镇二期保护工程现场，他戴着草帽，冒着酷暑，整整一上午，详细了解工程建设、资金来源等情况，汗水浸透了衣背。临走时，习近平鼓励大家坚持“以保护历史遗产来开发旅游”的发展理念不动摇。②

习近平在浙江工作 6 年，包括此行，至少先后 5 次到乌镇调研指导。

“保护历史文化遗产”这一坚定的政府思维，最终为乌镇赢得了历史性机会。2014 年 10 月 30 日国务院新闻办举行的首届世界互联网大会新闻发布会透露：专家组建议选址乌镇，一方面是它能代表中国几千年的传统文化，同时乌镇是一个像瑞士达沃斯那样的小镇，可以被赋予互联网的魅力。

---

①《全球瞩目的乌镇时刻——第二届世界互联网大会开幕式侧记》，《浙江日报》2015 年 12 月 17 日。

②《习近平总书记心系乌镇》，新华网 2015 年 12 月 15 日。

就在第二届互联网大会召开前夕的2015年9月，浙江省批复同意设立乌镇互联网创新发展综合试验区，决定以乌镇为核心并辐射周边，打造全省信息经济发展的示范区、全国“互联网+”发展的先行区。

被政府“赋予了互联网魅力”的乌镇，迅速从茅盾笔下江南水乡的“林家铺子”，华丽转身为真正的世界互联网殿堂。

如果说“五水共治”重在以政府治水倒逼浙江传统产业转型升级，那么世界互联网大会花落乌镇则是政府“舞剑”，意在强力催生新经济了。

当中国经济社会进入“新常态”，如何推进与这一形态相适应的“新旧发展动能的转换”，便成为必须解决的紧迫命题。

2015年10月16日，李克强总理在主持召开部分省(区、市)负责人经济形势座谈会时指出，“我国经济正处在新旧动能转换的艰难进程中”。“新旧动能”第一次正式出现在国家领导人讲话中。2016年3月，“新旧动能”成为《政府工作报告》中的新名词。2017年1月，国务院办公厅印发《关于创新管理优化服务培育壮大经济发展新动能加快新旧动能接续转换的意见》，这是第一份有关“新旧动能”的国家专门文件。

毫无疑问，浙江是中国经济新动能培育的急先锋。

早在2014年5月，浙江在全国率先提出发展以互联网为核心的信息经济，制定出台全国第一个信息经济成长指导意见，并将之置于单体规模目标值达万亿元量级的“八大产业”首位。2016年11月第三届世界互联网大会召开前夕，国家网信办、国家发改委批复同意浙江省建设全国首个国家信息经济示范区。

新经济动能胎动，政府不会缺位。“特色小镇”正是在这一背景下孕育而生。

小镇古已有之，但“特色小镇”却是发源于浙江的全新概念和产物。这样的小镇不是传统行政区划单元的建制镇，也不是传统意义招商引资的产业园区，而是结合特色产业、旅游、文化以及社区的理念设计的多功能产业集聚平台。根据2015年5月浙江省政府办公厅发布的《省政府关于加快特色小镇规划建设的指导意见》的要求:特色小镇建设必须政府引导、企业主体、市场化运作,规划面积一般3平方公里,原则上3年内要完成固定资产投资50亿元。旅游产业类特色小镇必须达标AAAAA级景区,保护环境、一镇一特色。

时任浙江省省长李强曾在一篇公开发表的署名文章中认为:“新常态下,浙江利用自身信息经济、块状经济、山水资源、历史人文等独特优势,加快创建特色小镇,不仅符合经济社会发展规律,而且有利于破解经济结构转化和动力转换的现实难题,是适应和引领经济新常态的重大战略选择。”

李强是特色小镇的首创者与主推者。2014年8月,李强在参观全国首个云计算产业生态小镇——杭州西湖区云栖小镇时说,省有关部门和杭州要积极支持云栖小镇建设,“让杭州多一个美丽的特色小镇,天上多飘几朵创新‘彩云’”。这是李强首次在公开场合提及“特色小镇”。

2015年3月8日揭牌的梦想小镇地处杭州余杭区,与阿里巴巴总部遥遥相望,既是浙江第一个创立的特色小镇,也是其目前的“长子”和“头牌”。

事实上,梦想小镇的诞生,的确与阿里巴巴“渊源”深厚。

据知情人士透露,2014年8月13日,时任浙江省省长李强致电时任余杭区委书记徐文光,提出要在阿里巴巴周边划出一块区域,专门集聚互联网创业人才和风投资本,打造一个具有众创空间和孵化器功能的“互联网创业小镇”。

李强之所以有此想法,是因为彼时,阿里巴巴即将于当年9月中旬登陆美国纽约证券交易所,其团队拥有近200亿美元市值的股份。暴富后,部分中层骨干会离职自主创业,这些人如果离开杭州去了别的地方怎么办?李强敏锐地觉察到,迫切需要一个载体“顺势”承接阿里巴巴上市后带来的资本外溢,留住人才,成为杭州打造“互联网创业之都”和“天使投资之城”的又一个平台。

很快,杭州与余杭拿出了互联网创业小镇的初步方案。考虑到“这是一个让天下有创业梦想的年轻人实现梦想的地方”,李强将其定名为“梦想小镇”。

浙江的特色小镇自此肇始。根据规划，全省将重点培育建设100个左右的特色小镇。2015年6月，首批37个省级特色小镇创建名单公布。

“这些创建中的特色小镇，既是一个个产业创新升级的发动机，又是一个个开放共享的众创空间；既处处展现江南水清地绿的秀美风光，又告别了传统工业区‘文化沙漠’现象，彰显了人文气质；既集聚了人才、资本、技术等高端要素，又能让这些要素充分协调，在适宜居住的空间里产生化学反应，释放创新动能。”2016年1月，李强在浙江省委机关刊物《今日浙江》上发表署名文章《特色小镇是浙江创新发展的战略选择》中这样写道。

根据规划，浙江的特色小镇依产业特色可以分为三类：一是龙泉青瓷小镇、湖州丝绸小镇等历史经典产业小镇；二是诸暨袜艺小镇、海宁皮革时尚小镇等优势传统制造业提升再造小镇；三是杭州梦想小镇、玉皇山南基金小镇、云栖小镇、硅谷小镇等金融、科创、互联网类新经济小镇。其中，尤以新经济小镇最为耀眼，发展最为迅猛。

以梦想小镇为例，在一片水稻田包围中从零崛起，目标是“3年内，集聚大学生创业者10000名，创业项目2000个，基金(管理)及相关机构300家，实际资产管理规模达到1000亿元，金融资产总额超过3000亿元”。而事实是，启幕第一天，小镇就吸引了虚拟现实、3D打印云服务平台等80个创业项目和830多位创业人才正式入驻。截至2017年3月两周年时，已集聚910多个创业项目、金融机构620余家、管理资本1350亿元、创业人才近8700人，被媒体称作“梦想般的速度”。

迥异于既往几十年民营经济自由、自发、自觉型草根生长，在这一轮旧有路径增长乏力而新经济跃跃欲试的大潮中，浙江各级政府不再甘于尾随与喝彩，而是创新思维主动为之，放手大干起来。

特色小镇很快引起了北京高层的关注。

2015年9月，时任中央财经领导小组办公室主任刘鹤率队专程前往浙江调研宏观经济运行和特色小镇建设情况。

在考察了杭州梦想小镇、玉皇山南基金小镇等几个特色小镇后，刘鹤说，特色小镇给他留下的最深印象，是处理好了政府与市场的关系，政府为企业创业提供条件，大胆“放水养鱼”，让企业家充分发挥才能。特色小镇建设思路符合经济规律，这是浙江“敢为人先、特别能创业”精神的又一次体现。

李强(前排左二)陪同时任中央财经领导小组办公室主任刘鹤(前排左一)考察杭州梦想小镇

在随后召开的座谈会上，刘鹤表示，中财办将深入总结特色小镇的经验并积极推广，“推动中国顺利度过中等收入陷阱”。

据“浙江在线”报道，2015 年 5 月习近平总书记在考察浙江时，对特色小镇给予充分肯定。在当年的中央经济工作会议上，他“大段讲述”特色小镇，梦想小镇、云栖小镇、黄酒小镇等被一一点到。12 月下旬，他又在中财办的《浙江特色小镇调研报告》上作重要批示。

进入 2016 年，发轫于浙江的特色小镇逐渐席卷全国，“学习浙江好榜样”成为风尚。

当年 2 月 25 日，国家发改委举行新闻发布会，重点推荐了浙江的特色小镇，杭州云栖小镇被作为典型案例。

随后，广东、江苏、河北、贵州、福建等地政府相继出台推进特色小镇发展的相关指导意见。而作为起源地的浙江，其特色小镇也成为了外省书记、省长率领的党政代表团“取经”的重点。

2016 年 7 月，住建部、国家发改委、财政部联合发布《关于开展特色小镇培育工作的通知》，计划到 2020 年，培育 1000 个左右各具特色、富有活力的休闲旅游、商贸物流、现代制造、教育科技、传统文化、美丽宜居等特色小镇，引领、带动全国小城镇建设。这标志着特色小镇正式在全国推广。旋即，住建部公布了 127 个第一批中国特色小镇名单，覆盖全国 31 个省市自治区。

2017 年 3 月，“特色小镇”首次被写入《政府工作报告》。报告提出，要“支持中小城市和特色小城镇发展”。

谁都知道，从小跟着父亲在茶馆听杭州评话、苏州评弹长大的马云超级喜欢唱歌。被广为传播的一次公开演唱，是在 2016 年 10 月杭州云栖大会的音乐节上，马云压轴出场，放声高歌《好久不见》和《海阔天空》，引发粉丝疯狂高呼“马云爸爸我爱你”。

当然，云栖大会的价值并不是因为马云唱歌，而是它的黑科技，是它作为新兴高科技领域的世界级盛会。

阿里巴巴创立于 2009 年的云栖大会因云栖小镇而名。云栖小镇从降生之日即立志成为全球云计算及 DT 时代技术的第一产业平台，富士康集团董事长郭台铭曾经说：“我在这里嗅到了硅谷的味道。”2014 年 8 月李强在这里说，应该像云栖小镇那样，“让杭州多一个美丽的特色小镇，天上多飘几朵创新‘彩云’”。

两年后的 10 月，刚刚调任浙江省代省长的车俊在“2016 杭州 · 云栖大会”上发表题为“勇当大数据时代的弄潮儿”的主旨演讲。这是他到浙江工作后，第一次集中、系统地公开阐述其对以信息经济为内核的浙江新经济发展的态度与思路。

“近两年，来自全球的科技精英、文化精英和创业青年正在加速向杭州、向浙江集聚、落户。科技型小微企业雨后春笋般涌现，创投公司和金融机构蜂拥而至。他们风华正茂，与全球经济复苏缓慢的大背景形成鲜明反差，又与新一轮科技革命和产业变革同频共振，”车俊对这一态势颇感欣喜，“这令我心花怒放。”

谈及“新浙江现象”下的政府作为，车俊说，如今浙江各级政府争当“店小二”，正在努力优化制度供给与服务方式，让产业链、资金链、创新链、服务链“无缝对接”，让创业创新的门槛更低、成本最小、环境更优，“今天，我作为一个新浙江人，特别想邀请全球人才来浙江创新创业，来做新浙江人，在美丽的浙江找到创业的幸福感，成就自己的人生价值”。

几个月后，车俊就任浙江省委书记。在此前后，浙江尤其是杭州的“大数据时代的新经济浪潮”，便一浪高过一浪：

——2016 年 8 月 5 日，浙江省政府召开杭州城西科创大走廊建设动员大会。位于杭州市区西北的科创大走廊东起浙江大学紫金港校区，西至浙江农林大学，东西总长 33 公里，南北宽 7 公里，总面积约 231 平方公里。从地图上看，其形恰如一把钥匙。举全省之力打造的杭州城西科创大走廊，就是浙江的一把打开“增长之锁”、开启未来之门的“创新之钥”。

长期以来，浙江强于制度创新、商业创新，科技创新则是相对薄弱、必须补齐的第一短板。根据规划，到 2020 年，城西科创大走廊要实现创新资源有效集聚，各类人才总量达到 30 万人，引进科研院所 100 家，集聚高新技术企业 1000 家、科技型中小微企业 10000 家。此外，各类基金资产管理规模达到 2000 亿元，投入小微企业的民间资本和创投资金超过 1500 亿元。

——2016 年 12 月 26 日，浙江公布《钱塘江金融港湾发展规划》并召开钱塘江金融港湾建设推进大会。钱塘江金融港湾东起杭州湾、西至千岛湖，几乎横贯杭州全境，包括杭州市区钱江新城、钱江世纪城核心区以及系列金融特色小镇形成点面结合的“1＋X”空间布局。

作为对标英国伦敦金融城、上海陆家嘴金融城等世界一流的金融集聚区，钱塘江金融港湾可谓“野心勃勃”。这一“野心”的强力支撑点，在于近年浙江互联网金融的爆发式成长。杭州的第三方支付和移动支付金额均位居全国第一，市场份额占全国半壁江山之上，网络借贷中介机构、电商网络信贷、互联网金融信息类门户等极为活跃。区别于传统金融的差异化定位，令浙江对将“钱塘江变成下一条黄浦江”充满信心。

好戏才刚刚开始。

——2017 年 9 月 2 日，作为西湖大学的前身及筹建依托主体，位于杭州云栖小镇的西湖高等研究院迎来了首届 19 名博士研究生。而未来 10 年办学经费总投入 200 亿元的西湖大学，则将于 2022 年在杭州城西科创大走廊正式建成。在这所致力于成为“中国斯坦福”的民办研究型大学的筹备期，杭州市政府无偿提供了 10 万平方米教学、行政办公等用房，以及 4 亿元的科研启动资金。

——2017 年 9 月 6 日，布局网络计算系统、泛化人工智能、泛化信息安全、无障感知互联、智能制造与机器人五大方向，争创国家实验室的“之江实验室”在杭州城西科创大走廊人工智能小镇挂牌。作为浙江迄今规模最大、投资最多的混合所有制新型科研机构，之江实验室注册资金 1 亿元，由浙江省政府、浙江大学、阿里巴巴集团按照 5∶2.5∶2.5 的比例出资，同时省财政分期给予 50 亿元经费支持。浙江省省长袁家军担任第一届理事会理事长，四位副理事长中有两位分别是浙江省常务副省长与杭州市市长，浙江省科技厅厅长兼任秘书长。

——2017 年 9 月 27 日，由全球 42 名顶级专家组成的浙江省人工智能发展专家委员会成立。其专家委员由省政府聘任，每届任期 5 年。

20 世纪 80 年代，浙商有一句口号，“一见阳光就灿烂，一有雨露就发芽”，说的是浙商活力无限，自己是市场经济环境下最优质的种子。21 世纪代表着浙江未来的杭州梦想小镇有一句广告词，“我负责阳光雨露，你负责茁壮成长”，说的是政府对企业成长的殷殷之情，以及所肩负的无限责任。

从这两句企业口号到政府广告语跨越数十年的嬗变，折射了改革开放不同时代语境下不同的发展特征。企业、市场与政府彼此互相依承，但两者永远有着清晰的边界点——“让罗马的归罗马，让恺撒的归恺撒”。唯有此，“阳光雨露”与“万物生长”方能生态和谐。

浙江省级层面首次倡导“浙商回归”始于2006年，计划在“十一五”期间引进在外浙商回乡投资金额300亿元。但“浙商回归”上升为浙江省委、省政府的“一号工程”并全面实质性推进，则是5年后的事。

2011年10月，以“创业创新闯天下，合心合力强浙江”为主题的首届世界浙商大会在杭州隆重召开。同年12月，浙江省出台《中共浙江省委浙江省人民政府关于支持浙商创业创新促进浙江发展的若干意见》，吹响了“浙商回归”最嘹亮的集结号。为此，浙江省各级政府制定了税收、土地等各方面的优惠政策，并启动对11个市、20个省级相关部门以及29个省外浙江商会的目标责任制考核。“这在浙江是第一次，在全国也是第一次。”

2012年，“浙商回归”到位资金1297.9亿元。截至2016年，全省累计到位资金达11844亿元。而根据《浙江省支持浙商创业创新促进浙江发展“十三五”规划》，“十三五”期间将力争实现回归到位资金20000亿元。

“浙商回归”是浙江面临日趋激烈的区域经济竞争压力而主动为之的政府行为，对浙江经济提升转型、注入发展新动力影响深远。作为最大的“浙商回归”项目，宁波海越在政府热切的期待中“生”，又在政府与市场的磨合、博弈夹缝中艰难求活路，终了在一片唏嘘间怅然落幕，给出了如何“更加尊重市场规律，更好发挥政府作用”的耐人寻味的样本。

宁波海越新材料有限公司地处宁波北仑，是138万吨丙烷与混合碳四综合利用项目暨60万吨/年烷基化油项目的平台公司，由上市公司浙江海越股份有限公司控股51%投资组建。

项目总投资127亿元，一期77亿元，是当年“浙商回归”投资额最大的实体性项目。

烷基化油亦称异辛烷，是目前全球应用最广泛的一种清洁汽油添加剂。宁波海越2014年投产的60万吨/年烷基化油项目，是引进世界最先进的美国鲁姆斯公司技术建立的中国规模最大、环境影响最小的烷基化油生产基地，添加其产品可将包括PM2.5在内汽车尾气排放的污染物减少40%左右。

技术领先、市场广阔，又能驱逐雾霾还百姓以蓝天，浙江海越董事长吕小奎激情满怀。他在写给一位浙江省领导的信中说：“我年已花甲，但干劲犹在。我是浙江人民的儿子，我所想做、所在做的，就是要在花甲之年，好好地为企业腾飞、为家乡发展出最后一份力！”

但现实近乎无情。

由于强大既得利益的冲撞，宁波海越的优质产品无法进入中石化等央企炼油厂，也就被挤出了央企掌控的全国加油站系统。同时，按照国家对新能源的税收优惠政策，异辛烷产品本该享有的每吨1780元消费税的免征待遇又始终得不到落实，进而丧失与其他污染物含量高的劣质油品的竞争力，宁波海越陷入了泥潭。

“因相关政策至今未落地，近百亿绿色化工创新实体项目开工严重不足，甚至面临‘晒太阳’，作为董事长我心急如焚。”投产一年多后，吕小奎在再次上书省领导的“求援信”中说：“生产装置自投运以来，开工率仅为51%，平均开车负荷不足35%，累计亏损近5亿元，严重拖累公司效益，企业面临倒闭。真是民企创新难，难于上青天！”

事实上，几年间，各级政府对宁波海越的高度关心和支持源源不断，中央及省市领导多次作出重要批示，协调会、推进会开了无数次。但是纷繁错综的利益纠葛就像一张无形的天网，让人欲罢不能。

在一份题为《浙江民企“海越”创业创新治霾之漫漫路》的企业资料汇编的序言中，有这样一段颇为心酸的文字：“围绕我国油品质量的真正提高，围绕真正扶持民企实现创业创新，围绕真正打破行业垄断，从中央到地方，从政府到社会，这台巨大的机器始终都在运转。但不知哪个齿轮出了问题，隆隆机器有时其实是在空转。”

终于到了要说再见的时候。

2017 年 2 月 22 日，海越股份(600387.SH)发布公告称：收到控股股东浙江海越科技有限公司通知，后者的股东海越控股集团有限公司和吕小奎等 8 名自然人拟将其持有的全部股权转让给海航现代物流有限责任公司，总价 26.5 亿元。

冰冷的数字之后的结论是，宁波海越还在，但曾经激情满怀的创业者黯然退场。同年 4 月 11 日，浙江海越股份有限公司第八届董事会第五次会议在杭州钱塘江南岸的海越大厦召开。这也是创业团队最后一次召开的董事会。

会场的气氛悲壮而无比压抑。

闯荡商海 29 年的吕小奎喃喃自语：“也许，我们是输给了年龄；也许，我们是输给了创新太超前。我真的不知道，我们究竟输给了谁？”

第十七章

新旧之间

风起青萍之末
千里烟波飞驰连夜的烽火
清秋时分浊酒一壶
挑灯看剑回望人海起落
扬帆与岁月放歌

——电影《功守道》主题曲，马云、王菲主唱

对创业者来说，40 年，恰是一代人的时光。

40 年间，南浙江、北浙江潮起潮落。其间，两代浙商前赴后继，从工商资本到金融资本、从传统经济到互联网新经济，斗转星移。浙商与浙江经济，正在展开新的生命周期、产业周期、文化周期和政治周期。

冲突、博弈，传承并超越。裂变中，必然喷射出新的发展能量。

改革开放 40 年，来路风雨兼程，光辉岁月。漫漫去路更长，初心还在，梦想还在。

"后鲁冠球"时代

鲁冠球的去世,是浙江40年改革开放史上的一件大事。

虽然早有传闻,但消息来得还是那么突然。2017年10月25日夜,万向集团发布讣告:中国共产党党员、永远跟党走之时代先锋,全国劳动模范、全国五一劳动奖章获得者、时代领跑者——新中国成立以来最具影响力劳动模范,中国最佳农民企业家、全国优秀企业家、中国乡镇企业功勋,万向集团创始人、党委书记、董事局主席鲁冠球同志,因病医治无效,于2017年10月25日12时在家中逝世,享年74岁。

在过去的两年间,作为中国第一民营商帮的浙商群体英雄落幕可谓接踵而至,令人扼腕叹息:

2015年6月6日,原海盐衬衫总厂厂长步鑫生去世;2016年8月2日,原万事利集团董事局主席、曾被朱镕基总理称赞为"你是一个宝"的沈爱琴去世;2017年3月13日,原温州第一代首富叶文贵去世;2017年7月4日,原青春宝集团董事长、首届全国优秀企业家冯根生去世。

改革开放40年,第一代企业家的生命周期逐渐走向终点。当一个个悲伤的消息传来,我的耳边就会一遍遍地响起歌曲《那些花儿》,朴树苍凉的嗓音重重地叩击我的心——

那片笑声让我想起我的那些花儿
在我生命每个角落静静为我开着
我曾以为我会永远守在她身旁
今天我们已经离去在人海茫茫
她们都老了吧　她们在哪里呀
如今这里荒草丛生没有了鲜花
她们已经被风吹走散落在天涯
……

毫无疑问,鲁冠球是这一群体中分量最重的一位。

万向集团 48 年创业史的起点,是 1969 年鲁冠球带着包括他结发妻子章金妹在内的 6 位农民,变卖家当筹资 4000 元,创办的宁围公社农机修理厂。事实上,1962 年开始,鲁冠球就开过铁匠铺、办过面粉加工厂。与他相比,1984 年创业的柳传志、王石、张瑞敏等企业大佬均属“晚辈”,鲁冠球堪称中国企业界绝无仅有的“常青树”。

鲁冠球去世,为浙商创业史画上了一个标志性的句号

万向集团官网对鲁冠球的介绍是一行醒目的大字——从田野走向世界的中国农民的儿子。从改革开放 40 年的维度看,人数极为庞大的浙商群体的成长史,就是中国农民的“人的解放”的历史和摆脱贫困的翻身记。鲁冠球恰是这一历史进程最优质的个体样本,没有之一。鲁冠球崛起于草根,却从未被乡野遮蔽双眼。1984 年,万向集团生产的万向节第一次出口美国,并跻身通用、福特、克莱斯勒等汽车巨头的供应商名单。1994 年,成立万向美国公司,7 年后,收购美国纳斯达克上市企业 UAI 公司,开创中国民营企业收购海外上市公司的先河。迄今,万向集团在美国 14 个州拥有 1.3 万名员工,每年在美国本土实现产销 40 亿美元。“做洋人的老板,用洋人的资本,收购洋人的企业,赚洋人的钱”,鲁冠球成了最具国际化视野、胸怀和战略的中国农民企业家,其下接地上接天的个体嬗变,折射的恰是最为深刻的国家巨变。也正是源于此,1991 年 5 月,鲁冠球成为继邓小平之后第二个登上美国《新闻周刊》杂志封面的中国人,《华尔街日报》赞誉他是“国家英雄式人物”。

2015年9月,已经72岁高龄的鲁冠球随国家主席习近平赴美进行国事访问,在西雅图中美企业家座谈会上,代表中国企业家第一个发言。此前的2012年2月,在时任国家副主席习近平那次被视作"世界亮相之旅"的访美之行中,鲁冠球就是随行企业家之一。更早些时候的2011年,鲁冠球还曾经随时任国家主席胡锦涛访美。四年跟随国家领导人三度访美,浙商独此一人。据《杭州日报》报道,2013年"五一"前夕的全国劳模座谈会上,习近平总书记赞扬鲁冠球时说:"鲁冠球同志是我们第一批乡镇企业改革家,现在仍然站在改革的前线。我在浙江工作过,鲁冠球同志就是依法合理,谦虚谨慎,一直保持务实低调,与时俱进,万向始终处于一个领导潮流的地位。"另据《万向报》透露,2017年10月31日傍晚,鲁冠球追悼会第二天,习近平总书记在前往嘉兴瞻仰南湖红船后,特意嘱托浙江省委书记车俊向鲁冠球家人转达痛惜、哀悼,并给予鲁冠球充分肯定和高度评价。

鲁冠球可能是浙商群体中口碑最好、争议最少的"完人"。犹如美国前财长保尔森在评价鲁冠球与他的万向美国公司时所说:"很多人会很成功,但这个成功的人,能够同时得到政府的认可,并被他自己的合作伙伴交口称赞,得到大家的一致尊敬,这在美国也是很少见的。"鲁冠球的好口碑更多地源于其企业骄人业绩背后深厚的道德力量。他去世前几个月,马云前往浙江大学附属邵逸夫医院探望。鲁冠球没有多说自己的病,而是紧紧握住担任浙商总会会长的马云的手:"浙商的存在是个奇迹,一定要同心团结、互相搀扶。"鲁冠球的道德力量从来是言行如一。2006年7月28日,他给深陷"老赖门"的陈金义发去23个字的一纸传真——"陈金义同志:我心痛!事至此,先了结。要多少(钱)?来人拿!鲁冠球。"2013年5月7日,当北京有媒体用史无前例的几十个版的报道篇幅,欲以所谓水产品质量问题"打死"农夫山泉时,鲁冠球再次给孤立无援的董事长钟睒睒同样发去22个字沉甸甸的传真——"睒睒同志:要挺住,不要怨,查自己,做得对,从头越!鲁冠球。"最关键时刻"教父"与大哥般的情义,没有人会忘记。10月30日上午追悼会现场,送别鲁冠球的人流中,出现了陈金义的身影,这应该是他负债在身、隐匿10年并被传说是"出家当了和尚"后第一次在公众场合露面。陈金义没有说话,只是默默地流泪。

在诸多光环中，鲁冠球首先是最优秀的企业家。去世后，他也因为是中国企业界的领袖级人物而被无数人追思。

太多的数据足以让太多的人敬仰企业家鲁冠球：从一个铁匠铺起步，2016 年，万向集团营收 1107 亿元，列强者林立的浙江企业英雄榜第五位；2017 年“胡润百富榜”，鲁冠球家族以 491 亿元位居第 37 位；控股 4 家上市公司，参股 18 家 A 股、港股公司及 14 家新三板公司。

但是，在大历史格局下，鲁冠球最重的分量不是作为企业家，而是作为一位最坚韧的改革者。从企业家角度而言，他是“一流”；从改革者角度而言，他在浙商甚至整个中国企业家群体中的价值堪称“唯一”。

鲁冠球是因为改革开放而翻身的“农民的儿子”，但他从来不是被动或侥幸成为改革的受益者。从一开始，他就是奋勇争先的最勇敢的改革领跑者：

1983 年，承包乡镇集体企业萧山万向节厂经营权，比石家庄造纸厂厂长马胜利成为“承包国有企业第一人”还要早一年；

1984 年，申请实行股份制未被批准，便在工厂悄悄搞起了职工入股；

1988 年，以 750 万元的代价从乡政府手中和平赎买产权，通过这一后来被称作“花钱买不管”的制度设计，获得了对企业的绝对控制权；

1990 年，在乡镇企业饱受质疑最煎熬的关头，万向集团突破重围，晋升全国第一家非国有企业的国家一级企业；

1994 年，万向集团旗下核心企业万向钱潮股份有限公司，成为中国第一家上市的民营企业。

就在鲁冠球去世前一个月，他最后一次公开发表署名长文《时代契机，我们没有理由错过》，谈及学习领会《中共中央国务院关于营造企业家健康成长环境弘扬优秀企业家精神更好发挥企业家作用的意见》，他的心情难以平静：“回想我们这代人的创业梦，从被当作‘资本主义尾巴’东躲西藏，到在计划经济夹缝中‘野蛮生长’，再到改革开放中‘异军突起’，以及全球化中无知无畏闯天下，可以说是跌宕起伏。”

这是鲁冠球的"跌宕起伏",更是大时代的"跌宕起伏"。许多今天看来理所当然的东西,在当年是何等的艰难与惊心动魄。中国改革是前无古人的破冰,必须面对无数体制、观念及意识形态的沟壑险滩,这就决定了许多第一代民营企业家和鲁冠球一样,他们也往往同样是那个时代最勇敢的改革者:步鑫生"剪开了中国企业改革帷幕"的那把裁布剪刀被收藏在了中国历史博物馆;冯根生从面对国有企业厂长考试的"罢考风波",与外企合资的"无可奈何披洋衣",到作为国企掌门人究竟能不能持股的"冯根生难题",一路拼杀,一身伤痕。

作为企业家的"鲁冠球们"和作为改革者的"鲁冠球们"的区别在于,企业家要面对市场风险,成败与个人有关;改革者要面对市场与政治双重风险,成败与国家命运有关。

于是,作为改革者的"鲁冠球们"除了大无畏的勇气,还必须拥有更稀缺更宝贵更强大的能力、素质与政治智慧。鲁冠球每天早 5 点起床,晚 11 点睡觉,每天坚持阅读三四万字,每天雷打不动看晚间 7 点的央视《新闻联播》。只有初中二年级学历的他撰写过 120 多篇经济理论文章,2005 年甚至还摘得被称作中国企业科学管理领域最高奖的"袁宝华企业管理奖",成为获此殊荣的第一位民营企业家。鲁冠球的政治智慧极为娴熟又极富韧性:他穷极一生想做大事,却兢兢业业做好每一件小事;他有自己不可动摇的底线,却懂得妥协进退;他是一滴迂回曲折的水,却总能水滴石穿;他永远温和渐进,却竭其一生不达目标决不言败。事实上,中国改革开放 40 年走到今天,其方法、路径、姿态,又何尝不是如此?

第一代浙商的创业冲动大多基于吃饱肚子、养活家人的个体愿望,正因为没有退路,往往呈现出异乎寻常的倔强与执拗。但他们深知,自己其实很渺小,没有国家改革开放的大时代,任何梦想都是空想。由此,他们自发而自觉地将个人的命运与国家的命运紧紧相连,有着浓得化不开的使命感和家国情怀。为农民争利,为民营企业争权,为国家争光,贯穿了鲁冠球 74 年的生命。他多次这样解释自己的政治信仰:正是国家改革开放的机遇,"我们农民认识到了自身利益并为之而奋斗,改写了命运,创造了历史。我只不过办好了一家企业,共产党却给一个国家带来这么大的变化”。

这应该也是那一代企业家共同的感念与信仰。2017 年 11 月 18 日,娃哈哈集团创立 30 周年庆典大会在浙江大学紫金港校区体育馆举行。从 1987 年的 3 人小作坊到今天的 3 万多员工,娃哈哈真的长大了。庆典没有大牌明星,没有舞台特效,全部由娃哈哈员工自编自演的 18 个节目分为四章——“改革春风,创业起航”“扬帆三峡,深圳钱塘”“心系公益,共享富强”“不忘初心,再创辉煌”,传统喜庆而“根正苗红”。庆典的高潮在最后,72 岁的董事长宗庆后身着立领中山装登台,激情飞扬地指挥 6000 名演员和观众合唱一曲《歌唱祖国》,燃爆全场。

大江东去,各领风骚。当曾经如群星闪耀的“鲁冠球们”渐渐消散于天穹,新时代、新浙商扑面而来。展望下一个改革开放 40 年,浙江能否飞得更高、行得更远?关于浙江的期待,其实质是关于浙江人尤其是浙商群体的期待。

在当下,我们能给出的,是谨慎的乐观。悬疑,依然存在。

——“四千精神”的红旗还能扛多久?关于什么是浙商精神,迄今传播最为广泛、最为深入人心的,仍是民间版的所谓“四千精神”:走遍千山万水,讲尽千言万语,想尽千方百计,历尽千辛万苦。其根本是脚踏实地、吃苦耐劳,甘愿流更多的汗、更多的泪,甚至更多的血。

无论我们是否愿意承认,浙江民营企业主群体的“四千精神”在一定程度上的退潮已经成为不争的事实。在创业者二代换季中尤其如此。的确,当年催生“四千精神”的客观环境发生了翻天覆地的深刻变化,两千年来的普遍贫困演进而成令人惊羡的普遍富裕,苦日子终于熬出了头。这一切恍若隔世,其变化的速度之快以致许多人还来不及做好充分且理性的心理准备。更何况,当今世界经济的主导力量是信息和技术,埋头拉车似乎到了让位于抬头看天的时候,“四千精神”还能成为助推浙商神勇无比的秘密武器吗?

至少,我们可以确定的是,“四千精神”的确诞生于异常艰苦的创业时代,但其精神本质足以穿越时空而永恒不变。我们曾经风餐露宿、跋山涉水,变得足够富庶之后,我们面前仍然有一座座人生的大山需要攀越。创业之路无论何时都会艰辛无比,拼的永远是坚持、坚守与坚韧不拔,如果我们开始心浮气躁,总是企图取巧走捷径,那么注定只能收获一地鸡毛。新时代,要有新姿态、新内涵,浙江的未来仅有"四千精神"是不行的;然而,没有"四千精神"更是万万不行的。

——如何面对财富?什么是财富的真正价值?浙江农民和农民企业家的进化有三重境界:一是脱贫致富;二是努力实现"有钱人"与"有文化的人"的统一;三是最终进化为能超越财富,有崇高价值观与人格力量的真正的企业家。鲁冠球从乡野草根出发,凭借孜孜不倦的终身学习以及自省、自律、自我修炼,进而挣脱农民需要几代人才能蜕变的宿命,成为走到第三重境界的时代跋涉者。鲁冠球始终认为自己不是商人,而是企业家。"企业家要赚钱,但决不做钱的奴隶。企业家注定是要创造、奉献、牺牲的。"直到去世前,他一直住在 1983 年修建于乡间的农家小楼,厨房还是老式的灶台。然而鲁冠球坚持在纯电动汽车研发领域不断"烧钱",自 1999 年迄今累计投入逾 50 亿元却鲜有回报。他曾对媒体说:"我希望万向成为一家受世界尊敬的企业,万向今后的使命就是为清洁能源奉献一切。"

宗庆后应该比鲁冠球更有钱,他曾 4 年间 3 次问鼎中国内地富豪榜首富。2016 年 12 月,他却因为乘坐动车 G2365 次的二等座去义乌而成为新闻人物。其实,这根本不算什么新闻,我和宗庆后相识 20 多年,他就是这么一个"常年穿布鞋,出差不带随从,飞机只坐经济舱,戴 100 美元的石英表,抽 12 元一包的香烟,一年消费不超过 5 万元"的正宗的"有钱人"。

的确,第一代浙商是因为太穷、太缺钱被迫搏击商海,但他们不断进化超越,最终将责任置于财富与生命之上。而在所谓的成功商人和资本投机者光芒四射、大行其道的今天,我们看到的却是:盲目的技术崇拜凌驾于人文精神,疯狂的金钱追逐被膜拜为宗教。

我们究竟失去了什么?我们为什么会迷失?

生命周期之外,第一代浙商离场的方式还有很多种。

2016年11月21日，上市公司美邦服饰发布公告称，为更好地专注于集团整体业务发展工作，周成建向公司董事会申请辞去其所担任的公司董事长、董事及董事会下设各专门委员会的委员职务，并同时申请辞去公司总裁职务。周成建的辞职申请自辞职报告送达公司董事会之日起生效。

接替51岁的周成建担任美邦服饰上述职位的，是他刚满30岁的女儿胡佳佳。28岁的儿子胡周斌则出任总裁助理，而胡佳佳的丈夫，与其同龄的宋玮受聘担任公司副总裁。

周成建是出身浙江丽水青田县的农村小裁缝，后来转战相邻的温州打天下。温州人最擅长的传统产业是做皮鞋，但后起之秀服装业同样强手林立。周成建得以脱颖而出靠的是"不走寻常路"的虚拟经营——把制衣环节100%外包给其他企业，并通过轻资产的零售外包加盟店迅速复制扩张，自己则紧紧掌握最核心的"美特斯·邦威"休闲服饰的产品设计、品牌打造和推广。从"有工厂无品牌"到"无工厂有品牌"，周成建一战成名，总部搬迁至上海后更是爆发式成长。2008年在美邦服饰上市仪式上，他向深交所赠送了一台镀金小缝纫机："我是个裁缝。最早是一个村庄的裁缝，后来变为一个城市的裁缝，现在有幸成为中国的裁缝，希望以后还能成为全球的裁缝。"上市同年，周成建及其家族财富神话般膨胀到20亿美元，跻身《福布斯》中国富豪榜第5位，次年，周成建当选为有"浙商第一驻外商会"之称的上海市浙江商会会长。

然而，巅峰之后却是深谷。

2012年，美邦服饰转头向下颓势毕现。2015年，净利润从最高年份的12.06亿元沦为亏损4.32亿元，全国的门店数量也急剧缩减，截至2016年末，合计负债高达30.45亿元。

令美特斯·邦威跌入滑铁卢的是迅猛崛起的电商冲击。应变能力极强的周成建为把过去引以为傲的"渠道为王"旋即转换成追随电商时代的"用户为王"，不断推出一系列拯救组合拳：2010年12月，上线电商平台邦购网；2013年10月，宣布启动O2O战略；2015年4月，发布"有范"APP，并连续两季冠名互联网选秀节目《奇葩说》。然而，连续的"创新"效果不彰，面前是望不到边的"下坡路"。

2016年11月的全零售大会时尚发展论坛上，周成建感慨："包括美邦在内的大部分服装品牌都是受益于20年前的市场红利和成本优势迅速做大，曾经的成功导致我们盲目自信。在过去5年，互联网大势所趋，消费者的价格敏感越来越明显，这导致我们丧失了原来的竞争优势。"

虽然周成建宣布退位次年的1月，坊间盛传他或因涉浙江老乡徐翔的泽熙投资管理有限公司通过非法手段获取股市内幕信息并操纵股票交易价格案而接受警方调查，选择抽身离场对上市公司有利，但可以肯定的是，触发退位决定的最关键原因在于，曾经引领"新生事物"的周成建越来越觉得玩不转"新生事物"了。

"不走寻常路"的周成建感叹明天路在何方

宣布退位的当天中午，周成建发表微博称："我相信，浙商精神必定会薪火相传，我们的下一代一定会比我们做得更好！"

长期列浙江民营企业百强榜前10位的广厦控股集团创始人、原董事局主席楼忠福的离场方式最耐人寻味。

2014年12月31日晚，腾讯财经援引权威人士的消息报道，12月27日，61岁的楼忠福在澳大利亚过完圣诞节返回国内时被中纪委直接从广州白云机场带走。

2016年7月4日，据新华社报道，十二届全国政协原副主席、中央统战部原部长令计划，因犯受贿罪、非法获取国家秘密罪、滥用职权罪一审被判处无期徒刑。在庭审中，法庭传唤了证人楼忠福、崔晓玉等人出庭作证，当庭指证请托令计划为其谋取利益提供帮助，并向令计划或其妻谷丽萍行贿的事实。同时，证实令计划利用职务上的便利，承诺为楼忠福及其子谋取利益，单独或与谷丽萍共同索取、收受楼忠福给予的财物，共计折合人民币1465万余元。

事实上早在2011年12月，楼忠福已将广厦集团董事局主席之位交由长子楼明接任，后因其涉令计划案被调查，才彻底从公众视野中消失。

“出事”前半个多月，楼忠福在广厦创业30周年大型文艺晚会上说，广厦的目标是3年内进入世界500强，个人理想是“富过四代”。

浙商“新四军”

当第一代浙商的身影渐行渐远，年轻的生命、年轻的力量几乎同时跃出了地平线。

2017年10月30日上午，鲁冠球追悼会。他的独子鲁伟鼎代表家族所作的答谢词《最可爱的父亲》，令无数人落泪。

“大家都说我变了，改变的就是，我没有父亲了。”鲁伟鼎回忆说，“父亲的专注一直让我认为，他创建的万向是他的‘儿子’，是我的哥。每当治疗遇到危险时，他想得更多的，不是我这个儿子，而是这个叫万向的‘儿子’。我终于明白，这才是他的‘大儿子’。面对离去，他最牵挂的，是把更好的万向留给我们，留给大家！”

鲁伟鼎没有忘记用行动告慰“勇敢地就自己飞走了”的父亲：“最可爱的父亲，他多想看到，儿子与大家一起，去引领这个‘大哥’前进。我们没有停止过，我们一直在进行时，我们已经领命，我们一定会实现您的梦想！”

11天后，浙江省委、省政府召开民营企业家座谈会。鲁伟鼎第一次以万向实际控制人、党委书记、董事长的身份参加会议并发言。

事实上，鲁伟鼎很可能是浙商二代中最早也是最成功接班的一位。

鲁冠球有三女一子，1971年出生的鲁伟鼎是老幺。我1988年第一次见到稚气未消的他时，他刚刚进入万向集团，并陆续在各种基层岗位轮转。1992年开始出任集团副总裁，1994年23岁时担纲集团总裁。1999年，鲁伟鼎飞赴美国哈佛商学院读书，回国后继任集团总裁。

1999年6月14日，鲁冠球曾向全公司下发了一道关于接班人标准的“手谕”，大致意思是：有德有才，大胆启用，可三顾茅庐，高薪礼聘；有德无才，可以小用，通过教育培训，视其发展而定；无德有才，绝对不可用，若其伪装混入，后患无穷；无德无才，可以不用，但可让其自食其力。

很少在媒体露面的万向少帅鲁伟鼎

鲁冠球精准而严格的用人之道，被赞誉为创造“万向神话”的重要秘诀之一。对于最终“钦定”鲁伟鼎，鲁冠球有过多次公开的说法：“现在先选择儿子。如果以后有能力超过他的优秀人才冒出来，只要能把企业搞得更好，能为农村富裕作出更大贡献，也可以再调一个，是可以改变的嘛。”

这番话，是鲁冠球对公众舆论的解释，同时不妨理解为是给鲁伟鼎的“考察期”压力。

23 年，鲁伟鼎交出了让父亲满意的答卷。

早在 21 世纪第一个 10 年，浙商二代传承问题即开始浮现于聚光灯下。

2007 年 5 月 15 日，宁波慈溪市委党校一间会议厅里举行了一场特殊的“开学典礼”——“宁波家业长青民企接班人专修学校”首期开课。这所学校被媒体认为是中国首家民营企业接班人的“黄埔军校”，其创立者本人就是颇有名气的私营企业主：宁波方太厨具有限公司董事长茅理翔。在埋首实战不擅理论的浙商群体中，茅理翔以精于思考尤其是家族企业研究的“学者型企业家”形象脱颖而出。

茅理翔在接受媒体采访时反复强调，自己办接班人学校的目的，就是要使中国家族企业“家业长青”，破除富不过三代的魔咒，“这个问题很急迫。”

问题的确相当急迫。

2008年,浙江有关机构公布的一项调查显示,全省数十万家民营企业中,80%是家族企业,而家族企业中已有80%以上面临接班人问题。在回答“当前面临最大的困难是什么”选项时,13%的民营企业主认为是资金短缺;10%认为是产品质量和技术创新;而77%的民营企业主承认,最严峻的是如何抉择掌门人。“未来5—10年,将是浙江家族企业新老交替的动荡期。”

浙江一家媒体2006年发起的《浙江商人培育继承人方式的调查》则提供了这样的数据:有45%的“富二代”认为目前还不具备接班的各项素质,不愿意接受其父辈的事业。还有不少“富二代”不愿接班,是因为不看好父辈所从事的低档消费品行业的未来,竞争激烈且太过艰辛。民营企业大市义乌就接连传出“富二代”打广告卖厂的消息。在“中国衬衫之乡”义乌苏溪镇,一位29岁的小徐老板为了赶紧将年销售额近千万元的厂子转手,甚至闹到要和作为创始人的父亲脱离关系。父亲气急病倒,厂子还是被人买走。

来自麦肯锡咨询公司的统计分析也不乐观:全球范围内,约有70%的家族企业未能传到下一代;88%未能传到第三代;只有3%的家族企业在第四代及之后仍然存活。难以传承的原因有很多,缺乏“忠诚家族、技能卓越”的“又红又专”的接班人,是家族企业的头号杀手。

虽然建立现代企业制度、引入职业经理人已经成为时尚话题,但浙江绝大多数第一代民营企业主首先考虑的接班人,毫无疑问仍是血脉相通的子女。至少从东方式情感上说,这是确保自己辛苦打拼而来的江山“永不变色”最靠得住的交班方式。

他们被形象且颇有些贬义地称作“富二代”。凤凰卫视的“鲁豫有约”栏目2007年12月曾经采制过《我是“富二代”》的专题访谈节目,收视率颇高。其间,对所谓“富二代”有如下定义:20世纪80年代出生,继承过亿家产。他们拥有先天殷实的家族产业,他们拥有与众不同的童年生活,他们拥有出人意料的情感世界。

应该不属于巧合,上述节目约请的4位青春飞扬的年轻嘉宾均为浙江“富二代”。父辈辉煌创业的旗帜下,在这个富人云集的省份,“富二代”们以其神秘而新鲜跃动的姿态,越来越频繁地登上属于他们的人生主场。

除鲁伟鼎,经常被媒体提及的还有:

——徐永安,横店集团徐文荣长子,2001 年接班。徐文荣有两个儿子一个女儿,交托帅印后,为避免家族冲突,徐文荣把其他两个孩子“请出”横店集团。女儿女婿去香港搞文化产业,小儿子则在本地经营另一家公司。徐永安在集团总部给父亲留了一间宽大的办公室。徐文荣从来不去:“去干什么呀?他做得好也罢不好也罢,我不管的。”

——楼明、楼江跃,广厦控股集团楼忠福之子。两人分别于 30 岁和 25 岁时,接任总裁及董事局副主席职位,成为楼忠福打造广厦帝国的左膀右臂。2011 年 12 月,楼明正式接任广厦集团董事局主席之位,彼时,楼明 38 岁。

——屠红燕,万事利集团沈爱琴二女儿。2012 年 1 月的公司年会上,沈爱琴将董事局主席的“接力棒”交到屠红燕手中,母女俩深情相拥。女婿李建华则担纲集团总裁重任,他也是第一个在中央电视台“百家讲坛”栏目开讲丝绸文化历史的学者型企业家。退休后的沈爱琴开始潜心学画,时常会把画作晒到微信朋友圈,有人喜欢她会慷慨相赠。

“打虎亲兄弟,上阵父子兵”,用这句中国古语比照民营企业主的交班心态恐怕再贴切不过了。但是,再紧密的血缘与亲情,也不能保证彼此的无缝对接。

最显而易见的差异是文化。

从苦难出发的第一代浙商文化水平真的大多不高。“风云浙商”评选历来被视作全球千万浙商群体中最卓越者的“奥斯卡盛典”。以 2003 年首届“风云浙商”评选的 10 位资深贡献奖为例:冯根生、沈爱琴、宗庆后、施继兴、南存辉、徐文荣、徐冠巨、鲁冠球等。10 人中,仅东方通信股份有限公司董事长的施继兴具有大学学历,其余 9 人均白手起家,初中及以下学历者有 7 位。而据浙江省浙商研究会对上规模家族企业接班人的抽样调查,1980 年后出生的第二代浙商全部上过大学,其中一半以上有海外留学经历。

两代浙商文化落差最大的经典案例,莫过于颇具黑色幽默的“阿祥的故事”。

阿祥是湖州市织里镇振兴阿祥集团董事长潘阿祥的小名。从 20 多年前的废品加工厂起家，这位太湖边长大的浙江农民，硬生生把自己的企业养育成为总资产达 20 亿元的中国民营企业 500 强。能干的潘阿祥却是大字不识一个的“文盲企业家”。创业之初，他每次外出跑业务都带上一个有文化的员工，如果要签合同，就让员工一条一条念给自己听，有问题再由他口述马上修改。

潘阿祥的出名源于其自创了一套神秘的“象形文字”。

2002 年，在前去采访的时任新华社记者慎海雄的反复要求下，潘阿祥终于拿出外界传言甚广的那本电话号码本。只见上面满是符号、图画和数字，慎海雄翻看这本子如坠云雾，而潘阿祥却如数家珍。在时任湖州市委书记杨仁争的电话号码旁，他画上一只大“羊”；因为织里镇委书记杨六顺也姓杨，他就画了一只小“羊”。当时已调任省委常委、公安厅长的原湖州市委一位领导的符号是一把大手枪；而织里公安局长的符号是把小手枪。医院院长的符号是一辆救护车，派出所所长是辆摩托车。邻县竹乡安吉领导的符号一律是毛竹，并根据所画毛竹的大小区分职务。

一次，省委宣传部领导前往考察。潘阿祥接过名片，问：“领导姓陈吧？”四座皆惊：阿祥识字了！没料想他不好意思地解释了一句：“我老婆也姓陈，这个字我看到过的。”

后来，潘阿祥的电话号码本被浙商博物馆收藏。但当年六兄妹连饱饭都吃不上一顿，更不用说奢望上学的他并没觉得自己的象形文字有什么幽默可言：“我最大的痛苦是不识字，最缺的是文化。”

有了钱却没有文化的潘阿祥决心让下一代为自己还上这份欠债。

他的女儿陈丽红从小成绩优秀，1999 年从上海财经大学毕业后前往英国攻读硕士，并成为英国牛津教育学院当届唯一获得全球最权威财务金融执业资质 ACCA 证书的中国留学生，儿子白洪华也在英国获得本科和硕士学位。姐弟俩学成回国后，分别担任了振兴阿祥集团总经理和集团龙头企业阿祥重工有限公司总经理。

"我经常被他们洗脑。"潘阿祥笑着说,"我在他们面前只能是个'好学生'。"

但"有文化"的第二代心里还是装着"没有文化"的第一代。2014 年 6 月,两代人一起参加了浙江电视台经济生活频道《继承者》专题节目的录制。当天恰逢父亲节,节目最后陈丽红和白洪华送给父亲一盒袜子作礼物,因为"爸爸天天跑车间,他的袜子总是破得快"。

有文化落差就一定会有理念及商业行为等诸方面的冲撞,有时这种冲撞还是巨大的。

宗馥莉是娃哈哈集团董事长宗庆后的独女。作为唯一的"娃哈哈公主",1982 年出生的宗馥莉很长时间从未引起过公众注意。她初中毕业即飞赴美国留学,2000 年就读于洛杉矶佩珀代因大学,主修国际商务,2004 年大学毕业后回国。

宗馥莉究竟会不会接班娃哈哈?针对外界迅速引爆的浓厚兴趣,宗庆后的回答是:"不排除这种可能。"

从内心深处,宗庆后对公开谈论与自己退休有关的所谓"接班人"问题是相当反感的。娃哈哈是其一手拉扯大的,那是一种渗透灵魂水乳相融的感觉。

宗庆后甚至曾经表示可以在岗位上干到 90 岁:"我看我还能干很多年。宗氏家族有长寿的光荣历史。我父母 80 多岁了,我的一个姑姑 90 多岁身体依然硬朗。兵荒马乱的岁月,我爷爷还活了 70 多岁呢。我对自己也持乐观态度。"

但没有人能最终逃脱老之将至的宿命,更何况宗馥莉是自己唯一的爱女。接班问题还是不动声色地摆上了年过花甲的宗庆后的议事日程。

宗馥莉首次公开露面,是在 2006 年的浙商大会上。24 岁的她已任职娃哈哈萧山二号基地管委会副主任,并兼任杭州娃哈哈童装有限公司与杭州娃哈哈卡倩娜日化有限公司总经理。4 年后,宗馥莉成为独立运营和财务结算独立于娃哈哈的杭州宏胜饮料集团有限公司总裁,承担娃哈哈集团 1/3 的产品代加工业务，年销售额超过 100 亿元。

2012 年，宗馥莉当选为第一位 80 后“风云浙商”。作为专家评委，我一直清晰地记得我给她撰写的几句颁奖词：“她，是中国最富的‘富二代’。父辈的丰碑下，绽放的是传承超越的铿锵玫瑰。雏鹰展翅从来无惧风雨，天高云淡，世界是我们的。”

在此次“风云浙商”颁奖典礼上，主持人白岩松问宗馥莉，父亲是你的偶像吗？宗馥莉回答：“是，也不是。”

2016 年 6 月，宗馥莉接受澎湃新闻记者采访时的一段表述可以视作对此的注解：“我不想做个继承者。为什么一定要继承呢？我不想去继承一家公司，但是我可以去拥有它。如果我做得成功的话，我希望能够去并购娃哈哈。那就是一种拥有，不是继承。”

“娃哈哈公主”宗馥莉(左)并不认为自己是父亲宗庆后(右)的“继承者”

被动式“继承”和主动式“拥有”的差别，彰显了宗馥莉对人格与行为“独立”的强烈渴望。做事颇有“铁娘子”风范的宗馥莉上学时的偶像是宋美龄，后来是希拉里。毫无疑问，都是独树一帜的女性领袖。而恰恰是对“独立”的渴望，必定会拉大小宗与老宗的距离，基于差异的冲撞也因此变得不可避免：

——老宗每年春节都会摆无数桌宴席慰问员工，并亲自派发红包；小宗则会选择圣诞节，自己头戴红色的鹿角，向员工送上快乐的微笑。

——在管理上，老宗事必躬亲，注重人情；小宗讲究制度，重在结果，手起刀落。老宗曾经安排一些有经验的员工到小宗身边辅佐，其中有人因为没有完成任务被直接开除，不留“讲情面”余地。而老宗会默默地把被小宗开除的优秀员工“收回”娃哈哈集团。

——老宗喜欢穿布鞋，人称“布鞋首富”。但在一些重要场合，他“不得不”穿起觉得不舒服很别扭的皮鞋。老宗说，因为小宗经常批评自己，“认为我太土”。

宗馥莉的“独立”与其成长境遇有关。娃哈哈降生时，她5岁。许多老员工都记得，还是小学生的宗馥莉经常放学后背着书包，自己到公司食堂吃饭。父母都忙于在竞争超级激烈的市场中开拓，对宗馥莉只能是“放养”。

8年美国求学经历，更令宗馥莉形成了一套“非中国式”的西方处世逻辑——自我、自律、自立，不擅变通与圆滑。文化的差异不仅使得她与父亲摩擦不断，也成为周遭社会生存圈中的“另类”。

虽然在父亲光环的照耀下，宗馥莉先后担任了浙江省新生代企业家联谊会首届会长、中华全国工商联执委、浙江省政协常委、浙江省工商联常委、浙江省妇联执委、杭州市人大代表等社会角色，但旁敲侧击、欲擒故纵、韬光养晦这类“社交哲学”仍然让她觉得水土不服，入了乡却难随俗，包括如何跟政府打交道。

花费太多精力学习“和政府打交道”让宗馥莉倍感头痛，在一次接受媒体采访时她甚至表示有可能把企业搬到国外去：“你知道李嘉诚都已经搬出去了，为什么我以后不可能搬出去呢?”

此言一出，着实惊吓了好多人。

全新文化土壤之下，宗馥莉身上也绽放出了有别于父亲这辈企业家的令人刮目相看的东西。2012年9月，她“没有和父亲讨论过”就向浙江大学捐赠7000万元，设立“浙江大学馥莉食品研究院教育基金”。

“不为企业只为行业。”宗馥莉在此次捐赠媒体见面会上说，中国必须走出“毒食品”的阴影，“我再说一遍，我不是在为娃哈哈培养人才，而是为整个行业。我的理想是，馥莉食品研究院要为中国培养世界食品行业的精英。”

与宗馥莉有关的一则最新重大消息是，2017年3月间，传出宗馥莉有意收购香港创业板上市公司中国糖果。虽然这一收购要约最终并未成功，但在半年多后的娃哈哈集团创立30周年庆典大会上，从来声称“不差钱”，没有一分钱贷款并在银行有百亿元存款的宗庆后第一次改了口：“今后在适当的时候，娃哈哈不排除寻求上市的可能。"

老宗对资本市场态度的改变事出偶然还是与小宗的默契互动，只有他们父女知道。

面对山一样的资产所带来的巨大荣誉感以及与之相伴的巨大压力和焦虑，"富二代"们的继承者心态正在发生微妙的变化。

2017 年 11 月，北京银行、普华永道、《家族企业》杂志联合发布了《2017 第二届中国新生代企业家组织暨中国新生代企业家现状调研白皮书》。《白皮书》的数据称：以 80 后为主体涵盖 70 后、90 后的"新生代"中，44%表示会接班家族企业，并且已经在企业中工作；19%表示现在先自行发展，将来会接班家族企业；29%对于未来是否接班家族企业不确定；只有 8%的受访者表示完全不愿意接班家族企业。上述数据所显示的继承者接班意愿比 10 年前有大幅提高。

《白皮书》的相关数据还告诉我们，绝大多数"新生代"对创业抱有极大的热情，只有 16%表示自己目前并未创业，已经创业的"新生代"中 62%在创业初期接受了来自家族的天使投资。

这一积极变化的背后，是"大众创业、万众创新"在全国的星火燎原。

2014 年 9 月的夏季达沃斯论坛，李克强总理于公开场合第一次发出"大众创业、万众创新"的号召，从此全国掀起"大众创业""草根创业"的新浪潮，形成"万众创新""人人创新"的新势态。此后，他在首届世界互联网大会、国务院常务会议和各种场合频频阐释这一关键词。每到一地考察，他几乎都要与当地年轻的"创客"会面。2015 年 3 月，"大众创业，万众创新"被写入《政府工作报告》。同年 6 月，《国务院关于大力推进大众创业万众创新若干政策措施的意见》正式颁发。

被"大众创业、万众创新"点燃的不仅仅是二代继承者。

2015 年 3 月，时任浙江省科技厅厅长周国辉在一次论坛上首次概括提出，浙江正在形成创业创新的"新四军"：以浙江大学为代表的高校系，阿里巴巴美国 IPO 后离职创业的阿里系，以千人计划人才为代表的海归系，以创二代、新生代为代表的浙商系。浙商“新四军”的主体都是年轻人,创业地主要是在杭州。

此后,浙商“新四军”的概念被广泛传播和认同。新生力量的形成及伴随而来的集聚效应,又强烈吸引了四面八方的新生力量。猎聘网发布的《2017年人岗争夺战及职场流动力大数据报告》显示,2017年上半年全国主要城市人才净流入率排名中,杭州以11.21%位居榜首,比排名第二的深圳高出近一倍。2017年3月,总部位于硅谷的全球最大职场社交平台LinkedIn(领英)首次发布的“中国职场全球化榜单”数据则透露,杭州海归人才流入的相对量逆袭北上广深,高居全国第一。

浙商“新四军”一浪高过一浪的创业创新,很快在财富累积指标上开花结果。

2016年10月,胡润研究院第一次发布“胡润百富榜”子榜“80后白手起家富豪榜”。前10位榜单中,汉鼎宇佑的王麒诚和吴艳夫妇、大疆的汪涛、联络互动的何志涛、游族网络的林奇均为浙商,分别列第1、2、5、7位。当年财富达245亿元的王麒诚36岁、吴艳35岁,都毕业于浙江大学。2017年5月浙江大学120周年校庆,王麒诚夫妇捐赠1亿元人民币设立“浙江大学教育基金会汉鼎宇佑发展基金”,成为个人捐赠最多的校友。

深耕泛互联网新经济、偏好并熟稔资本市场,是浙商“新四军”快速崛起的普遍特征。正如胡润百富董事长兼首席调研员胡润分析:“对第一代企业家来说,诚信和勤奋是创业最重要的因素。但对这些80后企业家来说,创新、资源整合和速度是最重要的。”

关于公司发展战略,王麒诚最爱说的一句话是:把握趋势,布局未来。站上时代风口,浙商“新四军”们开始风一般地奔跑。

虚实之辩

发达的市场经济加上最活跃且极为庞大的创业者群体,决定了浙江是富人的高产地。

迄今,为中国人熟知的财富榜有两个:“胡润百富榜”与《福布斯》中国富豪榜。作为最了解中国富人的外国人,出生于卢森堡、国籍英国的胡润1999年推出了中国第一份财富排行榜,早于他的老东家《福布斯》。入选“胡润百富榜”的富人数量浙江一直居全国首位,2017年,广东才以上榜284人第一次超越浙江的263人。

当发财成为全民梦想,“首富”也就成了无数中国人梦寐以求的成功之巅。截至2017年,“胡润百富榜”19年共“诞生”了13位中国首富(个人或家族),13位中国首富的籍贯地最多的省份是浙江(丁磊、宗庆后、马云)、广东(黄光裕、张茵、杨惠妍);创业地最多的省份是广东(丁磊、张茵、杨惠妍、王传福、许家印),浙江居第二(宗庆后、马云);籍贯地与创业地交集最多的省份则是浙江(宗庆后、马云)与广东(张茵、杨惠妍)。

确定无疑的是,浙江有宗庆后和马云两位货真价实的“首富”,而且都是真正的“杭州佬”。但完全出乎意料的是,宗庆后向马云“开战”了。

“战争”的导火索是2016年12月25日央视财经频道的“对话”栏目播出的一期节目。节目邀请了娃哈哈集团董事长宗庆后、TCL集团董事长李东生、格力电器股份有限公司董事长董明珠做客,探讨中国制造业寒冬的深层原因。

对于造成中国实体经济寒冬的因素,栏目组给出了多个选项。宗庆后的选择第一是高税费,第二是虚拟经济过火,第三是房地产摧毁实体经济。

主持人陈伟鸿继续追问说,马云先生不久前提出了“五新”的观点,即新零售、新制造、新金融、新技术和新资源,认为这将构筑一个新的世界。“我想这个新的世界应该会和我们的制造业息息相关,问题是我们是不是认同这样的一个新世界?”

“我认为除了新技术之外,其他都是胡说八道。”宗庆后突然提高了声调,“新制造,(阿里巴巴)本身就不是实体经济制造什么东西啊?如果是新技术,我倒认为实体经济确实是要追求新的技术来提高我们这个制造业,从中低端走向高端制造业。”

李东生与董明珠对此表示赞同。在谈到电子商务的影响时,董明珠更是表示:“90后不愿意去实体经济里工作,在家里开个网店就可以赚钱,一个月赚一两千不用受约束,不用打考勤,这一代人对整个国家实体经济的发展是有隐患的。不仅仅是网店模式给实体经济带来冲击,它给整个社会都带来了冲击。”

节目播出后媒体报道的标题十分吓人——宗庆后与李东生、董明珠“组团炮轰”马云。

引发所谓“炮轰”的“五新”,是马云2016年10月13日在杭州云栖大会演讲时阐述的全新理念——新零售、新制造、新金融、新技术和新资源,其核心内涵是指基于清晰把握了互联网新技术、新思想,从而对传统零售、制造、金融、技术、资源概念和产业带来颠覆性的解构与再造。马云的结论是不容置疑的,“这‘五个新’将会方方面面地对各行各业发动巨大的冲击和影响。把握则胜,我不希望把它变成危言耸听的警示,而是当作改变自己的机遇,从现在开始”。

“五新”的提出,是阿里巴巴18年发展史上极为重大的理念变革,尤其对销售与物流线上线下结合的“新零售”的打造,将成为此后阿里巴巴方向性的战略部署,炮轰“五新”显然是其决不能容忍的。

央视财经频道这期节目播出后仅仅隔了一天,阿里巴巴集团市场公关委员会主席王帅率先反击。他在“2016新网商峰会”上表示,这几天有自己很尊敬的企业家谈电商,谈实体经济和新经济,表达了他们内心真实的想法:“说实话我第一反应就是,这是什么逻辑?我想不明白。那种隔阂如果不理解,就会越来越大,能不生气吗?电商不是多能干,我们只是把别人怀念过去的时间用来拥抱未来。”

又隔了一天,马云再度强力反击。

“中国不是实体经济不行了,而是你的实体经济不行了。中国不是实体经济做不出来了,而是你的实体经济由于缺乏开拓精神和创新精神而不行了。”身兼浙商总会会长的马云在南京出席“江苏省浙江商会10周年大会”时,主动回应炮轰事件:“新技术的冲击远远超过大家的想象。不是技术让你淘汰,而是落后思想让你淘汰;不是互联网冲击了你,是保守的思想、昨天的思想、不愿意学习的惰性淘汰了你，是自以为是淘汰了你！”

“首富”短兵相接、隔空呛声，在浙江不亚于引发了一场地震。好在，一个月后有了转机。

2017年1月25日，浙商总会于春节前夕在杭州举办了浙商座谈会。会后浙商大佬们纷纷拱手作揖，互致新年问候。参会的马云与宗庆后也互相握手寒暄。现场图片显示，两人握手时，时任浙江省省长车俊站在两人中间，两位“首富”面带笑容。

据澎湃新闻从浙江省相关人士处获悉，宗、马两人的握手可以说是省长车俊“撮合”的。座谈会结束后，车俊把宗庆后和马云叫在了一起，这才有了两人握手致意、车俊笑着注视的场景。

宗庆后与马云“虚实之争”后的历史性握手

“首富”握手之后，已趋于缓解的纷争却在随后召开的全国“两会”上再度“意外”点燃。

全国人大代表、广东唯美集团董事长黄建平是中国陶瓷行业的“殿堂级”企业家，其创立的“马可波罗瓷砖”2016年品牌价值达219.75亿元，连续5年位列全国建筑陶瓷行业第一。2017年3月4日，全国“两会”前夕，黄建平在北京向媒体披露他准备提交一份议案，将重点关注网络打假以及如何振兴实体经济等问题。

“在淘宝上有300多家打着‘马可波罗瓷砖’‘马可波罗卫浴’等旗号的店铺，只有两家经过授权，其他的都是‘李鬼’。集团自己也只在天猫设立了旗舰店，其他店铺全都是冒名侵权的。”黄建平说，他们曾向公司所在地东莞市公安局经侦处报警，警察发函至淘宝网，一个月都没有任何答复。

“为什么大家不愿意做实体经济了，因为前途不明，因为创新和做品牌到了最后没有效益，马云在这个里面是有‘功劳’的啊。”黄建平认为当下虚拟经济过火，不少人现在都不踏踏实实做产品做生意了，“一谈到创新，大家都想去搞互联网和金融。甚至干脆去炒房，‘老公办一个企业，不如老婆去上海炒两套房’。”

黄建平表示准备在全国“两会”上“喊话”马云：“我希望马云同志对这些不是企业品牌官方授权的网店，加大查处的力度。”

指名道姓的批评引来强烈反弹。次日，阿里巴巴集团平台治理部立即发出题为“对马可波罗瓷砖董事长黄建平代表三点议题的商榷”的声明。声明认为黄建平所说的淘宝商家普遍售假的情况并不属实，互联网平台及网店更不是搞乱实体经济的虚拟经济，“淘宝网是百分之一百的实体经济，实体经济搞得好有我们的‘功劳’”。声明最后呼吁，打假“实干”确实远远难于“作秀”，全社会要共同行动完善立法、严格执法，像打击酒驾一样严打假货，根治制售假货顽症。

从宗庆后到黄建平，“五新”也好假货泛滥也罢，所谓“炮轰”的核心命题是——互联网新经济究竟是不是虚拟经济？虚拟经济究竟是不是搞乱实体经济的罪魁祸首？这一激辩自2000年前后互联网新经济尤其是电子商务神奇崛起时便开始滋生，新经济发展越强势，辩论就越激烈。“炮轰”事件可以说是矛盾总爆发。

在近年杭州的大小财经论坛上，甚至多次出现了双方针锋相对的戏剧性画面：制造业大佬刚刚登台演讲，列举互联网电商“乱象”，痛陈“你们催生泡沫，忽悠政府”；旋即登台的互联网产业大佬马上调转枪口，嘲笑端坐于台下的一些传统制造企业的衰退是“自己被历史所抛弃”。

作为浙江实体经济最优秀的标杆，宗庆后对马云和他背后互联网新经济的怨气由来已久。这被认为是一场此消彼长的看不见硝烟的“战争”。

宗庆后一手缔造的娃哈哈帝国曾经是如此的耀眼和辉煌。20世纪90年代初我开始追踪研究娃哈哈成长史，2002年又与我的同事、著名财经作家吴晓波合作撰写了娃哈哈的官方传记《非常营销》，20多年间，听到的都是振奋人心的好消息:1987 年娃哈哈创立,1990 年产值即突破亿元,2003 年突破 100 亿元,2013 年抵达营收 782.8 亿元的巅峰时刻。从杭州清泰街一个靠 3 位员工、14 万元借款起家的校办企业经销部,所向披靡一跃成为世界第五、中国第一的食品饮料巨头,很多年,娃哈哈的年利润额是国内规模第 2 位到第 10 位企业利润的总和,在银行账户上躺着超过 100 亿元的存款,以致我经常笑称老宗是中国最健康的一头"现金奶牛"。

然而,巅峰即是拐点。

在宗庆后喊出年营收要达到 1000 亿元的"小目标"后,2014 年开始公司业绩却转头向下。全国工商联发布的"中国民营企业 500 强"数据显示,2014—2016 年娃哈哈营收分别为 720.43 亿元、494.74 亿元、455.92 亿元,排名从第 31 位跌至第 104 位。可能的一个影响因素是,女儿宗馥莉分出去的杭州宏胜饮料集团有限公司为独立财务核算,年营收百亿规模,但即使将此统计在内,娃哈哈也的确出现了连续 3 年平均幅度达两位数的深度下滑,这在公司历史上从未有过。

公司业绩的滑落,关键在于饮料主业拓展乏力,AD 钙奶、营养快线等明星产品风光不再。为此,近年娃哈哈启动了第二轮多元化突围。之所以称为"第二轮",是因为在 20 世纪 90 年代中期,急欲扩张的娃哈哈曾经掀起过一轮多元化,涉足平安感冒液、关帝酒、涪陵榨菜以及稍后的童装,等等。眼见收效不佳,又收缩战线返身全力做大饮料产品军团。第二轮多元化大约兴起于 2010 年,主要有:2009 年推出爱迪生奶粉;2010 年打造零售终端杭州娃欧商场;2013 年以贵州茅台镇为原产地上市酱香型"领酱国酒",同年又宣布在湖北宜昌造城,进军商业地产。近年,还传出娃哈哈多方接触以色列高科技项目,以及将开发中老年保健品、中医药食疗产品等消息。

至少到目前为止,娃哈哈第二轮多元化项目均以失败告终。而此轮多元化遭遇了饮料主业不振,叠加的危机感更令人心生凉意。

罕见的颓势身后,大背景是经过既往数十年短缺经济时期的疯狂膨胀,国内饮料市场已趋于相对饱和,增长曲线放缓。更重要的是,体量庞大的娃哈哈没有及时跟上市场的变化新节奏,过去驾轻就熟的成功经验不灵光了,曾经无往不胜的营销联合体有些力不从心了,产品开发与渠道拓展显得老态和粗放了。恰如小宗对老宗的批评:在日新月异的消费者需求面前,娃哈哈已经“太土”了。

宗庆后在公开场合多次回应,承认近年娃哈哈业绩确实出现下行,但他同时痛陈很多电商花钱买流量搞促销的做法破坏了实体经济的价格体系。另外,他认为网络上泛滥的谣言无端加重了消费者对食品安全的疑虑,造成全国饮料行业从每年增长20%以上萎缩到2.8%,娃哈哈也成为网络谣言的最大受害者。2014年有人在网上散布谣言称公司主力产品营养快线烘干后“凝胶能当避孕套”,以及喝了爽歪歪会得白血病、软骨病,传播达1.7亿次,负面影响极大,导致营养快线销售从每年4亿箱下降到1.5亿箱,损失营收上百亿元。

倍感憋屈、一腔怒火的宗庆后,在互联网“虚拟经济”上找到了宣泄口。

电商虚拟经济搞垮了实体经济?马云坚定地回击——“这锅我们不背”!马云明确认为,电商不是虚拟经济而是“新实体经济”。

“什么是实体经济,大家都讲实体经济非常艰难,实体经济真正的定义是什么,大家查过没有?实体经济的定义是人类通过思想、财富、工具,在地球上创造的生产和流通的商业,生产制造是实体经济的一部分,流通更是实体经济的一部分。”2016年12月29日,马云在南京出席“江苏省浙江商会10周年大会”时给出自己的解读,“我希望大家不要把实体经济和虚拟经济对立起来,企业没有实体和虚拟之分,只有好企业和坏企业之分”。

细加分析不难发现,马云的此番解读无意抑或有意地错换了概念:从来就没有人把商业流通排除在实体经济之外,宗庆后、黄建平们抨击的虚拟经济特指基于互联网平台的电商线上商业行为,此流通和彼流通不是一回事。客观分析,迄今电商交易无需纳税,对处于同一竞争环境的实体商家的确不公平。同时,由于法规不健全、管理滞后,电商平台假货横行乱象的确屡禁难止。2016年12月,美国贸易代表办公室在4年之后,第二次将阿里巴巴淘宝网列入被视作销售假冒和盗版产品代名词的“恶名市场”名单。如此种种,实体经济认为自己一定程度上被电商所困扰甚至是冲击并不过分。

问题是，是否可以就此断言初期阶段的虚拟经济和实体经济天然处于水火难容的对立？发展中出现的问题为什么不用发展的思路与手段去解决？不断成长的虚拟经济有没有可能和传统实体经济深度融合，进而催生真正意义上的新实体经济？

两位“首富”之争绝非偶然插曲，其背后是两个浙江、两代浙商、两种理念新旧碰撞转换所带来冲突的必然，是改革开放 40 年浙江产业转型升级打通传统与现代的必经之路。没有什么你死我活、势不两立，唯有彼此学习借鉴、对接交融所形成的更高水平的新经济新生态，才是属于浙江的美好未来。

曙光已经初现。事实上，虽然备受争议，马云版的“新零售”就是虚拟经济和实体经济深度融合的探索样本。

很长时间，马云一直大声地告诫你：“未来不做电子商务，你将无商可务，你也就没有未来！”2015 年，马云就已经开始悄悄地修正自己的“斗争哲学”。当年 3 月 15 日，汉诺威 IT 博览会在德国开幕，中国国务院副总理马凯和德国总理默克尔出席。作为唯一受邀的企业家代表，马云在开幕式上作了主旨演讲。

“过去 20 年，互联网非常成功，但是我发现一个非常奇怪的事情，很少有互联网公司能健康地、平静地活过 3 年。问题在哪里？缺了什么？”马云认为，互联网必须找到那个缺失的部分，“这个缺失的部分就是‘鼠标’和‘水泥’携手合作，找到一个方法让互联网经济和实体经济能够结合。只有当鼠标和水泥结合时，互联网公司才能活下来，才能开心地活 30 年。”

这是马云在重要公开场合第一次阐述“鼠标”和“水泥”——互联网经济和实体经济——应该从对立冲突走向携手合作的观点。

一年多后的 2016 年 10 月 13 日，马云在云栖大会发表主题演讲，第一次阐述了“鼠标”和“水泥”携手合作的行动路线图：“大家都知道阿里巴巴是电子商务企业，其实阿里巴巴的业务里，最传统的一块业务被称之为电子商务。

'电子商务'这个词可能很快就会被淘汰,纯电商时代很快会结束,未来的10年、20年,没有电子商务这一说。"马云描述了纯电商时代被淘汰后的新世界,也就是引发广泛关注、被宗庆后斥为"胡说八道"的"鼠标"和"水泥"相结合的"五新"——新零售、新制造、新金融、新技术和新资源。

"新零售"无疑是阿里巴巴未来的第一要务。马云解释说,所谓"新零售"的本质,就是线上、线下和物流必须结合在一起,线下的企业必须走到线上去,线上的企业必须走到线下来,线上、线下加上现代物流的合力,才能真正创造出"新零售"。

作为阿里巴巴2.0大棋局最重要的一枚棋子,"新零售"自2014年开始即悄然启动。包括马云在内,"新零售"还只是一个必须明确的方向,怎么走、如何做,至今仍是在摸索中从混沌逐渐变得清晰的命题:

2014年4月,阿里巴巴以45.55亿元首次入股百货零售巨头银泰商业,2017年5月又以约177亿元将其私有化并成为控股股东。银泰百货成为阿里巴巴"新零售"改造的第一案。

2015年8月,阿里巴巴淘宝(中国)软件有限公司斥资283亿元认购苏宁云商非公开发行股份,占股约为20%。

2016年11月,阿里巴巴以21.48亿元持有三江购物股份的32%。

2017年5月,阿里巴巴以约6亿元成为联华超市第二大股东;2017年9月,阿里巴巴出资2.74亿元,持有新华都股份的5%。

2017年2月,阿里巴巴集团与上海大型零售企业百联集团达成全方位战略合作,百联在全国有网点4700余家,遍布200多个城市。

2017年11月,阿里巴巴宣布,将投入约190亿元直接和间接持有高鑫零售36.17%的股份。

据粗略统计,截至入股高鑫零售,阿里巴巴以打造"新零售"为目标,对线下零售企业的投资和收购已近726亿元,涵盖了综合零售和百货商超。其意图是通过大数据的运用,推动整个商业生态的人与货、消费场景等元素进行重构,包括供应链重构、销售全通路重构、品牌营销和用户连接重构,并由重构产生线上、线下的化学反应。

除了收购、入股并改造传统实体百货、商超外，阿里巴巴同时先后推出了一系列自我构建、自创品牌的“新零售”先锋业态：

2016 年 1 月，第一家盒马鲜生线下门店在上海金桥国际商业广场开业，主营生鲜，会员只能用支付宝付账。消费者可到店购买、餐饮，也可以在盒马 APP 下单并快速配送。这一对线下超市颠覆性再造的“新零售”业态，阿里巴巴准备在全国复制 2000 家门店。

2017 年 7 月，阿里巴巴第一个无人超市体验店“淘咖啡”高调亮相杭州“淘宝造物节”。“淘咖啡”以手机淘宝扫码入店，用语音识别系统下单，没有收银员，支付宝自动结算而无需人工确认。酷炫的黑科技让无人超市尚未正式登场便成为被疯狂追捧的现象级“网红”。

马云为打通虚拟经济与实体经济的最后一公里摇旗呐喊、频频出招，传统实体企业大佬们虽有些狐疑，但也并非无动于衷。商场拼杀，从来没有永远的“敌人”。

2017 年 3 月 2 日，全国人大代表宗庆后在做客新华网全国“两会”特别访谈直播间与网友在线交流时，即修正了稍前一边倒“炮轰”的姿态。他表示，虚拟经济和实体经济并不是完全对立的，相反，用好互联网技术将更有利于实体经济的发展。“比如管理方面，从订单开始到结算为止，全部用互联网信息化系统，就能够减少很多劳动力，还更加准确。”

2017 年 6 月，娃哈哈与深兰科技签订了 3 年 10 万台、10 年百万台 TakeGo 无人智能便利店的采购协议，无人店将采用拥有“机器视觉、生物识别、深度学习”等人工智能技术的快猫智能零售系统。此举清晰彰显娃哈哈进军“新零售”的勃勃雄心。

2017 年 9 月，杭州市城管委宣布在部分地铁站口首批推出 50 个共享信用服务亭。服务亭由娃哈哈定制，卖的是娃哈哈饮用水，扫码用支付宝，租用雨伞、充电宝等物品凭借的是芝麻信用分——这是阿里巴巴与娃哈哈冰释前嫌后的首次跨界合作。据介绍，“宗庆后对做这个项目很支持”。

“两年前我来乌镇时还在讲我们怎样适应移动互联网的时代，今天我要讲的是移动互联网时代已经结束了。”百度公司董事长李彦宏 2016 年 11 月在乌镇举办的第三届世界互联网大会演讲时坚定地认为,不能再期待移动互联网市场的新风口,未来的机会在人工智能。一年后,第四届世界互联网大会上,他又进一步解释说,这是因为近 4 年中国互联网网民的成长速度慢于 GDP 的增长,意味着支撑互联网飞速发展的人口红利消失了。

与此相呼应,2017 年 10 月 11 日,阿里巴巴在云栖大会上重磅宣布,成立目标超越微软、英特尔、IBM 研究院的全球新技术研究顶级机构达摩院,计划 3 年内投入 1000 亿元,研究方向不再是互联网贸易平台,而是主攻机器智能、智联网和人机自然交互。

新世界的大潮就像钱塘江的涌浪般一路向东,奔腾入海,新与旧的嬗变与转换稍纵即逝。浙江 40 年改革开放的历史,其本质就是一部创新史:观念之新、机制之新、模式之新,总是在奔跑的浙商群体从不惧怕变化,他们那颗领跑创新的勇敢的心永远怦然跳动。

新与旧,是一枚硬币的两面,是一段历史的两端。当我们后顾前瞻,又一次站立于出发的起点,我们必须面对至少到目前仍没有清晰答案的“浙江三问”——

一问浙江:什么是传统中小企业的明天?

毫无疑问,浙江民营经济之根是传统企业、中小企业。40 年前,它们如星火燎原崛起于乡村,就如同山谷里的野百合,倔强绽放,没有它们就不会有浙江今天的辉煌。40 年后,这一基本省情没有变。由于起点太低,原始积累微薄,缺乏文化积淀,虽历经 40 年打拼,产业层次依然不算高,升级转型有点累。在一些地方政府快马加鞭、贪大求洋的发展思维之下,在所谓新经济的映照之下,传统中小企业从过去的香馍馍几乎沦为“落后产能”的历史包袱。对浙江而言,放弃传统中小企业是不可想象、难以为继的“自杀”行为,无论是过去、现在还是未来,它们对充分就业、百姓致富都有着无可替代的巨大作用。产业并无先进与落后之分,只有夕阳的企业,没有夕阳的产业。和所有高新产业一样,传统经济的技术进步大有可为,关键是,我们如何去认知以及如何去做？

二问浙江：如何从商业互联网走向工业互联网？

在某种意义上，近些年推动浙江重燃梦想的仍属互联网新经济一枝独秀，而且呈现出互联网商业化的强烈趋向，互联网创新扎堆于消费端，即便是虚拟经济与实体经济深度融合的"新零售"，也依然高度集中于商业流通。商业化互联网海量流通的是商品、信息和货币，活力张扬之余其泡沫化危险真实存在。移动互联网的时代已经结束，人工智能时代急切需要的是推动智能制造的工业互联网与物联网，"互联网＋"必须进化为"互联网×"，唯有信息化与工业化的两化融合所催生的"化学反应"，才是出路。在这一领域，江苏和广东有着更深厚的基础与探索。浙江，真的准备好了吗？

三问浙江：能否实现从商人到现代企业家的历史跨越？

我们可以观察到一个耐人寻味的细节，作为浙江商人群体最卓越的领袖，鲁冠球几乎从不参加与"浙商"有关的任何活动，就连 2014 年首届世界杭商大会上被评为"功勋杭商"，鲁冠球亦告假缺席。他固执地坚持认为："我不是商人，我是企业家！"在制造业能力全球性过剩的今天，浙江纵横四海的关键"秘密武器"首推强大的营销能力，其商业力量的发育与成熟，几乎没有哪个省市堪与比肩。"销—供—产"或者称之为"贸—工—技"基本折射出了 40 年来浙江经济生态链的因果逻辑关系。尤其在浙江中部、南部广大地区，更是呈现了"全民言商、人人做老板"的浓郁氛围。在这一背景下，短视投机的商业机会主义与商业利润至上的极端功利主义必将构成一定区域社会价值观的基本坐标系，并大行其道、经久不衰。40 年的"全民言商"，已经使浙江人实现了从普通人向商人群体的跨越。但如何进一步实现向目光远大、有强烈使命感、一生执着于创新的现代企业家群体的跨越，并不是一件容易的事。

追寻答案，必须付出的代价是时间。但是，我们有足够的理由等待。

【浙江改革开放史档案】

40年与『浙江精神』的5个记忆

“人”的创业创新活力的勃发,无疑是解读浙江现象的关键密码。改革开放40年间,官方与民间对什么是浙江和浙江人的精神先后有过5次重要的概括提炼。

——走遍千山万水、讲尽千言万语、想尽千方百计、历尽千辛万苦的“四千精神”。关于浙江人“四千精神”说法的起源,版本不少,有温州说、绍兴说、台州说、义乌说等。比较确信的,应该是发端于温州。最早表述完整的文字记录,见诸1985年5月12日《解放日报》头版头条刊发长篇报道《温州三十三万人从事家庭工业》。

——2000年7月,在中共浙江省委十届四次全体会议上,首次提出了“自强不息、坚韧不拔、勇于创新、讲求实效”的浙江精神。

——2006年2月5日,时任浙江省委书记习近平在《浙江日报》发表署名文章《与时俱进的浙江精神》,强调要“与时俱进地培育和弘扬‘求真务实,诚信和谐,开放图强’的精神,以此激励全省人民‘干在实处,走在前列’”。[①]

——2009年初,面对金融危机的严峻挑战,时任浙江省委书记赵洪祝专程赴台州调研并总结提出,当前全省民营企业亟须发扬“新四千精神”:千方百计提升品牌,千方百计保持市场,千方百计自主创新,千方百计改善管理。

——2017年11月,浙江省委、省政府召开民营企业家座谈会。省委书记车俊强调,新时代呼唤“新时代浙商精神”。广大民营企业家要弘扬坚韧不拔的创业精神,保持逢山开路、遇水

① 《挺立潮头开新天——习近平总书记在浙江的探索与实践·创新篇》,浙江在线2017年10月7日。

架桥的闯劲，水滴石穿、绳锯木断的韧劲，锲而不舍、百折不挠的干劲；弘扬敢为人先的创新精神，增强直面荆棘的无畏勇气、敢为人先的胆识魄力、善于创新的本领能力；弘扬兴业报国的担当精神，富而思进、富而思源、富而思报，确立起更强的家国情怀，承担起更多的社会责任；弘扬开放大气的合作精神，胸怀天下、放眼全球，坚持走出去与引进来相结合，在整合资源中携手共进，在竞争合作中做强做优；弘扬诚信守法的法治精神，走敬业、诚信、守法的发展道路；弘扬追求卓越的奋斗精神，树立做百年企业的梦想，争创一流企业、一流管理、一流产品、一流服务和一流文化，勇当新时代中国特色社会主义市场经济的弄潮儿，勇当新发展理念的探索者、转型升级的引领者、“义行天下”的践行者。

附录| 浙江改革开放40年大事记

· 1978年12月4日，国务院正式批准开放宁波港。

· 1979年9月15日，浙江省革命委员会颁发《关于农村集市贸易管理的暂行规定》，开放杭州、宁波、温州三市农副产品市场，允许三类农副产品上市交易。

· 1980年7月，浙江第一家大陆以外资本投资企业——与香港地区合资的西湖藤器企业有限公司开建。

· 1980—1981年，走私狂潮席卷温州乐清、苍南等沿海县市。

· 1980年10月1日，平阳县金乡镇(现属苍南县)信用社在全国首家试行利率浮动。

· 1980年12月，家住温州鹿城区解放北路83号的章华妹领取改革开放后全国第一份个体工商业营业执照，编号为“10101”。

· 1981年8月20日，中共中央书记处研究室第282期简报刊登《1956年永嘉县试行包产到户的冤案应该彻底平反》一文，其按语肯定了永嘉“当年首创这种责任制”。

· 1982年7月，乐清县柳市镇五金电器市场的一批能人被作为重大经济犯罪分子受到严厉打击，或遭关押，或被迫潜逃在外。1984年，他们陆续被宣布无罪。此谓轰动一时的“八大王事件”。

· 1982年8月9—17日，中共浙江省委召开全省农村工作会议，决定全面推行联产承包责任制。截至当年底，推广面已达全省98%以上的农户。

· 1982年9月5日，义乌县“稠城镇整顿市场领导小组”下发“一号通告”，宣布即日起，正式开放“小商品市场”。这是中国第一份明确认同农民商贩和专业市场合法化的政府文件。

·1983 年 2 月 9—17 日，中共中央顾问委员会主任、中央军委主席、全国政协主席邓小平，改革开放后首次视察浙江。

·1983 年 2 月，永嘉县桥头镇纽扣市场正式开业。截至当年底，作为全国最早的一批专业市场，温州形成著名的十大商品产销基地和专业市场。

·1983 年 11 月 5 日，中共中央总书记胡耀邦对反映海盐衬衫总厂厂长步鑫生锐意改革事迹的新华社内参《一个有独创精神的厂长》作出批示。

·1984 年 4 月 23 日，苍南县龙港镇成立。之后，以土地有偿转让和级差地租的改革为突破口进行农民集资建设，建成中国第一座农民城。

·1984 年 5 月 4 日，中共中央、国务院批准《沿海部分城市座谈会纪要》，决定将宁波、温州列为全国进一步对外开放的沿海城市。

·1984 年 8 月 1 日，邓小平在北戴河首次提出了“把全世界的‘宁波帮’都动员起来，建设宁波”的著名号召。

·1984 年 9 月 29 日，改革开放后中国第一家私人钱庄在苍南县钱库镇成立。

·1984 年 10 月 18 日，经国务院批准，浙江首家经济技术开发区在宁波小港诞生。

·1985 年 1 月 20 日，浙江省企业管理协会、浙江省厂长研究会、浙江人民广播电台举办的浙江省“万人赞”厂长评选揭晓，步鑫生、冯根生、鲁冠球等高票当选，浙商群体首次集体亮相。

·1985 年 5 月 12 日，《解放日报》头版头条登载《温州三十三万人从事家庭工业》的消息，并发表评论员文章《温州的启示》，率先提出“温州模式”，在全国引起强烈反响。

·1985 年 12 月 10 日，国务院成立宁波经济开发协调小组。

·1985 年秋—1987 年冬，以乐清县为中心，温州发生严重“抬会”事件，共涉及九县两区 30 多万人，会款发生额 8 亿余元。在此次事件中，63 人自杀，200 多人潜逃，近千人被非法关押、拷打。

·1986 年 2 月 28 日—3 月 6 日，全国政协副主席、社会学家费孝通到温州考察。随后，他在《瞭望》杂志上发表《温州行》一文，赞许“温州模式”。

·1986 年 4 月 18 日，国务院、中央军委同意将沈家门、定海、老塘山三个港区合并为一个港，总称舟山港，并批准对外开放。

·1986 年 9 月 28 日，温州第一家规范化的股份合作企业——苍南县桥墩门啤酒厂开业。同年 10 月 5 日，该厂股东大会全票通过了全国第一部股份合作企业章程。

·1986 年 11 月，国务院办公厅针对前所未有的第一轮全国性“温州热”，下发了全国第一个要求控制参观区域模式的文件——《关于各地立即停止到温州参观考察的紧急通知》。

·1987 年 2 月 24 日，国务院决定宁波市在国家计划中实行单列，赋予其相当于省一级的经济管理权限，并继续推进经济体制综合改革试点。

·1987 年 8 月 8 日，杭州市工商管理部门在杭州市区武林广场，当众烧毁 5000 双温州劣质皮鞋。

·1987 年 9 月 16 日，经国务院批准，温州市被列为全国 13 个农村改革试验区之一。

·1987 年 10 月 26 日，经浙江省政府批准，《温州私营企业管理暂行办法》公布实施。这是全国最早的一个地方性私营企业管理章程。

·1987 年 11 月 7 日，温州市政府颁发《关于农村股份合作制若干问题的暂行规定》。这是全国第一个关于股份合作制企业的地方行政性规定。

·1988 年 3 月 21 日，温州市区人民路改建工程开工。截至 1997 年 3 月，总投资 16 亿元。此举开全国筹集非政府性社会资金进行城市建设的先河。

·1988 年 8 月，“包郑照诉苍南县政府赔偿损失”这一全国首例“农民告县政府案”，在苍南县开庭审理。

·1988 年 10 月 24 日，温州率先颁发《温州市区社会养老保险实施办法》。1991 年，又进行了一体化试验，是全国最早实现社会保险一体化的城市。

· 1989 年 8 月 26—31 日,国务院研究室调查组前往温州。此后的 1989 年 10 月与 1991 年 7 月,国务院又两次派出调查组,力图对温州的改革方向作出判断。

· 1990 年 1 月 24 日,陈云同志将“不唯上、不唯书、只唯实,交换、比较、反复”15 字条幅书赠时任中共浙江省委书记李泽民。

· 1990 年 5 月 30 日,国务院办公厅史无前例地为乐清柳市一个镇“单独发文”——《关于温州乐清县生产和销售无证伪劣产品的调查情况及处理建议的通知》。国家七部局、省市县三级政府联合工作组、督察队开进柳市,进行了温州历史上最著名的一次对假冒伪劣产品的围剿。

· 1990 年 7 月 4 日,全国第一个依靠民间集资为主建造的机场——温州永强机场建成,中国民航温州站举行首航仪式。

· 1991 年 7 月 28 日,苍南县农民王均瑶创办的天龙公司试开长沙至温州包机航线,并于 1992 年 4 月创办中国首家私营包机公司。

· 1991 年底,浙江义乌小商品市场乌鲁木齐分市场开业,这是浙江第一个大型省外分市场。

· 1991 年 5 月 14—16 日,时任中共中央政治局常委李瑞环到温州视察,提出了温州经济发展不唯成分的“光头论”。

· 1991 年 10 月 20—26 日,时任中共中央总书记江泽民首次莅临浙江视察。

· 1992 年 10 月 15 日,浙江商人陈金义以 145.1 万元,买下上海市首次公开拍卖的黄浦区 6 家长期亏损的小型国有、集体商店,成就了私营企业兼并国有企业的中国改革第一案。

· 1992 年 11 月 24 日,国务院批准成立宁波保税区。

· 1994 年 5 月 10 日,温州市召开质量立市万人大会。温州“二次创业”转型启动。

· 1994 年 9 月 22 日,国内首家完全按照《公司法》设立的专业证券公司浙江证券有限责任公司成立。

· 1995 年 11 月,北京市铁腕清理地处丰台区大红门的“浙江村”。

· 1997 年 2 月，作为"中国专业市场第一股"，以绍兴中国轻纺城为母体的"轻纺城股份"在上海证券交易所挂牌上市。

· 1997 年 12 月 30 日，文成、泰顺两县脱贫。至此，浙江在全国率先实现无贫困县。

· 1998 年 7 月 6 日，温州商人在国外开办的首个市场——巴西圣保罗中华商城开业。

· 1998 年 9 月 18 日，中共浙江传化集团公司委员会成立。这是全国第一个在私营企业建立的党委。

· 1999 年 5 月 24 日，《中华人民共和国村民委员会组织法》正式颁布实施后，全国第一起由村委会合法主持的"村民罢免村委会主任案"在温州市瓯海区梧埏镇寮东村举行，罢免取得了成功。

· 1999 年 12 月 16—20 日，温州在杭州成功举办"中国鞋都温州名优鞋(杭州)展销会"。其间，杭州工商管理和质监部门"再烧一把火"，公开烧毁一批外地假冒温州品牌的皮鞋。

· 2000 年 7 月 28 日，《浙江日报》发表特约评论员文章《弘扬浙江精神，开拓浙江未来》。对浙江精神首次公开作出官方概括，即"自强不息、坚韧不拔、勇于创新、讲求实效"。

· 2000 年 8 月，永嘉县瓯北镇中村 110 名农民因县政府对一起水事纷争不作处理，以政府"不作为"为由，将之推上被告席。这例中国第一起农民告县政府"不作为"案以农民胜诉而告终。

· 2001 年 5 月 8 日，泰顺矽肺损害案在温州中级人民法院开庭。这起案件的原告是 143 名身患矽肺病的泰顺县农民，他们共向被告方索赔 2.08 亿元，是迄今全国金额最高的一起工伤索赔案。

· 2002 年 3 月 21 日，由行业商会牵头组织的温州打火机企业代表团飞抵德国，力图制止欧盟通过打火机 CR 法规。这是中国加入世贸组织后，中国民间第一次组团到境外就贸易争端进行正面交涉。

· 2002 年 10 月 12 日，习近平任浙江省代省长，一个月后任浙江省委书记。

·2002 年 10 月 15 日，国家外汇管理局宣布，浙江成为全国唯一一个进行境外投资外汇管理改革的试点省份。

·2002 年 11 月 8—14 日，台州飞跃集团创始人作为浙江省第一位民营老板身份的党代表，出席中共第十六次全国代表大会。

·2003 年 1 月 21 日，浙江传化集团董事长徐冠巨在省政协九届一次会议上当选新一届政协副主席，成为浙江民营企业主当选省部级职务第一人。

·2003 年 7 月 10 日，中共浙江省委十一届四次全体(扩大)会议作出了进一步发挥“八个优势”、推进“八项举措”的决策和部署，“八八战略”确立。

·2003 年 11 月 15 日，由浙江民营企业占股 55%，世界最长的杭州湾跨海大桥打下首根钢管桩。

·2004 年 9 月 16 日，西班牙埃尔切市发生焚烧中国商品的恶性事件，青田县鞋商陈九松近百万欧元的鞋货以及店面、仓库化为灰烬。

·2005 年 7 月 1 日，作为中国首个境外工业园区，由浙江华立集团建设、位于泰国罗勇府博拉当地的泰中罗勇工业园合作备忘录在北京正式签署。

·2005 年 8 月 15 日，时任浙江省委书记习近平前往浙江省安吉县余村考察，首次提出“绿水青山就是金山银山”的科学论断。

·2005 年 11 月 30 日，中国首条民资参股的干线铁路衢常铁路动工，浙江民营企业独家持股 18.88%。

·2006 年 4 月 30 日，浙江省委、省政府联合下发《关于学习推广义乌发展经验的通知》。这是改革开放 40 年间浙江省委、省政府推广学习地方经验的唯一一次。

·2007 年 4 月，杭州娃哈哈集团与法国达能公司爆发了旷日持久的商标所有权争夺战。

·2007 年 4 月 11 日，经国家商务部批准，中国最大的炊具企业浙江苏泊尔炊具股份有限公司控股权转让给法国 SEB。中国“反垄断审查听证第一案”画上句号。

·2007 年 11 月 6 日,中共浙江省委十二届二次会议作出了扎实推进“创业富民、创新强省”的重大战略部署。

·2007 年 11 月 6 日,阿里巴巴 B2B 在香港联交所挂牌上市。

·2008 年 6 月,国内媒体披露称,台州市缝制设备龙头企业飞跃集团陷入严重困境,无奈向政府申请“破产”。浙江中小企业面临的困难引起广泛关注。

·2008 年 9 月—2010 年 1 月,山西省大规模推进煤炭企业兼并重组整合,以温州商人为主的浙商资本损失惨重。

·2009 年 4 月 16 日,浙江省东阳市女富商吴英集资诈骗案在金华市中级人民法院一审开庭,吴英被判死刑。3 年后,吴英被改判死刑,缓期两年执行。

·2010 年 3 月 28 日,全球瞩目的吉利收购沃尔沃签约仪式在瑞典哥德堡举行。

·2011 年 10 月 4 日,时任国务院总理温家宝前往温州调研被称作“老板跑路事件”的金融风波。当年,温州共有 12 人因非法借贷自杀身亡。

·2011 年 10 月 23—28 日,以“创业创新闯天下,合心合力强浙江”为主题的首届世界浙商大会在杭州召开,吹响了“浙商回归”集结号。

·2012 年 5 月 23 日,因涉嫌虚开增值税专用发票数亿元,温州商人林春平突然人间蒸发。此前半年间,林春平宣称收购了美国大西洋银行。

·2013 年 11 月 28—29 日召开的中共浙江省委十三届四次全会,制定了治污水、防洪水、排涝水、保供水、抓节水“五水共治”的重大战略决策,打响铁腕治水攻坚战。

·2014 年 9 月 19 日,阿里巴巴登陆美国纽交所再次 IPO,融资总额达 250 亿美元,创全球 IPO 最高纪录。

·2014 年 11 月 18 日,从义乌开往西班牙马德里的义新欧中欧班列首发,成为运行距离最长、运载率最高的跨国境班列。

·2014 年 11 月 19—21 日,第一届世界互联网大会在浙江乌镇举办。乌镇被确定为世界互联网大会的永久会址。

·2015 年 3 月 8 日，杭州市余杭区梦想小镇揭牌。这是在时任浙江省省长李强倡导和推动下，浙江创立的第一个特色小镇。

·2015 年 5 月 25—27 日，习近平总书记在十八大后首次回到曾经工作过的浙江考察。

·2016 年 9 月 4—5 日，G20 峰会在杭州召开。

·2016 年 12 月 27 日，浙江省委副书记、代省长车俊在省委经济工作会议上首次提出，作为“四张清单一张网”建设的“推进版”，浙江要以“最多跑一次”的理念和目标深化政府自身改革。

·2017 年 1 月 9 日，马云在特朗普大厦与美国当选总统特朗普举行了 40 分钟的会谈，并共同宣布在未来 5 年内为美国创造 100 万个就业岗位。马云成为特朗普当选后会见的第一位中国企业家。

·2017 年 6 月 12—16 日召开的浙江省第十四次党代会明确提出，谋划实施“大湾区”建设行动纲要，重点建设杭州湾经济区，正式吹响全面发展湾区经济的号角。

·2017 年 10 月 25 日，万向集团董事局主席鲁冠球因病去世，享年 74 岁。

·2018 年 1 月 2 日，浙江省委召开全面深化改革大会，号召以改革纪念改革开放 40 周年。

·2018 年 2 月 24 日，媒体披露吉利控股集团董事长李书福，以约 90 亿美元价格收购戴姆勒(Daimler)9.69％股份，成为奔驰母公司戴姆勒的最大股东。

主要参考文献

习近平著:《之江新语》,浙江人民出版社 2007 年版。

方民生等著:《浙江制度变迁与发展轨迹》,浙江人民出版社 2000 年版。

杜润生著:《杜润生自述:中国农村体制变革重大决策纪实》,人民出版社 2005 年版。

[美]F. A. 哈耶克著,冯克利等译:《致命的自负》,中国社会科学出版社 2000 年版。

[美]塞缪尔·亨廷顿著,张岱云等译:《变动社会的政治秩序》,上海译文出版社 1989 年版。

胡宏伟、吴晓波著:《温州悬念》,浙江人民出版社 2002 年版。

史晋川、汪炜著:《民营经济与制度创新:台州现象研究》,浙江大学出版社 2004 年版。

钟朋荣、章长胜等编:《解读绍兴县》,经济日报出版社 2005 年版。

高光等著:《大梦谁先觉》,文化艺术出版社 1990 年版。

王耀成著:《潮涌三江》,宁波出版社 1999 年版。

冷夏、晓笛著:《世界船王:包玉刚传》,广东出版社 1995 年版。

吴晓波著:《激荡三十年》,中信出版社、浙江人民出版社 2007 年版。

鲁冠球著:《鲁冠球集》,人民出版社 1999 年版。

[德]赫尔曼·西蒙著,邓地译:《隐形冠军》,经济日报出版社 2005 年版。

章敬平著:《浙江发生了什么》,东方出版中心2006年版。

陆立军等著:《市场义乌》,浙江人民出版社2003年版。

张仁寿等著:《透析"浙江现象"》,浙江人民出版社2006年版。

[法]托马斯·皮凯蒂著,巴曙松等译:《21世纪资本论》,中信出版社2014年版。

朱幼棣、陈坚发著:《温州大爆发》,漓江出版社1989年版。

吴晓波著:《农民创世纪》,浙江文艺出版社1997年版。

刘华著:《袜子战争》,浙江人民出版社2008年版。

[英]爱德华·卢斯著,张淑芳译:《不顾诸神:现代印度的奇怪崛起》,中信出版社2007年版。

黄平著:《发现义乌》,浙江人民出版社2007年版。

杨新元著:《国药传人》,浙江文艺出版社2002年版。

黄传会著:《中国的"挑战者"号》,海潮出版社1990年版。

周冬梅主编:《风云浙商》,浙江人民出版社2004年版。

项飙编著:《跨越边界的社区》,三联书店2000年版。

刘华、左志坚著:《出轨:娃哈哈与达能的"中国式离婚"》,中信出版社2008年版。

蒋鑫富、徐志耕著:《鉴湖长歌》,作家出版社2003年版。

[美]迈克尔·波特等著,陈小悦等译:《日本还有竞争力吗?》,中信出版社2002年版。

郑作时著:《阿里巴巴:天下没有难做的生意》,浙江人民出版社2007年版。

朱永祥主编:《8个农民20年》,浙江人民出版社1998年版。

马立诚著:《大突破:新中国私营经济风云录》,中华工商联合出版社2006年版。

章敬平著:《权变》,浙江人民出版社2004年版。

胡宏伟著:《温州炒房团》,浙江人民出版社2004年版。

冯志来编著:《1962年的呼喊》,百家出版社2003年版。

王秋凤著:《又是李书福》,经济日报出版社 2010 年版。

邹建锋著:《浙江难题》,中国发展出版社 2014 年版。

[英]邓肯·克拉克著,李鑫译:《阿里巴巴:马云和他的 102 年梦想》,中信出版社 2016 年版。

阿里巴巴集团编:《马云内部讲话》,红旗出版社 2010 年版。

王旻主编:《浙江改革开放 30 年口述史》,浙江科学技术出版社 2008 年版。

后记| 用历史照亮未来

2008 年,当我出版《中国模范生:浙江改革开放 30 年全记录》时,我就知道,10 年后,我将会写作本书。

这是我的使命,是我必须承受之重。

36 年前,我收到大学录取通知书,面临此生最重大的选择:当律师还是做记者?我选择了记者。因为中国刚刚启动决定国家命运的改革开放,会有很多大事发生,成为这个伟大变革时代的观察者、记录者、参与者,足以让一个年轻人血脉偾张。

既往 32 年,我曾先后任职于新华社、《东方早报》、澎湃新闻网,均为全国视野、泛时政类严肃媒体,但我从未离开过浙江。作为记者,最初强烈吸引我的,是"奇怪崛起"的温州。我曾经前往温州采访 35 次,1990 年初,大雪封山,从温州到杭州 300 多公里竟整整颠簸了 38 个小时。随着"温州模式"南风北渐,我进而更大半径地追踪观察浙商群体及其背后的浙江现象。为了更精准地把握浙江,我从改革与开放两个维度,锁定了江苏和广东两个参照样本,并个人原创了以浙江、江苏、广东为内核的"第一中国"经济地理概念。我坚信,读懂了浙江和浙江身后的"第一中国",你就读懂了中国。

解读中国,是一件很有趣的事。但中国很大,历史很长,而个人太小,人生太短。于是,我选择了"小省"浙江,我告诉自己,要在这里,用一生打一口洞察中国的"深井"。选择浙江,不仅因为这是一片生我养我的土地,更在于浙江的改革开放实践富有深厚的“中国价值”。

今天,我们每一个人都在疯狂地追逐未来。那么,为什么要回望?记录历史的意义究竟是什么?

改革开放40年,中国有四个最重大的关键时刻:1978年召开中共十一届三中全会,改革艰难破冰;1992年邓小平发表南方谈话,确立“发展才是硬道理”;2001年签署加入WTO协定,中国真正拥抱世界;2013年,中共十八届三中全会重启全面深化改革“时间窗”。中国改革风云跌宕,从来没有坦途,我们有过焦虑,走过弯路,甚至撞得头破血流,我们积淀了经验,也收获了太多的教训。然而,仅仅40年,我们已经开始遗忘过去,遗忘曾经是我们生命一部分的历史记忆。步鑫生去世的第二天,我在杭州一所大学为MBA学生讲课。当我问“谁知道步鑫生”时,全班43位同学举手的只有8位。

历史总是变化万千,但其演变有着不变的本质规律。记录历史,可以帮助我们不再愚蠢地犯曾经的错;知晓历史,可以让我们面对明天时自信坦然,不再焦虑。一切过往,皆为序章,只有用历史照亮的未来才是真正的未来。

本书是我撰写的与浙江改革开放有关的第五部作品。写作,注定与孤独、煎熬相伴。50万字、10个月、300个难眠之夜。每个夜晚,当我埋首于积满尘埃的史料堆,一个个知名或不知名的浙江创业者就会列队从历史的深处走来,又消散于无踪。

写作太苦,没日没夜地敲打键盘实在是最笨的活法。那么,为什么还要一次次地写作?

今天,在技术为王的互联网时代,我们被碎片化的无聊所窒息,我们喧嚣于短暂的欢愉,我们放肆地嘲笑所谓“油腻”的传统。这样的“我们”实在是需要一场以历史为底色和坐标的长考,唯有此,我们方能不慌张,不浅薄,不做作。这个世界,最稀缺的一定不是金钱,而是用生命淬炼的思想;能够永垂不朽的一定不是技术,而是经由岁月打磨积淀、历久弥新的文化与历史。因长考而为之的写作,是一盏穿破迷雾的灯,一座抵达人生彼岸的桥。

没有浙江和浙江人改革开放的精彩故事,就没有这部书的写作。无疑,我首先要感谢浙江这片滋养希望的沃土。

还要感谢浙江人民出版社总编辑虞文军以及本书的责任编辑朱丽芳、陈源。你们的信任与鼓励,是我坚持写作的动力。

感谢挚友吴晓波,20 多年间,为我的每一部书稿倾注心血。在利益成为人际最重要润滑剂的今天,友情与思想的共同激荡是那么的珍贵。

感谢澎湃新闻网总编辑刘永钢,给了我自由而宽容的写作空间。在这个朝气蓬勃的新媒体团队,我找回了自己永远年轻的心。

感谢王纲先生、刘亭先生、卓勇良先生、张和平先生以及浙商总会秘书长郑宇民先生。你们的睿智与无私的思想分享,令我对浙江的思考豁然开朗。

感谢澎湃新闻网长三角新闻中心的同仁张军、徐益平、谢春雷。对浙江共同的责任感让我们相聚,每一次关于浙江现象的热烈讨论都是那么激动人心。你们还为埋头写作的我分担了太多繁琐的日常工作。

最后要感谢我的妻子李靖和女儿雨桑。与一个常年把黑夜当白天的热爱写作的家伙为伴,不会是多么幸福的记忆。但你们从没有抱怨,总是默默地和我一起期待,并成为书稿的最初读者。

当我在键盘上敲完书稿的最后一段文字,正是 2018 年的江南三月。因为浙江,因为你们,我嗅到的是空气中肆意飞扬的美好。

重要启事

为了编好《东方启动点——浙江改革开放史(1978—2018)》,浙江人民出版社与收入本书照片的作者进行了广泛的联系,并得到了他们积极的响应。在此,我们表示衷心感谢。该书现已出版,凡拥有照片版权的作者如在书中发现自己的作品,请尽快与我们联系。我们已准备好照片稿酬,随时恭候各位作者领取。

通信地址　浙江省杭州市体育场路347号

浙江人民出版社总编室

邮政编码　310006

联系电话　(0571)85102830

浙江人民出版社

图书在版编目（CIP）数据

东方启动点：浙江改革开放史：1978—2018 / 胡宏伟著．—杭州 ：浙江人民出版社，2018.9（2019.5 重印）

ISBN 978-7-213-08900-8

Ⅰ．①东… Ⅱ．①胡… Ⅲ．①改革开放-历史-浙江-1978-2018 Ⅳ．①D619.55

中国版本图书馆 CIP 数据核字（2018）第 191107 号

东方启动点

——浙江改革开放史（1978—2018）

胡宏伟　著

出版发行　浙江人民出版社（杭州市体育场路 347 号　邮编　310006）
市场部电话：（0571）85061682　85176516

责任编辑　朱丽芳　陈　源

责任校对　杨　帆　朱志萍

责任印务　刘彭年

电脑制版　杭州大漠照排印刷有限公司

印　　刷　浙江新华数码印务有限公司

开　　本　710 毫米×1000 毫米　1/16

印　　张　36.25

字　　数　500 千字

插　　页　4

版　　次　2018 年 9 月第 1 版

印　　次　2019 年 5 月第 4 次印刷

书　　号　ISBN 978-7-213-08900-8

定　　价　98.00 元（共两册）